LE

VIEUX-NEUF

II

Paris. — Impr. chez Bonaventure et Ducessois. 55, quai des Augustins.

LE VIEUX-NEUF

HISTOIRE ANCIENNE DES INVENTIONS ET DÉCOUVERTES MODERNES

PAR ÉDOUARD FOURNIER

Multa renascentur quæ jam cecidere.....
HORAT., *Epist. ad Pisones*, v. 70.

TOME SECOND

PARIS
E. DENTU, LIBRAIRE-ÉDITEUR,
PALAIS-ROYAL, 13, GALERIE D'ORLÉANS.

1859

L

Il en est de la plupart des découvertes, comme de cette fugitive Occasion, dont les anciens avaient fait une déesse insaisissable pour quiconque la laissait échapper une première fois. Si, de prime abord, l'idée qui met sur la trace, le mot qui peut mener à résoudre le problème, ne sont point saisis au vol, voilà une invention perdue, ou tout au moins ajournée pour une ou pour plusieurs générations. Il faut, pour qu'elle revienne triomphante, le hasard d'une pensée nouvelle ressuscitant la première de son oubli ; ou le plagiat heureux de quelqu'inventeur de seconde main. Ce dernier cas est le moins rare. En fait d'invention, malheur au premier venu, gloire et profit au second! C'est la loi fatale, et il faut s'y soumettre, car elle est la plus ancienne de toutes, elle date du jour où Dieu, en accordant au genre humain le don de création, lui imposa en même temps le joug de la souffrance; elle est comprise dans cette parole inexorable qui plana sur l'Éden assombri : « Vous enfanterez dans la douleur! »

Même pour les choses qu'il recherche le plus avidement, l'homme est soumis à cette sorte de nécessité du temps perdu sans laquelle rien de ce qu'il découvre n'arrive à son heure opportune. Qui le croirait, l'or même lui échappe ainsi! Il est auprès, il le touche, mais il ne le voit pas. Il faut que le jour vienne où il regarde, se baisse et ramasse. La découverte si tardive des trésors de la Californie en est la preuve [1].

[1] On pourrait en dire autant des bancs aurifères de la Russie boréale et orientale. Hérodote en avait parlé; mais son récit passait pour fabuleux. Les indications de la science ont démontré combien l'on avait tort de n'y pas croire. Il fallut le hasard d'un voyage de M. de Humboldt dans l'Oural et sa prompte, mais si lucide inspection du terrain, pour que la vieille fable commençât de redevenir une vérité. *V.*, à ce sujet, Michel Chevalier, *Revue des Deux-Mondes*, 1er oct. 1857, p. 565.

Depuis l'époque de Fernand Cortez, on n'ignorait point que cette péninsule était des plus riches en métaux précieux. On en contait cent merveilles. « Il y a, écrivait Pauw en 1763[1], il y a des auteurs, comme Acosta, qui prétendent qu'à l'arrivée de Fernand Cortez, et au bruit de ses massacres et de ses déprédations, un nombre considérable de Mexicains s'enfuirent vers des pays inconnus et y portèrent avec eux des trésors inestimables. Cortez lui-même a été dans cette persuasion, à laquelle il est fort naturel d'attribuer l'expédition qu'il fit en Californie, dans un temps où sa présence étoit si nécessaire au Mexique, dont la conquête ne put assouvir sa cupidité. »

Cette expédition de Cortez fut infructueuse; il bouleversa tout le pays, ne laissa sans la fouiller aucune des huttes californiennes, mais ne trouva rien des trésors qu'on lui avait annoncés. Il ne s'imagina point que c'était, non pas aux demeures et aux temples, mais au sol du pays, mais au sable de ses rivières qu'il fallait les demander. La guerre

[1] *Recherches philosophiques sur les Américains*, t. I. p. 164.

le rappela au Mexique, et il resta persuadé que, s'il eût poussé plus loin son expédition, il eût enfin trouvé les richesses qui lui échappaient. Cette dernière erreur de Cortez fut partagée longtemps par tout le monde, même par les jésuites. On pensa que la longue Péninsule n'était que le chemin de l'*Eldorado*, pays de l'or, et il ne vint à l'esprit de personne que c'était peut-être l'*Eldorado* lui-même[1].

Pour s'en convaincre, il n'y avait cependant qu'à prendre et à tamiser dans sa main un peu de ce sable aux grains d'or, qui miroite au soleil sur les rives des grandes rivières californiennes. Les bandes espagnoles, les missions de la compagnie de Jésus, passèrent et repassèrent piétinant ce sable aurifère, foulant aux pieds cette richesse qu'ils cherchaient si

[1] Un district de la Californie porte ce nom d'*Eldorado*, et c'est dans ce district, à Colonna, qu'en juin 1848, M. Marshall, factotum du capitaine Sutter, officier suisse autrefois à la solde de la France, découvrit les premières pépites d'or sur le bord d'un cours d'eau, près duquel il surveillait la construction d'un moulin à scie. *V.* Ida Pfeiffer, *Mon second Voyage autour du monde*, trad. Suckau, 1857, in-12, p. 351-352, et une lettre de M. Sutter lui-même, publiée, d'après un journal américain, par la *Presse* du 7 mars 1855.

laborieusement; et, pendant trois siècles, personne ne se baissa même pour voir qu'elle était là et pour la prendre. L'*Eldorado* pour eux était toujours plus loin.

Il y eut cependant des navigateurs qui soupçonnèrent ces richesses dédaignées. Plus habiles à reconnaître, d'après l'aspect d'un sol, ce qu'il peut recéler de métaux, ils pensèrent que celui de cette péninsule trop inexplorée serait peut-être fouillé avec succès. Ils le dirent, ils l'écrivirent, mais on ne les écouta pas. Bien plus, on ne fit pas attention à ce que racontaient des matelots qui, à leur retour de Californie, disaient y avoir vu de véritables pierres d'or. L'Anglais Buriell consigna tous ces faits dans son curieux livre : *Histoire naturelle et civile de la Californie* [1]; et personne ne se préoccupa de ce qu'il disait. C'était pourtant déjà une sorte de révélation de la découverte qui devait le plus émerveiller notre époque de merveilles : « Aucun voyageur, écrit Buriell à propos de la Californie, n'a encore parlé de ses minéraux; mais quelques personnes intelligentes, se fondant sur l'apparence extérieure du terrain, sont persuadées

[1] Paris, 1767, trad. d'Eidous, t. I, p. 61, in-12.

qu'il y a, dans la *Sierra-Pintada* et dans d'autres contrées, quantité de métaux, et même des mines d'or et d'argent [1]. Le capitaine Woods Rogers dit que quelques-uns de ses gens aperçurent sur la côte de la Californie plusieurs grosses pierres pesantes et reluisantes qu'ils jugèrent renfermer quelque métal précieux, mais qu'ils n'eurent ni le temps de les aller chercher, ni celui de les transporter à bord pour les examiner [2]. En effet, ce

[1] En 1842, M. Duport disait aussi, après avoir fait une étude des terrains, que plus on se rapprocherait de la Californie, plus on trouverait le métal en abondance : « Les gisements exploités depuis trois siècles, ajoutait-il, ne sont rien auprès de ceux qui restent à explorer. » (*Production des métaux précieux au Mexique*, p. 377.) M. Michel Chevalier confirma cette assertion à la fin de 1846. (*Revue des Deux Mondes*, nouvelle série, t. XVI, p. 986.) Il parla même (p. 1004) des masses de morceaux d'or qui, dans ces contrées privilégiées, pouvaient exister à la surface du sol. Ces précieuses indications de la science passèrent inaperçues ; on attendait celles du hasard qui, il est vrai, ne se firent plus guère attendre.

[2] Marshall fut aussi sur le point de ne pas prendre la peine d'examiner les pierres brillantes qui roulaient sous ses pieds et qui recelaient l'or. « Je crus d'abord, dit-il à M. Sutter, qui l'a rapporté dans sa lettre, que c'était de l'opale, très-commune dans le

qui donne lieu de croire qu'il y a des mines dans la Californie est qu'il s'en trouve quantité sur la côté appelée de Sonora et de Primeira, dont on tira, sans beaucoup de peine, une quantité d'argent, qui surprit les habitants de la Nouvelle-Espagne; de sorte que l'on douta quelque temps si c'étoit une mine ou un trésor que les Indiens y avoient caché[1]. »

Ainsi, la mine d'or était là, et l'on n'y croyait pas; on aimait mieux avoir foi en je ne sais quel fabuleux trésor dont la tradition remon-

pays, et continuai mon chemin; mon regard fut attiré vingt et trente fois par l'éclat des mêmes objets sans que j'y fisse autrement attention. Cependant la reproduction de ce phénomène m'étonna, et j'étais sur le point de descendre sur la rive pour examiner une de ces pierres éclatantes; mais, me reprochant tout à coup mon inutile curiosité, je poursuivis ma marche. A quelques pas de là, l'instinct l'emporta sur la réflexion. Je saisis une de ces pierres, et, à ma grande surprise, je vis que c'était une *pépite* de l'or le plus pur. »

[1] Le domestique de M. Sutter eut la même pensée : « Je m'imaginai, dit-il, que ce trésor, dont je devais la découverte au hasard, avait été enfoui là par des Indiens depuis des siècles; mais en visitant le sol avec plus d'attention, je m'aperçus qu'il était jonché d'or. »

tait à ces prétendus fugitifs du Mexique en Californie. C'est qu'il n'était pas temps encore que cette richesse vint inonder le monde, pour aider par une force de plus à sa transformation. Il lui fallait, je le répète, comme à toute chose d'influence universelle, que son heure fût venue; et cette heure devait coïncider fatalement avec celle d'une crise sociale, car M. Michelet, prophète cette fois, l'avait bien dit, plus de dix ans avant cette révélation de la Californie en 1848 : « Chacune des grandes révolutions du monde est aussi l'époque des grandes apparitions de l'or[1]. »

Pour bien recueillir ces richesses, et de façon à n'en pas perdre la moindre parcelle, on avait depuis longtemps la science nécessaire, science même bien oubliée aujourd'hui en France, si elle est fructueusement mise en usage vers les contrées de la Sonora. On connaissait alors, chez nous, pour tous les pays riverains des grands fleuves, le métier de ramasseur d'or. Les sables du Doubs[2], ceux de

[1] *Histoire de France*, Paris, 1835, in-8°, t. IV, p. 107.

[2] Cet or, roulé par la rivière qui passe à Besançon, avait fait donner à cette ville le nom de *Chrysopolis*. L'exploitation de ces sables était encore affermée au moyen âge.

la Garonne étaient surtout utilement fouillés et tamisés pour l'or en paillettes qu'ils contenaient. Toulouse avait toute une corporation d'*orpailleurs*, s'en allant dès le jour levant, avec un vrai zèle de Californien, remuer les sables du fleuve pour lequel le Salat et l'Ariége, qui l'ont rejoint avant Toulouse, sont les affluents les plus aurifères. Les paillettes que roule l'Ariége sont de la plus grande dimension et du meilleur aloi, comparées surtout à celles du Rhin èt du Rhône; mais les vrais Pactoles de la France sont la Cèze et le Gardon dans les Cévennes. Leurs paillettes ont quelquefois jusqu'à trois millimètres de diamètre, au point qu'un Californien s'en contenterait [1].

Ce métier de chercheur d'or n'était toutefois qu'un métier de gagne-petit [2]; l'*or en paillole,* comme on disait, ne rapportait pas ce qu'il coûtait de soins et de travail. Aussi, après

[1] Quand ces cours d'eau débordent, on étend sur le rivage des peaux de mouton, sur lesquelles, en se retirant, ils déposent leurs paillettes. Ne serait-ce pas d'un usage pareil que serait venue la légende de la *Toison d'or?* (*Magasin pittoresque,* 1841, p. 162, et 1849, p. 182.)

[2] Il était surtout exercé par les *Tsiganes,* qui le font encore en Valachie et en Moldavie. (*Revue des Deux-Mondes,* 4e série, t. XXIX, p. 392.)

avoir été assez considérable pour que le roi le crût digne d'être réglementé par statuts royaux, datés du 12 octobre 1481, finit-il peu à peu par diminuer, puis par disparaître[1].

La fureur de chercher de l'or partout, excepté aux lieux où il abondait, c'est-à-dire en Californie, était grande au XVIIIe siècle. Les alchimistes suaient toujours autour de leurs fourneaux rebelles; mais ce n'est pas tout: par une manie que la découverte des *placers* californiens a renouvelée de nos jours, on en était venu à vouloir transformer en lingots jusqu'à la terre des jardins[2]. En 1778, un M. Sage, qui, certes, ne donnait pas raison à son nom, se targuait de cette belle découverte, ainsi que de quelques autres tout aussi chimériques. Ce brave homme se disait chimiste, mais pour lui, on le voit, la chimie était encore l'alchi-

[1] On trouve trace de ces exploitations perdues dans les *Archives départementales,* notamment pour ce qui se rapporte aux mines d'or et d'argent du comté de Bourgogne. (*Moniteur,* 16 juin 1854.) En 1840, on étudia les sables aurifères du Cantal; M. Becquerel fit une notice sur la galène argentifère et aurifère de Saint-Santin, près Aurillac. (*Mémorial encyclopédique,* 1840, p. 484-485.)

[2] Un propriétaire du département du Loiret eut aussi cette prétention en avril 1849.

mie. « L'un, dit Grimm[1], faisant allusion à ces rêveries savantes, l'un prétend ressusciter les morts avec un peu d'alcali, et faire de l'or avec quelques pelletées de terre de potager. »

Les retards séculaires apportés dans l'exploitation des *placers* de la Californie sont certainement regrettables ; mais ceux qui ajournèrent en Europe l'importation et la culture des richesses végétales de l'Amérique sont, à mon sens, bien plus regrettables encore. L'indifférence et l'ignorance en furent encore la cause.

[1] *Correspondance*, t. IV, p. 27.

LI

Dans tout ce qui venait d'Amérique, on ne voulut d'abord voir que des produits curieux, et point du tout,—l'or excepté,—des produits utiles. Les fruits exquis furent accueillis et fêtés, mais les légumes si excellents, les résines si précieuses, dont la valeur tombait moins sous les sens et était plus difficilement appréciable, furent obstinément dédaignés. Tout ce qu'on fit pour eux, ce fut de les reléguer parmi les curiosités des jardins de botanique. La pomme de terre n'y figura longtemps qu'à ce titre. On l'appelait alors *solanum tuberosum,* comme on le voit dans la *Schola Botanica* imprimée à Amsterdam en 1691 [1].

[1] Au XIVe siècle, le mot *pomme de terre* existait déjà,

C'était un légume américain considéré seulement comme rareté, et que, sans cela, l'on eût jeté aux pourceaux. Les voyageurs avaient beau dire que, dans les environs de Quito, où on lui donne le nom de *papas,* les Espagnols la cultivaient avec le plus grand avantage et en faisaient la base de mets excellents et fort peu coûteux; on ne les écoutait pas; de même, lorsqu'ils ajoutaient que, dans les Cordillères, les habitants en tiraient une farine exquise en laissant d'abord macérer la pomme de terre huit ou dix jours dans une eau courante, jusqu'à ce que la peau s'en

mais, il ne faut pas s'y tromper, il ne servait qu'à désigner le fruit de la mandragore. (Hœfer, *Histoire de la chimie,* t. I, p. 424.)

[1] Walter Raleigh la rapporta de Virginie en Angleterre en 1586. Cinq ans après, le botaniste Clusius (Lécluse) la décrivit le premier; il la cultivait, dit-il, depuis 1588, dans le jardin botanique qu'il dirigeait en Allemagne. Elle lui venait d'Italie. Comment, en deux années seulement, de 1586 à 1588, était-elle parvenue d'Angleterre jusque-là? C'est la question qu'on s'est posée, sans la résoudre, dans un intéressant article de la *Bibliothèque de Genève* (mai 1836, p. 22). Tout peut se concilier si, adoptant une autre opinion, l'on attribue, non plus à Raleigh, mais à Hawkins, en 1563, l'importation du précieux légume. (*Mémorial de chronologie,* p. 594.)

détachât, en la passant par un crible[1]. C'était pourtant la *fécule* tout inventée; mais comment apprécier cet usage perfectionné de la pomme de terre, puisque les autres n'étaient pas encore reconnus? On ne prêtait pas plus d'attention à ce que répétaient les archéologues, qui voulaient voir dans le légume honni celui dont le petit peuple de la Grèce faisait sa nourriture ordinaire. A les entendre, Protogène ne s'était pas nourri d'autre chose pendant les sept années qu'il mit à composer son fameux tableau de l'Ialyssus. Une nourriture trop succulente aurait, par ses digestions laborieuses, troublé, disait-il, la netteté de son inspiration; et, pendant son long carême d'artiste, il vécut, assuraient les savants, de pommes de terre bouillies dans l'eau!

C'était là probablement une fable d'archéologue; mais s'il ne fallait pas la prendre comme une vérité certaine, au moins fallait-il y voir un encouragement à tâter de l'excellente solanée; on s'en fût bien trouvé. L'on ne s'en avisa pourtant pas, si ce n'est un peu en Irlande, où la disette y fit enfin mordre à belles dents; en Alsace, où l'on daigna, vers

[1] *Mémorial de chronologie*, p. 594.

1643, lui abandonner quelques mauvais terrains; et dans quelques contrées du Midi, où l'on voulut bien ne pas trouver trop détestable cette *truffette* ou *truffe rouge*, comme on l'appelait[1]. Enfin, Parmentier vint; il eut le bonheur que Louis XVI crût en lui et en son bienheureux légume. Le règne de la pomme de terre commença du jour où, prise aux mains du cultivateur philanthrope, sa fleur alla briller à la royale boutonnière[2].

Si elle eût été d'une utilité moins modeste, sa popularité n'eût pas été aussi longtemps ajournée. Il lui suffisait, pour être connue vite et faire vite fortune, d'être un mets de prix, un fruit aristocratique. L'ananas, à ce titre, ne fut pas longtemps à se mettre en faveur. Sous Louis XIV, il ornait déjà les plus belles tables;

[1] Croirait-on qu'en 1836, on ne la cultivait pas encore dans le plus pauvre des cantons suisses, celui d'Uri ? (*Bibliothèque de Genève*, mai 1836, p. 22.)

[2] Turgot fut le premier à en propager la culture dans le Limousin, où il était intendant. (*L'Espion anglois*, t. I, p. 298.)—Dès 1789, on se préoccupa de faire du pain avec des pommes de terre. Le moment était bien pris, la révolution commençait. V. *Esprit des journaux*, février 1789, p. 356.—Au XVIIe siècle, on avait voulu faire du pain avec de la citrouille. (Chomel, *Dictionnaire économique*, au mot PAIN.)

confit ou non confit, il était déjà choyé par toutes les bouches gourmandes, et l'on disait mille contes merveilleux de la manière dont son fruit se développe. On lit à ce propos dans le *Segraisiana*[1] :

« On nous apporte présentement quantité d'ananas confits des îles de l'Amérique[2]; l'on en a mangé en Europe tels qu'ils croissent en ce pays-là, un vice-roi du Brésil en ayant envoyé au roi de Portugal dans une conjoncture favorable, et le bâtiment étant arrivé à Lisbonne avant qu'ils fussent corrompus. Mme de Maintenon, qui en a mangé à la Martinique dans sa jeunesse, m'a dit que l'ananas a le goût entre l'artichaut et le melon; il porte une fleur comme l'artichaut : si on cueille cette fleur et qu'on la jette par terre, l'on trouve un autre ananas dans cet endroit-là au bout de six semaines. »

On voyait des panacées dans toutes les plantes un peu rares qui venaient d'Amérique, et les qualités innombrables qu'on voulait leur trouver empêchaient de remarquer leur véritable vertu. Ainsi, l'*huile de copahu*,

[1] Page 183.

[2] Les premiers étaient venus du Mexique. Olivier de Serres, *Théâtre d'agriculture*, in-4°, t. I, p. CXLIV.

dont l'efficacité exclusive n'a été qu'assez tardivement reconnue et mise en usage, passa d'abord pour un remède universel[1]. Au XVIIe siècle, c'était une panacée à détrôner le merveilleux *ginseng*, qu'on essaye à réhabiliter de nos jours, comme le seul et véritable élixir de longue vie, et qui avait déjà, en 1715, entre autres fervents apologistes, le révérend père Jartoux : « L'huile de copahu est un baume admirable quand elle n'est pas falsifiée, lisons-nous dans le *Fureteriana*[2]. On en trouve peu de bonne à Paris ; son odeur approche de celle du cèdre. J'en ai deux petites bouteilles que je conserve très-précieusement, depuis que j'en ai fait des expériences presque incroyables. Il est ordinaire que cette huile guérit des plaies en moins de vingt-quatre heures, quand on y en met d'abord sans autre

[1] L'une des maladies pour lesquelles on l'emploie, et qu'il n'est pas besoin de nommer, avait déjà son remède le plus efficace indiqué dans un livre du XVIe siècle : *Nouveau Préservatif contre la peste, ensemble un recueil d'excellentes receptes tirées de divers autheurs*, Rouen, 1583, in-8o, p. 173. — Les remèdes mercuriels, pour ce même genre de maladies, étaient déjà connus au XVIe siècle. V. *Contes d'Eutrapel*, édition de 1732, in-12, t. II, p. 132.

[2] Page 160.

appareil. C'est ce que j'ai expérimenté sur plusieurs soldats blessés. C'est aussi ce qui a fait passer pour sorciers quelques fraters et quelques soldats qui en avoient et qui s'en sont servis dans les armées. J'ai éprouvé sur moi-même qu'elle est admirable pour les excoriations, pour les contusions. Une personne se coupa le doigt il y a quelque temps jusqu'à l'os et négligea sa blessure; de manière que, me trouvant chez lui lorsqu'il y regardoit, je vis qu'elle étoit en très-mauvais état, et que les suites en étoient fort à craindre : je me hasardai de lui vouloir guérir son mal avec mon huile. Il avoit le doigt et la main enflés, la plaie ouverte, les chairs noirâtres; j'y mis de l'huile avec un peu d'onguent vert pour ne pas la laisser refermer tout d'un coup en l'état qu'elle étoit; en moins de quatre jours, son doigt fut guéri et les chairs revenues. »

LII

Les bois d'Amérique avaient tout d'abord été on ne peut plus recherchés. Avec l'ébène, avec le bois de rose, avec le palissandre, on faisait déjà au XVIe siècle des meubles précieux, rivaux anticipés des chefs-d'œuvre de Boule, l'ébéniste des galeries du Louvre. Pour les bourgeois qui ne pouvaient se donner le luxe de ces beaux meubles, on trouvait moyen de les imiter à s'y méprendre. On avait déjà l'art de teindre et de frelater le sapin et le chêne au point de leur donner je ne sais quel faux air des bois exotiques. Wecker, dans les *Secrets de nature* [1], aux chapitres qui traitent des *secrets des vendeurs de couleur* et de la *belle*

[1] Liv. V, chap. XVI.

façon de peindre diversement les bois, nous décrit ces procédés de contrefaçon. Il nous apprend, par exemple, comment on obtenait l'ébène par la coction du chêne dans de l'huile combinée avec du vitriol et du soufre ; comment on métamorphosait l'orme ou le sapin en bois de rose, en bois de citron, etc., au moyen de bains de couleurs diverses, combinés avec de l'alun[1].

De ces bois habilement employés, on faisait des meubles charmants, tout aussi finement, tout aussi ingénieusement ouvragés que les nôtres : à pieds tournés, à tiroirs odorants, à dessus en cuir noir, avec ramages, fleurs et inscriptions en or[2]. On faisait sur-

[1] Rappelons, au sujet de ces bois trempés d'acides, le procédé plus moderne dont on fait usage pour préserver de la pourriture ceux qu'on emploie dans les constructions. En 1815, M. Astier découvrit ce procédé; en 1834, un Anglais, M. Kyan, s'en prétendit l'inventeur, et, le 28 juillet de cette année-là, fit une demande à la chambre des communes pour qu'on lui en permît l'emploi dans les chantiers de l'État. M. Kyan se servait d'*oxyde rouge de mercure*; M. Astier de *deutochloride*. V. *Revue anglo-française*, t. II, p. 357. — Le procédé de M. Kyan a été perfectionné par M. Payne. (Jobard, *Les Nouvelles Inventions*, etc., 3e livon, p. 46.)

[2] Sauval, *Antiquités de Paris, Comptes de la Prévôté*, 1573.

tout de fort beaux meubles de cabinet à nombreux compartiments; des pupitres, par exemple, qui avaient jusqu'à huit étages, comme celui qu'on voit dans une gravure de la *Margarita Philosophica,* livre du XVIe siècle; ou bien qui marchaient par ressorts et descendaient eux-mêmes du plancher, comme ceux que Leland admira dans le cabinet de travail de la noble famille des Percy : « C'était, dit-il en son *Itinerary,* c'était dans une tourelle, en face du parc, dans le silence et la solitude la plus agréable; on lisait sur la porte : *Paradis.* Il y avait huit côtés et huit pupitres égaux suspendus au plafond, qui descendaient au moyen d'un ressort pour supporter le livre que l'on voulait lire. Voilà, dit ici le bonhomme émerveillé, une bien délicieuse et savante invention[1]. »

Placez sur un de ces ingénieux pupitres les papiers de toute sorte dont nous n'avons

[1] Cité par M. Phil. Chasles, *Études sur le moyen âge,* p. 419. — Grollier de Servières a donné aussi la description d'un très-curieux pupitre cylindrique, à l'aide duquel on pouvait facilement passer d'un travail à un autre. V. son *Recueil d'ouvrages curieux,* 1719, in-4, p. 94. La bibliothèque de l'Arsenal en possède un du même genre.

pas inventé un seul, même les papiers parfumés, même les papiers à vignettes amoureuses; car, selon Tallemant[1], la reine Marguerite se servait déjà « d'une sorte de papier dont les marges étoient toutes pleines de trophées d'amour. » Auprès de ces *chartæ epistolares,* comme les appelaient les anciens, disposez en faisceau les plumes de toute espèce, les métalliques elles-mêmes, puisqu'on les connaissait déjà, les patriarches de Constantinople ayant toujours été dans l'usage, selon Montfauçon, d'employer pour écrire leurs lettres des roseaux d'argent[2]; n'oubliez pas l'encrier

[1] *Historiettes,* édit. in-12, t. I, p. 162.—Quelquefois on parfumait le papier. V. *Lettre de Madame de Sévigné,* 19 août 1671.—Au XVIIIe siècle, il était de bon ton d'écrire ses *billets du matin* sur du papier à *vignettes et à paillettes*, avec cachet de *cire bronzée au pot pourri.* Tout cela s'achetait chez Salmon, rue Dauphine, *au Portefeuille anglois.*

[2] Ludov. Lalanne, *Curiosités bibliographiques,* p. 22. —Au XIVe siècle, on se servait de plumes de fer ou de cuivre, la faussaire que Robert d'Artois employa, pour fabriquer les faux titres dont il avait besoin, avoua dans sa déposition qu'elle avait fait usage d'une *penne d'airain.* (Archives de l'empire, *section historique,* t. 440, n° 11.) Voilà qui devance de bien des siècles l'Anglais Wise, à qui l'invention des plumes métalliques est attribuée. (Peignot, *Amusements philo-*

à compartiments, rempli de cette bonne encre du savant Tanneguy Lefebvre, dont la recette a été retrouvée dernièrement [1], et que l'encre de la *petite vertu,* déjà inventée et vendue par Guyot, en 1609, n'égalait pas elle-même [2]. Enfin, posez auprès un bâton de cette excellente cire d'Espagne qu'on appelait ainsi, je ne sais pourquoi, puisqu'un Français en est l'inventeur [3]; et, lorsqu'à cet arsenal vous aurez joint l'un de ces canifs qui taillent les plumes d'un seul coup, dont, en 1666, l'*Académie des sciences* [4] avait déjà approuvé l'utile

logiques, p. 381.)—Leibnitz, dans une lettre du 21 mars 1705, parle de choses « d'une curiosité et d'une commodité extraordinaires,» dont on publiait alors le catalogue, et cite entre autres « des *plumes sans fin* (?), cornets pour conserver l'encre, pédomètres, tablettes pour écrire sans clarté. » (*Catalogue d'autographes,* 4 déc. 1854, n° 520.)

[1] La recette en a été donnée dans les *Mélanges de littérature et d'histoire de la société des bibliophiles,* 1850, in-8°, p. 342.

[2] *V.* une note de notre édition des *Caquets de l'accouchée,* p. 60.

[3] Peignot, *Amusements philologiques,* au mot CIRE D'ESPAGNE, et une note de mes *Variétés historiques et littéraires,* t. II, p. 79.

[4] *Machines approuvées par l'Académie des sciences,* t. III, p. 57.

invention, moquée pourtant plus tard dans les *Mémoires de la Calotte* [1]; quand, dis-je, vous aurez réuni, sur l'un des bureaux décrits plus haut, toutes ces choses d'élégante utilité, vous pourrez vous vanter d'avoir au complet, en plein XVIIe siècle, le confortable perfectionné de nos fournitures de cabinet. S'il vous fallait, pour achever votre ameublement, un bon coffre-fort fermant avec des cadenas à combinaison, ou même criant *au voleur*, lorsqu'une main qui ne doit pas le connaître vient à l'ouvrir, il ne vous serait pas nécessaire d'attendre jusqu'à notre époque pour faire votre emplette. Dès le XVIe siècle, on connaissait les cadenas dont je viens de vous parler [2];

[1] Pages 76-77 :

. . . Ces canifs si fort prisés
Et qui taillent plume aussi vite
Q'un lièvre part de son gîte,
Secret au moins aussi savant
Que sont les chariots à vent
Et les carrosses inversables, etc.

M. L. De Laborde pense que l'on connaissait au moyen âge les canifs à coulisse, il cite à l'appui de son opinion un passage de Jean de Garlande. *V.* son *Glossaire* au mot CANIVET.—Dès 1726, les porte-crayons à calendrier étaient à la mode. L'inventeur était un sieur Meynier. (*Mercure*, avril 1726, p. 751.)

[2] *Logistique* de Buteon, Lyon, 1559, p. 312; Cardan,

et Louis XV avait dans son cabinet un de ces coffres-forts accusateurs [1].

Les appartements, bien qu'on ait souvent parlé de leur dénûment en ce temps-là, avaient aussi plus d'un meuble utile et commode, dont nous avons été souvent heureux de retrouver l'invention. On avait, pour les longues causeries auprès du feu, de bons fauteuils appelés *caquetoires* par Henry Estienne [2], puis *ganaches* au XVIIIe siècle, puis *voltaires* de notre temps, et qui ont après tout plus changé de nom que de forme. On connaissait, dès 1734, les *trémoussoirs* ou fauteuils à ressorts; mais nous en avons parlé plus haut au sujet des maladies d'obstructions de l'abbé de Saint-Pierre : nous n'y reviendrons pas.

Dans les chambres à coucher, vous trouviez aussi déjà des sortes de canapés-lits ou *bancs à coucher*, comme on disait et comme le prouve l'*Inventaire des biens de la veuve Nicolaï*, manuscrit du XVIe siècle : « Item, un

De Subtilitate, lib. VII. — Au sujet des fermetures du même genre qu'on mettait aux ceintures de chasteté et qu'on appelait *cadenas des jaloux*, V. Pauw, *Recherches sur les Américains*, t. II, p. 142, et *Magasin pittoresque*, juin 1848, p. 192.

[1] Salverte, *Des Sciences occultes*, édit. Littré, p. 194.

[2] *Dialogue du langage françois italianisé.*

banc à coucher, garny de matelas et traversins[1]. »

Dans les chambres seigneuriales, près du grand lit destiné au seigneur, il s'en trouvait un plus petit pour l'écuyer. C'est ce qu'on appelait la *couchette*. Toute chambre bien garnie, même une chambre d'auberge, avait ces deux sortes de lits. « Or, est-il dit, au *Moyen de parvenir*[2], en la chambre préparée aux moines, il y avoit un malade à demi guéri qui étoit dans la couchette, et le grand lit fut apprêté pour ces deux amis. » Quelquefois, par une combinaison ingénieuse que l'on aurait pu croire avec raison une invention de notre époque, on agençait de telle sorte le grand lit et la couchette, que celle-ci n'était plus qu'un tiroir de l'autre.

Dans le manuscrit de l'*Histoire du chevalereux comte d'Artois*, se trouve un dessin que l'édition donnée par M. Barrois a scrupuleusement reproduit[3] et qui représente un de ces hauts lits, de la base duquel sort un grand tiroir à roulettes qui n'est lui-même autre

[1] Cité par Monteil, *Histoire des Français des divers états*, XVIe siècle, 2e édit., p. 602, note 137.

[2] Édit. Charpentier, p. 212.

[3] Page 144.

chose qu'un lit complet, une couchette. Le seigneur est couché dans le lit supérieur, et le serviteur dans le tiroir de la couchette, de telle sorte que les pieds des deux dormeurs sont opposés.

Ainsi voilà tout inventé et très-naïvement en usage au moyen âge, le fameux lit double qui fit émeute d'admiration à l'exposition de 1839. Ce n'est pas tout : au XVIe siècle, on connaissait les chaises-de-poste-lits. Catherine de Médicis eut la sienne [1] deux siècles avant le maréchal de Richelieu, que j'aurais cru l'inventeur de ce véhicule efféminé [2]. Enfin, sous Henri IV, on se servait déjà de matelas à air [3].

[1] Monteil possédait un compte de 1577, où il est question du *lit-de-poste* de la reine-mère. (Édit. grand in-8o, XVIe siècle, p. 608.)

[2] *V.* la description de cette voiture dans sa *Vie privée*, t. II. — Les meubles sataniques dont on l'accusait de faire usage, tels, par exemple, que les siéges où il ne fallait que s'asseoir pour y être enchaîné, étaient d'invention antique. *V.* Pausanias, *Attic.*, cap. XX.

[3] Du Fouilloux en parle dans sa *Vénerie*, chap. LXII. Expliquant comment *il faut bescher et prendre les renards et tessons, et des instrumens qu'il faut avoir pour ce faire,* il dit du chasseur : « Il doit avoir demy-douzaine de mantes pour jetter contre terre, afin

d'escouter l'aboy des bassets; ou bien pourra porter *un lict plein de vent*, lequel on pourra faire en ceste manière : *il faut coudre des peaux ensemble, en carré et de la grandeur d'une paillace et que les coutures en soient aussi subtiles que celles d'une bale; puis, quand tout sera bien cousu tout autour, il faudra mettre à ung des coings un petit buffet, en façon de celui d'une bale ou d'une cornemuse, qui se ferme de luy-mesme quand le vent sera dedans, plus l'emplir avec une seringue ou avec un bon soufflet fait à la semblance de celui d'un orfévre.* » (La *Vénerie de Jacques du Fouilloux*, Paris, MDCVI, in-4°, feuillet 74, verso.)—C'est Vaucanson qui retrouva le premier ce procédé oublié. (*Mémorial de chronologie*, p. 210.) On n'en parla que pour s'en moquer, sans même nommer l'inventeur. (*La Récolte de l'Hermite*, 1813, in-8, p. 46-49. Un Anglais, M. John Clarke le reprit vers 1816. (*Bulletin de la Soc. d'encourag* , t. XIV, p. 225.) L'invention devenue anglaise avait toute chance de réussir en France. Cependant elle ne trouva encore que des moqueurs, parmi lesquels était Pigault-Lebrun. V. ses *Mélanges littéraires*, 1816, in-12, t. I, p. 148.— Vers la même époque, un autre Anglais, M. Rawert proposait de remplacer dans les matelas le crin et la laine par je ne sais quelle plante marine. (*Archives des découvertes*, t. XI, 232.) Plus tard, Bory Saint-Vincent proposait la mousse, qu'il avait vu employée avec succès dans le Nord. Or, tout cela ressemble fort à ces matelas dont parle Pline (lib. XVI, cap. XXXVI), et qu'on rembourrait avec les touffes soyeuses qui croissent en Italie à la cime des roseaux.

LIII

Que de choses, je ne puis cesser de le répéter, que de choses ainsi trouvées, puis mises en oubli pour être inventées de nouveau, mais dont l'usage pourtant n'aurait jamais été interrompu si l'on n'avait la fatale et vaniteuse-habitude de trop dédaigner, dans un siècle, les découvertes des époques précédentes! Que de choses aussi plus promptement et pour toujours acquises, si, ayant moins de mépris pour les contrées qu'on visite, on prenait la peine d'apprécier aussitôt l'utilité et la valeur de ce qu'on y trouve! Nous l'avons vu déjà pour la pomme de terre, cette manne du pauvre, près de laquelle des générations, qui n'en voulaient pas connaître le bienfait, moururent de faim pendant des siècles. Nous l'avons vu pour l'*huile de copahu,* et nous allons le voir pour une foule d'autres substances dont on n'a reconnu l'immense utilité que dans ces derniers temps, le *caoutchouc*, par exemple. Mais parlons d'abord d'une *poudre nutritive* qu'on ne voulut pas emprunter aux sauvages du Susque-Hannah, et qu'on prit sans défiance des mains du chirurgien de régiment qui la *réinventa,* comme s'il eût fallu, pour civiliser l'invention, la consécration d'un plagiat.

« Les sauvages de Susque-Hannah, au delà de Philadelphie, dit Pauw dans ses *Recherches sur les Américains* [1], ont une poudre nutritive qu'on nomme poudre *verte.* Elle est composée de blé d'Inde torréfié, de la racine de l'angélique et d'une certaine quantité de sel commun : une cuillerée suffit à une personne, pour la subsistance d'un jour.

« Les Lapons, les Tartars, les Maures et plusieurs nations errantes ont aussi leurs pâtes alimentaires : le *Kacha* des Tartars est, en ce genre, la meilleure composition qu'on connoisse. » Puis il ajoute, pour faire justice du

[1] Tome I, p. 109.

plagiat : « La poudre nutritive inventée prétenduement en 1753 par M. Bouebe, chirurgien du régiment de Salis Grisons, n'étoit aussi que du blé d'Inde broyé, grillé, mêlé de sel et d'une graine carminative qu'on croit être le cumin. Il est clair que cette recette a été copiée sur le procédé des sauvages de l'Amérique septentrionale. »

On voit que les sauvages eux-mêmes sont bons à connaître et à imiter. Le procédé qu'on leur empruntait fit fortune, et en le combinant avec celui de la *fécule* des Péruviens, auquel on était enfin heureux de revenir, on en arriva à toutes ces variétés de *racines alimentaires* réduites en farines, dont le détail serait trop long à donner ici. En 1786, un sieur Renaut, épicier, rue des Francs-Bourgeois-Saint-Michel, n° 14, en tenait déjà le plus complet assortiment. Par une annonce insérée dans la *Feuille du marchand* du mois de novembre de cette année-là, « il prévient qu'on trouve chez lui de la farine de carottes, de navets, de panais, de scorsonères et de toutes les racines alimentaires... Il fournit encore, dit-il, d'excellentes fécules de pommes de terre et des farines antiscorbutiques, telles que celles de radis de jardin, de cran ou raifort sauvage, de cresson, de cochléaria, de becabunga, de capucine, d'oseille, etc. »

Avouez qu'après avoir trop dédaigné les fécules, c'était, pour une fois, trop en abuser[1].

[1] Les conserves alimentaires, si excellentes pour les longues navigations, datent des premières années de notre siècle, ce qui fait l'invention plus ancienne qu'on ne suppose. Les expériences d'Appert sur les conserves de fruits et de légumes sont de 1810. (*Archives des découvertes*, t. II, p. 225.) En 1825, les Anglais en faisaient déjà grand usage. Le navire *la Furie*, naufragé cette année-là dans la mer polaire, y abandonna une certaine quantité de boîtes de fer-blanc, remplies de ces sortes de conserves. Trois ans après, le capitaine Ross les retrouva, à la grande joie et au grand régal de son équipage. Ces conserves devaient provenir d'un établissement qui avait été fondé à Londres pour l'exploitation du procédé d'Appert. Au lieu d'être mises dans des vases de verre, les substances à conserver étaient placées beaucoup plus solidement dans des boîtes de fer-blanc, comme on vient de le voir. Cette innovation était la seule chose due aux Anglais. Quelle qu'elle soit, Appert lui-même a reconnu qu'elle venait d'eux, dans une lettre écrite à M. Th. Lacroix, le 10 avril 1836, et dont j'ai vu l'autographe. S'il fallait en croire le P. Vieyra, en son *Miroir des fourberies* (trad. d'Eug. de Monglave, 1848, in-12, p. 135), un procédé du même genre aurait été annoncé, dès 1642, par un charlatan portugais.— Dans l'antiquité, l'on connaissait certaines herbes, l'on savait fabriquer certaines substances, dont il

suffisait de prendre une petite quantité pour se soutenir pendant plusieurs jours. *V.* Jamblique, *Vita Pythagori,* ch. XXVIII; Xiphilin, *Vie de Sévère,* sous l'année 208. Au commencement de notre siècle, on voulut revenir à ce genre de nourriture extra-substantielle et peu volumineuse. On y renonça parce que les hommes ainsi nourris, s'ils ne souffraient pas du besoin, étaient incapables de supporter de longues fatigues. (*Revue encyclop.*, t. XXXV, p. 235.)

LIV

Parlons maintenant du *caoutchouc,* comme nous vous l'avons promis. L'utilité n'en fut d'abord qu'exceptionnellement entrevue. Pauw entre autres ne la devina pas. Il se contenta de dire : « La résine élastique, nommée dans la langue du pays *caoutchouc* ou *hevé* découle par incision d'un arbre qui croît dans la province de Quito, dans celle des Émeraudes, le long du fleuve des Amazones et à Cayenne, où on l'a découverte depuis peu. Quand elle est séchée, elle ressemble à du cuir; dès qu'on la mouille, elle devient, sans se délayer, flexible, extensible et par conséquent élastique. » La Condamine, quoiqu'il eût pu l'étudier sur place, lors de son voyage en Guyane; et, comme on le verra tout à l'heure, quoiqu'il eût été renseigné mieux que personne sur ses nombreux usages, ne se fit qu'assez froidement le patron du pauvre *hevœa*. Il vit bien, qu'entre autres choses, on s'en servait dans la province de Maïnas « pour vernir des capotes de toile qui sont ainsi, dit-il, impénétrables à la pluie[1], » mais cela ne lui parut en somme qu'une mode sauvage, peu digne des regards et surtout des recommandations d'un académicien. Il s'en tint donc à cette mention sans importance.

Un seul homme avait alors expérimenté sérieusement la précieuse substance et reconnu ses ressources infinies : c'est le capitaine Fresneau, qui, à cet effet, avait passé plusieurs mois dans les parties du Para, où la récolte de la gomme *hevœa* se fait en plus

[1] *Mémoires de l'Académie des sciences*, année 1751. — Les sauvages de l'Afrique et les indigènes de l'Assam font aussi depuis longtemps des jouets pour leurs enfants, avec du caoutchouc; ce sont des éléphants, des caïmans, des oiseaux, des chevaux. Un industriel du Connecticut a voulu faire des jouets du même genre, mais sans beaucoup de succès. (Natalis Rondot, *Rapport sur les objets de parure, de fantaisie, etc., fait à la commission française du jury international de l'exposition universelle de Londres*, Paris, 1854, in-4, p. 141.)

grande abondance. Il la travailla de ses mains, en fit des chaussures imperméables, des bottes pour les orpailleurs, des seaux pour certains liquides, et, tout heureux, il dit, il écrivit ce qu'il avait vu, et bien mieux ce qu'il avait fait. Personne ne l'entendit, si ce n'est La Condamine, dont les paroles ne furent malheureusement qu'un écho trop indifférent de celles de l'industrieux capitaine. Le *Mémoire* que Fresneau avait écrit à ce sujet ne fut même pas publié [1]. Et cependant, comme quelqu'un l'écrivait il y a trois ans [2], « il n'y a pas un seul des objets utiles obtenus du caoutchouc par l'industrie moderne dont Fresneau n'ait annoncé un siècle à l'avance la fabrication [3]. »

[1] En voici le titre, d'après le manuscrit qui se trouve aux archives des fortifications de la marine : *Mémoire du sieur Fresneau, chevalier de l'ordre royal et militaire de Saint-Louis, ci-devant capitaine d'infanterie et ingénieur en chef à Cayenne, sur divers sucs laiteux d'arbres qu'il a découverts en cherchant la résine élastique*, etc. 1749, petit in-fol.

[2] *Magasin pittoresque*, février 1855, p. 56.

[3] Il y annonce, entre autres choses, que les populations de nos villes substitueront aux manteaux de drap ceux qui auront été rendus imperméables, à l'aide du *hevœa*, et cela *bientôt*, dit-il. Il ne se trompait que d'un siècle.

Il est dommage qu'au lieu de La Condamine, ce n'est pas Réaumur qui se fût fait son interprète à l'Académie des sciences.

Celui-ci, en effet, avait depuis longtemps pressenti l'usage qu'on pourrait faire de toutes les résines qui sont gommeuses, comme le *caoutchouc,* et capables comme lui d'être étendues en longues lames flexibles. Voici comment il explique la manière dont cette idée lui était venue : « En examinant, dit-il [1], la chenille épineuse de l'orme, qui, au lieu de se faire une coque, se contente de tapisser de sa liqueur soyeuse la surface sur laquelle elle doit perdre sa forme... il me vint une idée singulière, mais praticable cependant : c'est qu'on pourroit faire, avec les matières gommeuses et résineuses employées pour les beaux vernis, des étoffes qui ne seroient nullement tissues, qui ne seroient pas composées de fils entrelacés les uns et les autres, mais qui, se formant d'une substance unie et pâteuse, auroient, comme les étoffes de soie, l'avantage de n'être ni solubles, ni fusibles, et seroient, de plus qu'elles, imperméables, Pour se procurer de pareilles étoffes, il suffi-

[1] *Mémoires de l'Académie des sciences,* 1713, p. 218.

roit d'étendre les couches de ces gommes liquides sur des rouleaux de papier, et, une fois ces couches séchées, d'enlever le papier en le laissant tremper dans l'eau. Il resteroit des bandes d'une étoffe gommeuse et inaltérable. »

Supposez que Réaumur, qui vient d'écrire cela, se mette en rapport avec le capitaine Fresneau qui, lui, de son côté, possède le secret de l'emploi du *caoutchouc*; la nouvelle industrie sera créée. Faute de cette rencontre, il a fallu attendre près d'un siècle[1].

Avant le *caoutchouc*, l'on n'avait eu que la *toile cirée*. Au moyen âge, elle était déjà connue, mais toute grossière[2]. Celle qu'on employait alors ne valait certainement pas l'étoffe du même genre dont les Chinois se

[1] Je ne trouve pas, avant 1781, l'emploi du caoutchouc en France. L'abbé de la Houssaye ayant publié dans le *Journal de Paris* du 11 janvier de cette année-là, une lettre où il réclamait le secours de la médecine contre les effets nuisibles de la poussière des livres, le peintre Duplessis lui répondit, le 30, qu'on ferait bien, pour cela, de munir les bibliothécaires de masques de *caoutchouc*. (*Catalogue d'autographes* du 7 avril 1847, p. 18, nº 102.)

[2] Dans le *Mesnagier*, t. I, p. 173, il est fait mention « de fenestres closes bien justement de toiles cirées. »

sont de tout temps servis, et qu'ils appellent *cheran*[1].

Ce n'est qu'en Allemagne, à la fin du XVIIe siècle, qu'on se préoccupa des nouveaux emplois auxquels il serait possible de l'appliquer, et d'abord, comme en toute innovation, on y procéda bravement. En 1698, on lança sur le Danube des bateaux de toile cirée « *naves novæ ex linteo confectæ, ceraque obductæ* » comme dit Pasch[2]. Voilà certes qui est hardi, je le répète, et qui fait involontairement penser à cette flottille toute de *caoutchouc* que les États-Unis étalaient si fièrement au Palais de Cristal.

Les bateaux et les vêtements en cuir impénétrable avaient encore été inventés plus tôt. L'auteur de la *Lettre italienne* insérée au

1 *Mille et un Jours*, édit. du Panthéon, p. 107.

2 *Inventa nova antiqua*, in-4o, p. 650.—En 1728, un bateau de peau huilée, portatif, fut aussi lancé sur le Danube. (*Mercure*, avril 1722, p. 758.)—Au moyen âge, les Anglais se servaient, pour aller à la pêche sur les étangs, de petites nacelles de cuir dont Froissart parle ainsi (édit. Buchon, 1836, gr. in-8, t. 1, p. 427) : « et avoient encore sur ces chars plusieurs nacelles et batelets faits et ordonnés si subtivement de cuir boullu que c'estoit merveille à regarder. »

Saint-Evremoniana[1] écrivait dans la première moitié du règne de Louis XIV : « Comme les Français ont trouvé le secret des peaux impénétrables, ils se moquent présentement des naufrages ; le temps est venu de marcher sur la mer et sur les fleuves avec sûreté et sans se servir du manteau d'Élie. Un homme vêtu de ces peaux est porté sur l'eau sans se mouiller, et on voit si souvent cette expérience sur la rivière qu'on n'y fait plus d'attention[2]. » Même de nos jours, de pareilles épreuves ne sont ni aussi fréquentes, ni aussi populaires. Richelet a constaté l'une des plus sérieuses. Dans la première et la seule curieuse édition de son dictionnaire, il dit au mot *Lanquerre,* qui ne se trouve dans aucun autre vocabulaire, et pour cause : « C'est une peau en forme de gros et de large bourrelet qui se met au-dessus des reins en forme de ceinture et qui soutient un homme sur l'eau. La *Lanquerre* est inventée

[1] Page 420.

[2] En 1785, un Espagnol fit sur la Seine, à la Rapée, une tentative pour marcher sur l'eau, qui réussit parfaitement. (*Mémorial de l'Europe*, t. I, p. 371 ; Pigault-Lebrun, *Mélanges littéraires*, t. I, p. 143-144.) Il se servait de longs sabots du même genre que ceux dont on a fait dernièrement l'essai. V. aussi *Mag. pittoresq.* 1851, p. 273.

depuis peu, et on en a vu paroître l'effet aux yeux de tout Paris le 14 septembre 1677. »

Mais quel est ce mot, *Languerre?* je me le suis longtemps demandé ; enfin j'ai trouvé : c'est le nom de l'inventeur[1]. Il est devenu une énigme, voilà le plus clair de sa renommée !

Quant à *imperméable*, seule épithète qui convienne bien à tous ces procédés, Rabelais l'avait employée déjà[2] ; telle est souvent, en effet, la gradation à rebours suivie par une découverte : on trouve le nom, puis la chose, puis son usage.

[1] Voici le titre du livre très-rare qu'il publia sur son invention : *Le naufrage sans péril* ou l'*Invention d'une machine qu'on peut porter à la poche, qui nous fait passer les rivières tous vestus et être plusieurs jours sur la mer sans aucun péril pour notre vie et sans mouiller nos armes ni nos habits. Par* M. Richard Lanquer, *gentilhomme d'Amiens en Picardie, capitaine de cavalerie, entretenu en temps de paix et en temps de guerre, par le roy de Portugal, et chevalier de l'ordre du Christ.* A Paris. 1675, *in*-8o.—Il est parlé de cette invention dans un livre fait juste un siècle après par M. de la Chapelle, censeur royal, auteur d'une sorte de corselet natatoire du même genre à peu près que la machine de Lanquer : *Traité de la construction théorique et pratique du scaphandre ou du bateau de l'homme.* Paris, 1775, p. 300. —Il est parlé de ce *scaphandre* dans les *Mémoires secrets*, t. XII, p. 49.

[2] Liv. III, ch. LI.

LV

Parmi les choses d'un emploi très-ancien qui ont mis le plus de siècles à renaître, on peut citer l'asphalte. Je ne vous dirai pas, à propos de l'emploi intelligent, mais tardif, que nous en faisons, que c'est encore là une chose renouvelée des Grecs. Pour l'asphalte, j'irai plus loin : c'est des Babyloniens que nous en avons renouvelé l'usage.

Dans la ville de Sémiramis, le bitume asphaltique entrait comme base dans toutes les constructions. Les prodigieuses murailles, couronnées de jardins et hautes de cinquante coudées[1], qui servaient d'enceinte à Baby-

[1] Rollin dit deux cents, mais c'est une erreur. Cin-

lone, lui devaient leur solidité. « Elles étaient, dit Rollin, qui ne fait que traduire Diodore de Sicile et Hérodote, toutes bâties de larges briques cimentées de bitume, liqueur épaisse et glutineuse qui sort de terre dans ce pays-là, qui lie plus fortement que le mortier, et qui devient beaucoup plus dure que la brique ou la pierre à laquelle elle sert de ciment[1]. »

On trouve encore debout quelques-uns des indestructibles monuments que l'asphalte assyrien servit à élever. Près de Bagdad, par exemple, dans l'ancienne Chaldée, se voit encore la fameuse tour d'Ackerkouf, une contemporaine de la tour de Babel, qui n'est pas autrement construite. Selon M. Paravey, dans un mémoire sur ces constructions chaldéennes[2], les lits de bitume minéral mêlé s'y trouvent encore dans un état de conservation parfaite, tandis que les briques dont ce bitume était le ciment sont, sur leur face extérieure, en partie calcinées et détruites par le temps.

quante coudées font 23 mètres ou 71 pieds, ce qui est déjà bien raisonnable. (Letronne, note sur l'*Histoire ancienne* de Rollin, Paris, 1846, in-18, t. I, p. 411.)

[1] *Id.*, *id.*

[2] Lu à l'*Académie des sciences*, le 2 juillet 1838.

« En consultant, dit-il, les relations de Ker-Porter et des autres voyageurs en Assyrie, pays où existent, vers Hit et ailleurs, divers puits de naphte et de bitume, on trouve des dessins de cette immense tour d'Ackerkouf en partie ruinée, les lits de bitume faisant saillie sur les lits de briques en partie détruites. Les roseaux eux-mêmes, ajoute-t-il, qui servaient à relier les divers lits de briques maçonnés en bitume, sont parfaitement conservés, grâce à ce bitume, dont la solidité admirable est plus que prouvée par ce curieux monument. A Hillah même, on trouve souvent des murs maçonnés avec du bitume[1]. »

Notre asphalte d'Europe n'est certainement ni d'une nature aussi excellente ni d'un emploi aussi facile et aussi universel que ce bitume de Chaldée. On fut toutefois trop longtemps à s'apercevoir qu'il était bon à quelque chose, et je ne pardonne pas aux propriétaires de quelques cantons suisses et à ceux de notre département de l'Ain, où le

[1] La source du bitume ou *pétrole* qui dut servir pour sceller les briques de la Tour de Babel a été retrouvée dernièrement : « Elle n'a pas cessé de couler jusqu'aujourd'hui... » (Jobard, les *Nouvelles Inventions aux expositions universelles*, t. I, p. 202.)

bitume abonde, d'avoir mis tant d'années à reconnaître que leur asphalte pourrait bien, pour plus d'un usage, pour plus d'un embellissement des modernes Babylones, remplacer celui de l'Assyrie.

Au siècle dernier seulement, on fit quelques essais de l'asphalte de la Suisse et de notre Bresse, où se trouve Seyssel, comme on sait. Ces essais, par malheur, furent peu intelligents, peu persistants ; ils n'aboutirent pas. Voltaire en parle ainsi au mot Asphalte de son *Dictionnaire philosophique*[1] : « Nos climats en produisent, mais de fort mauvais. Il y en a en Suisse ; on en voulut couvrir le comble de deux pavillons élevés aux côtés d'une porte de Genève ; cette couverture ne dura pas un an ; la mine a été abandonnée ; mais on peut garnir de ce bitume le fond des bassins d'eau en le mêlant avec de la poix résine ; peut-être un jour en fera-t-on un usage plus utile[2]. »

Cette dernière ligne est une sorte de prophétie, mais il fallut près d'un siècle pour lui donner raison.

[1] Édit. Beuchot, t. XXVII, p. 128.

[2] Un peu plus tard on en voulut enduire des tuyaux, ce qui réussit assez. (*Biblioth. britann.* Sciences et Arts, t. VIII, p. 352.)

Ainsi de toutes choses dans l'industrie et dans la science : elles naissent, languissent, sont abandonnées, puis renaissent, et cette fois pour vivre et s'éterniser ; mais presque toujours il faut des siècles d'oubli entre la première naissance de l'invention et sa vie réelle.

Les *omnibus*, par exemple, n'eurent pas un autre sort. Il en fut d'eux comme de ce *macadam* qu'ils foulent si fièrement, et dont vous savez l'histoire, et comme de cet asphalte d'un usage tout à la fois si vieux et si nouveau.

LVI

En 1662, Paris avait déjà ses omnibus; mais, vingt ans après, il ne les avait plus[1]. L'invention, vous l'allez voir, avait pourtant toutes les conditions nécessaires pour être bel et bien viable; malheureusement sa fatalité de chose nouvelle devait l'emporter. Il lui fallait mourir pour mieux renaître : elle n'y manqua pas.

1. Pour ce qui va suivre, nous ferons grand usage de l'intéressante brochure in-12 : *Les Carrosses à cinq sols ou les omnibus du* XVIIe *siècle*, que M. de Monmerqué publia, sans se nommer, en 1828, c'est-à-dire dans la nouveauté de l'omnibus ressuscité. Il ne sera pas facile d'ajouter quelque chose à ce qu'il a dit. Nous y tâcherons pourtant.

C'est l'auteur des *Pensées* et des *Provinciales*, le grand Pascal lui-même, qui avait eu l'idée de ces omnibus, et c'est un grand seigneur, son ami, le duc de Roanés, qui la patronait de son nom et de sa fortune. Que fallait-il de plus pour que l'invention fût menée à bien? Aussi d'abord réussit-elle. M. de Roanés, qui s'était adjoint le marquis de Crenan et le marquis de Sourches, obtint pour son entreprise un privilége du roi en date du 7 février 1662; et, à un mois de là, le samedi 18 mars, à sept heures du matin, on put voir se mettre en marche les nouveaux carrosses « établis, ainsi qu'il est dit dans l'ordonnance, à l'instar des coches de la campagne,... et pour faire tous les jours les mesmes trajets de Paris d'un quartier à l'autre[1]. »

Ils ne furent d'abord qu'au nombre de sept, chiffre bientôt trouvé insuffisant, et leur première ligne de trajet, commençant à la porte Saint-Antoine, allait aboutir au Luxembourg, en passant par la porte Saint-Merry, dans la rue de la Verrerie.

Chaque carrosse, dans l'origine, ne conte-

[1] *Extrait des registres du Parlement* cité par M. de Monmerqué, p. 22-28. *V.* aussi la *Muze historique* de Loret, liv. XIII, lettre 11.

nait que six personnes[1], mais ayant été un peu agrandis, ils en purent tenir huit à l'aise. Les cochers étaient vêtus de casaques bleues, armoriées sur l'estomac en broderies aux armes du roi et de la ville. Sur les traverses soutenant la voiture on voyait apposées, en guise de numéros, des fleurs de lis d'or à fond d'azur, par une, deux, trois, etc., selon le nombre des carrosses de la route. Aux deux extrémités du trajet se trouvait un bureau où se tenaient des commis tout prêts à recevoir les réclamations et les plaintes. Vous voyez que pour cela encore c'était tout à fait comme de nos jours. Le prix, toutefois, n'était pas le même qu'aujourd'hui : le nom de *carrosses à cinq sous* donné à ces premiers omnibus l'indique assez ; mais les cinq sous de ce temps-là valaient plus que six sous du nôtre ; et d'ailleurs, si vous avez bonne mémoire, le hasard fit que le premier tarif de nos omnibus fut le même que ce tarif ancien. On n'y paya d'abord que cinq sous ; si bien qu'un vaudeville du mois de mai 1828, qui mit en scène les *Omnibus*, et à cause d'eux le juif errant, Isaac Laquedem, pouvait à bon droit lui faire

[1] *Anecdotes dramatiques*, t. I, p. 455.

pousser ce cri d'admiration : « Excellente occasion ! cinq sous la course ! c'est précisément tout ce que je possède ! [1] ».

L'ordonnance de Louis XIV, mentionnée plus haut, avait réglé jusqu'à ce tarif, et même, « pour empêcher les longueurs des changements de monnaie, elle avoit fait défense aux cochers d'accepter de l'or. » La forme des carrosses n'est pas toutefois indiquée dans le décret royal, mais un passage curieux du P. Labat[2], qui a échappé à M. de Monmerqué, suppléera, pour nous, à cette description officielle. « Six personnes y pouvoient être, dit le bon jésuite, parce qu'il y avoit des portières qui se baissoient, comme on en avoit aux coches et aux carrosses de voiture. Le carrosse avoit une lanterne placée sur une verge de fer, au coin de l'impériale, sur la gauche du cocher. »

Nous avons dit que le succès de l'entreprise fut d'abord immense[3]. Une lettre que Mme Perrier, sœur de Pascal, adressa le 21

[1] *Les Omnibus ou la Revue en voiture*, par Dupeuty, Fréd. de Courcy et Lassagne, joué au Vaudeville.

[2] Cité dans le *Dictionnaire étymologique*, de Noël et Carpentier, 1839, in-8, t. I, p. 585.

[3] Sauval, *Antiquités de Paris*, t. I, p. 192, le conteste, mais à tort.

mars 1662 à M. Arnauld de Pomponne, le prouve de reste par les détails qu'elle donne[1] : « La chose a réussi, dit-elle, si heureusement, que, dès la première matinée, il y eut quantité de carrosses pleins, et il y alla même plusieurs femmes; mais l'après-dînée, ce fut une si grande foule qu'on ne pouvoit en approcher, et les autres jours ont été pareils. » Ce ne fut certes pas mieux en 1828, pour les *Omnibus*. Plus loin, Mme Perrier ajoute avec le juste orgueil d'une sœur qui voit vanter l'entreprise de son frère : « J'entendois les bénédictions qu'on donnoit aux auteurs d'un établissement si avantageux et si utile au public. » C'était en effet l'opinion générale. Cette utilité des *carrosses à cinq sous* fut même si bien reconnue de tout le monde, que chaque rue de Paris demanda d'être comprise dans la nouvelle route, — aujourd'hui on dirait la nouvelle *ligne*, — qu'on parla d'établir aussitôt qu'on eût vu le succès de la première.

Dès le 11 avril de la même année, une ordonnance du roi autorisa cette seconde route « des carrosses publics qui iront, y est-il dit, de la rue Saint-Antoine, vis-à-vis la place

[1] Citée par M. de Monmerqué, p. 33.

Royale, jusqu'à la rue Saint-Honoré, vis-à-vis l'église Saint-Roch [1]. » C'est encore là une des plus belles lignes suivies par nos omnibus.

Le 22 mai, nouvelle route encore décrétée par ordonnance du roi [2]. Elle va du carrefour de la rue Neuve-Saint-Eustache jusqu'au Luxembourg, en passant par la rue Coquillière, la croix du Trahoir (rue de l'Arbre-Sec), le pont Saint-Michel, la rue de la Harpe. Les voitures de ces nouvelles lignes sont tout d'abord en progrès sur celles de la première, notamment pour la rapidité, ce qui tient surtout à leur nombre, qui s'est de beaucoup accru. Au lieu de mettre une demi-heure entre le passage de chaque carrosse, comme Mme Perrier s'en plaignait elle-même, elles passent de demi-quart d'heure en demi-quart d'heure. Nos *Omnibus* vont-ils beaucoup plus vite? Sur tout le parcours, un voyageur veut-il descendre, un passant veut-il monter : le *carrosse à cinq-sous* s'arrête, aussi exact, aussi obéissant que l'est aujourd'hui l'omnibus K ou l'omnibus T. On a fait plus : on a presque alors l'idée des *correspondances*. Quand on arrive au croi-

[1] Citée par M. de Monmerqué, p. 40.
[2] *Id.*, p. 46.

sement de deux lignes, le voyageur peut descendre du carrosse qui suit la première pour monter dans celui qui suit la seconde, et, par ce moyen, aller de chacun des quartiers sillonnés par l'une des trois routes à tous ceux qui parcourent les deux autres [1]. Seulement, et voilà le malheur, il faut payer une seconde fois. Le système moderne est bien plus libéral, il est aussi bien plus ami de l'égalité que ne l'était celui du XVIIe siècle. On le sait, l'hospitalité de nos omnibus est si large que, hormis les hommes ivres, il n'est personne qu'ils n'acceptent. Il n'en était malheureusement pas ainsi dans les *carrosses à cinq sous.*

Par arrêt de vérification au parlement, « défenses sont faites à tous soldats, pages, laquais, à tous gens de livrée, manœuvres et gens de bras d'y entrer, pour la plus grande commodité et liberté des bourgeois [2]. » C'est certainement là ce qui fit la ruine de ces carrosses. Une telle entreprise ne peut en effet réussir que lorsqu'elle doit être une chose populaire, une commodité pour tous, accessible à tous, *omnibus*, comme le dit le nom

[1] Citée par M. de Monmerqué, p. 42-43.
[2] *Id.*, p. 28.

moderne, devise d'égalité qui, fort heureusement pour le succès des véhicules réinventés en 1828, n'a jamais été démentie.

Par suite des exclusions par trop aristocratiques dont nous venons de parler, les carrosses de 1662 n'eurent que la clientèle très-restreinte des gens de robe, auditeurs et maîtres des comptes, conseillers du Châtelet et de la Cour[1], etc., des avocats, des médecins, tous gens assez affairés par métier; quant aux bourgeois, quant aux marchands sédentaires par nature, ils ne s'en servirent pas : ils n'y montèrent que par curiosité, ainsi que les grands seigneurs. Sauval nous dit que le duc d'Enghien s'en servit par occasion[2]. Mais ce ne fut certainement là qu'une exception. Ces nobles passants n'avaient-ils pas leurs carrosses ?

Les voyageurs ne tardèrent pas à manquer ; pour couvrir leurs frais, les entrepreneurs furent contraints de hausser d'un sou le prix des places[3], ce qui donne à leurs carrosses une ressemblance de plus avec nos omnibus, mais

[1] Sauval, *Antiquités de Paris*, t. I, p. 192.
[2] *Id., ibid.*
[3] *Id., ibid.*

cela ne fit rien pour leur succès ; loin de là. Vainement les prôna-t-on partout, vainement Chevalier fit-il jouer à leur intention sur le théâtre du Marais une comédie en trois actes, en vers, ayant pour titre : l'*Intrigue des carrosses à cinq sous*, ils ne devinrent pas plus populaires [1]. L'ordonnance royale qui les instituait et l'arrêt de vérification du parlement ne leur défendaient-ils pas de l'être ? Au bout de deux ans, ils furent à peu près abandonnés.

Sauval trouve la cause de cette prompte décadence dans la mort prématurée de Pascal, qui laissa l'entreprise sans direction intelligente. Elle est bien plutôt, selon nous, dans les faits que nous venons d'indiquer.

Les *Carrosses à cinq sous* ne furent pourtant pas oubliés aussi vite qu'abandonnés. En

1 Paris, P. Baudoin, 1663, in-12. En 1828, à l'époque de la résurrection des *omnibus*, il en parut chez Lécluse une nouvelle édition in-32. — Une autre pièce, avec le même titre à peu près, mais toute différente, car elle est en vers de huits pieds, tandis que celle de Chevalier est en alexandrins, avait paru aussi, en 1663, à Anvers, chez Guill. Colles. Cette *Intrigue des carrosses de Paris à cinq sols*, car tel est son titre, prouve à quel point la nouvelle invention avait fait du bruit, même à l'étranger. M. de Monmerqué n'a pas connu cette pièce.

1692, on en parlait ; bien mieux, on en plaisantait encore. Dufresny, en effet, dans sa comédie burlesque, l'*Opéra de campagne*, représentée le 7 juin de cette année-là [1], fait lire par Arlequin cette singulière affiche : « Coches et carrosses nouvellement établis dans Paris pour la communication des quartiers éloignez ; ces voitures mènent en diligence du Palais à l'Hôpital-Général, et partent les jours d'audience ; de l'École de médecine aux Incurables et partent à toute heure. » On a fait bien de l'esprit à propos des Omnibus, mais a-t-on dit rien de plus plaisant que cette boutade de Dufresny sur les *Carrosses à cinq sous?* J'en doute.

[1] Gherardi, *Théâtre italien*, t. IV, p. 55.

LVII

Pour que le système des Omnibus soit complet aux siècles passés comme au nôtre, il leur manque le fameux *omnibus restaurant*[1]; qu'à cela ne tienne, en cherchant bien nous l'avons trouvé.

C'est au parlement de Rouen que revient l'honneur de la très-merveilleuse invention. Voici comment : au XVIe siècle, on se grisait sans mesure dans la capitale de la Normandie, tout l'argent des ménages se dépensait au cabaret, et les femmes d'artisans s'en plaignaient fort. Le parlement voulut y mettre

[1] Sur cette entreprise plus célèbre qu'heureuse du vicomte de Botherel, V. *Le Temps*, 24 mars, 14 avril et 4 juin 1834.

ordre, il rendit un arrêt en vertu duquel les tavernes étaient supprimées, et défenses faites, sous peines graves, aux industriels qui les tenaient ouvertes à tout venant, *d'asseoir* désormais aucun homme du lieu. Voilà qui est fort bien, mais encore faut-il boire, quoiqu'il n'y ait plus de cabaret. Le parlement y pourvut. D'abord, comme il appert d'un petit livre publié alors sous ce titre rimé :

> Le Discours démontrant sans feinte
> Comme maints Pions font leur plainte
> Et les Tavernes desbauchez ;
> Par quoy Taverniers sont faschez [1]...

d'abord, dis-je, défense fut faite de fréquenter le cabaret ; et ordre fut donné d'aller chercher le vin en pot pour le boire en famille :

> Si un voisin avec son familier
> Se veut esbattre, ainsy que de raison,
> Il est contraint de boire en sa maison
> Et d'envoyer quérir du vin au pot.
> Par ce moyen, en tout temps et saison,
> Femme et enfant ont leur part à l'escot.

Ce n'était pas encore assez ; le parlement voulut mieux faire : il inventa un cabaret roulant, une taverne ambulante, qui dut

[1] V. *Description raisonnée d'une jolie collection de livres*..., par Ch. Nodier. Paris, 1844, in-8°, p. 234, n° 589.

aller de porte en porte, d'atelier en atelier, *mais à très-courtes stations*, colporter des rafraîchissements et des vivres. On l'appela *triballe* ou *trimballe*, du vieux mot, *trimballer, traîner, rouler, conduire après soy*. « Jusqu'alors, dit Nodier qui le premier a mis la main sur le rare livret cité tout à l'heure [1], le peuple était allé chercher le divertissement dans les tavernes, où il oubliait tout pour lui ; les tavernes obtinrent la permission d'aller chercher le peuple, mais sous défense expresse de s'arrêter assez longtemps pour lui faire une occupation de ses plaisirs. »

N'est-ce pas là de la police bien faite? Celle des hôtelleries ne l'était pas avec moins de soins et moins d'intelligence que celle des cabarets. Nous ne vous donnerons pas le détail de ces utiles mesures ; une seule nous occupera : nous voulons parler du registre qu'on tient dans chaque auberge, sous l'œil toujours ouvert du commissaire et de ses agents, et dans lequel sont précisés les noms et qualités de tout nouveau venu. C'est là de la bonne police ; c'est toutefois de la police

1 *Bulletin du bibliophile*, août 1835, et *Cabinet de lecture*, 3 août 1835.

antique. Pétronne nous la montre en pleine vigueur à Rome [1], nous la retrouvons à Paris au XIVe siècle ; et, qui mieux est, un passage du *Voyage de Marco Polo*, nous prouve que pareille précaution était prise à Cataï, dans les États du Grand-Khan : « Sachez, dit-il, que tous ceux qui tiennent auberge, écrivent le nom de ceux qu'ils hébergent, le jour, le mois, de sorte que toute l'année le Grand-Khan peut savoir qui va et vient par sa terre ; et c'est bien chose qui appartient à de sages hommes [2].»

[1] V. *Satyricon*, cap. XV, et notre histoire des *hôtelleries et cabarets*, t. I. p. 130.

[2] V. le *Voyage de Marco Polo*, p. 172, dans les *Simples discours* de Claudius.

LVIII

On avait aussi d'excellentes idées de police contre les mendiants et les vagabonds. Les *dépôts de mendicité* sont loin d'être une chose nouvelle ; seulement, l'idée qui se trouve vague, confuse, mal comprise autrefois, est fort bien mise en pratique aujourd'hui. Qu'on lise un petit in-8° paru à Paris en 1600, sous le titre de *Police des pauvres*, et signé de G. Montaigne : on y verra tout ce que nous avons fait depuis, tout ce qu'on sût imaginer, mais non exécuter alors. D'abord, ce sont de très-

[1] En voir un curieux extrait dans un article de M. G. Brunet. (*Bulletin de l'alliance des arts,* 10 juin 1846, p. 419.)

sévères prescriptions dirigées contre « les femmes ayant enfant entre leurs bras et à leur queue, qui bien souvent ne sont à elles, et lesquels elles empruntent et les font mourir de faim et de froid, parmy les rues et églises, où elles aiment mieux bélistrer que gaigner leur vie. » Ensuite vient l'indication des mesures rigoureuses employées pour mettre un frein au fléau du paupérisme, et qui ne l'eussent point cédé à celles de notre législation, si l'on eût su les observer aussi bien que les formuler : « Il est défendu à toutes personnes de mendier à Paris, sous peine du fouet, pour les inconvénients de peste et autres maladies qui en pourroient advenir, joint que plusieurs bélistres et caynardiers, par imposture et déguisements de maladies, prennent l'aumosne au lieu des vrais pauvres, et aussi que les pauvres estrangers y viennent de toutes parts pour y bélistrer. Tous les maistres-barbiers de la ville et faulbours sont tenus de servir sans gages à la police, cinq à la fois, trois mois durant, pour visiter et panser les pauvres qui leur sont envoyez. »

Sous Louis XIII, on fit davantage : un véritable *dépôt de mendicité* fut projeté ; des lettres patentes de février 1622 le décrétèrent.

Il devait être placé au bout de la grande allée du Cours-la-Reine (alors allée de la défunte reine Marguerite), dans l'emplacement qu'on nommait alors l'Ile-de-Grenelle[1]. Malheureusement on s'en tint au projet. Sous Louis XIV, on fit rafle de tous les mendiants, mais ce fut pour les mener pêle-mêle à la Salpêtrière et à Bicêtre[2] : la science du paupérisme n'était alors qu'une brutalité, pas encore une philanthropie[3].

[1] *V.* notre édition des *Caquets de l'Accouchée,* p. 25, 70, notes, et *Revue rétrospective,* 2e série, t. III, p. 207.

[2] *V.* notre édition du *Roman bourgeois* de Furetière, Bibliothèque Elzévir., p. 311, note.

[3] Il y aurait toutefois injustice à ne pas constater qu'aux siècles passés la philanthropie fut plus active et mieux organisée qu'on ne se l'imagine. L'antiquité eut ses bonnes âmes. En hiver, à Athènes, les étuves des bains publics devenaient des chauffoirs où tous les pauvres avaient droit de prendre place. V. *Aristophane,* trad. Artaud, édit. Charpentier, p. 529, 542. Martial (liv. III, *épigr.* 48) parle d'un certain Ollus qui avait fondé un asile pour les pauvres, comme fit l'infatigable Chamousset au XVIIIe siècle. Trajan « pour subvenir aux besoins des familles nécessiteuses, dit M. Daremberg (*Débats,* 13 mars 1858), avait imaginé une véritable institution de *crédit foncier.* » Il avait surtout pourvu à la nourriture des pauvres enfants ; la *Table de Velleia,* découverte en 1747, nous explique ses dispositions à cet égard. V. Cara de Canonico,

Un homme pourtant l'avait bien compris au commencement du XVIIe siècle : c'est Barthélemy de Laffémas, « varlet de chambre du roy, natif de Beau-Semblant, en Dauphiné, »

Dei paghi, dell agro Velleiate, etc., 1788, in-8. Au moyen âge, chaque corporation d'artisans se donnait, entre autres obligations, un rôle de bienfaisance et s'en acquittait bien. Ce qu'on appelait la *charité du métier* était ce que nous nommons aujourd'hui *caisse de secours*. Toutes les confréries avaient la leur. *V*. un travail de M. Ch. Louandre, *Revue des Deux-Mondes*, 1er déc. 1850, p. 858-859, et nos *Variétés historiques et littéraires*, t. V, p. 131. Au XVIIe siècle, quand venaient les grands froids, des feux s'allumaient partout dans les rues, même la nuit, pour les plus pauvres, aux frais des plus riches. (*Aventures de Francion*. 1663, in-8°, p. 326.) La veuve de Molière fit ainsi brûler, au cimetière Saint-Joseph, sur la tombe de son mari, qui en fut toute fendue, un certain nombre de voies de bois, pour que les pauvres du quartier pussent venir s'y chauffer. (Titon du Tillet, le *Parnasse françois*, in-fol., p. 320.) Pendant le rude hiver de 1784, on revint à ce bienfaisant usage : de grands feux s'allumèrent devant tous les hôtels. (*Mémoires secrets*, t. XXXV, p. 83.) Mais cela n'est rien, et nous pourrions citer d'autres faits plus concluants en faveur de la philanthropie d'autrefois ; par exemple, l'idée qu'on eut de fonder au siècle dernier de véritables *Invalides civils*. (*Corresp*. de Grimm. *Édit. Taschereau*. t. II, p. 284-285.)

ainsi qu'il s'intitule. Son opuscule de quinze pages : « *Les moyens de chasser la gueuserye, contraindre les feneans, faire vivre et employer les pauvres, dédiez à Messieurs du clergé*, » est plein des plus saines idées.

Pour nombre d'autres réformes aussi utiles, Laffémas n'avait pas été moins bien inspiré. Le premier il avait clairement indiqué les sources de la richesse publique : il avait provoqué l'uniformité des poids et mesures, excellente réforme dont nous aurons à reparler; il avait de tous ses efforts contribué, aussi bien qu'Olivier de Serres, à l'extension de la culture du mûrier et à l'établissement des premières magnaneries[1]. Enfin, nul n'avait avant lui aussi éloquemment prouvé l'utilité des exportations et le bienfait du *libre échange* des industries européennes.

En cela Laffémas était le devancier de ce pauvre La Blancherie, qui, assez écouté lui-même, imagina, vers 1788, de faire connaître et de propager d'un peuple à l'autre les différents produits industriels de l'Europe. Il créa pour cela un journal auquel il eut le tort de donner le titre trop magnifique de *Corres-*

[1] *V.* nos *Variétés historiques et littéraires*, Bibliothèque Elzévir., t. VII, p. 303, 308, note.

pondance générale des sciences, de la littérature et des arts, en même temps qu'il s'intitulait lui-même agent général de la littérature. Il succomba sous la pompe de ces deux titres [1]. Il fut ridicule. Laffémas, plus modeste, n'était qu'oublié. Cependant l'idée qui leur était commune était excellente. En la reprenant, la fécondant et la propageant, on l'a bien prouvé, à notre époque.

Un autre projet de Barthélemy de Laffémas avait été de faire établir dans chaque ville, aux frais du gouvernement, une espèce d'agence d'affaires et de bureau de renseignements à l'usage de tous les citoyens, quels qu'ils fussent [2]. Mais en cela, notre homme aux heureux projets ne faisait que reproduire l'un de ceux qui font le plus d'honneur à la sagacité du père de Montaigne.

« Feu mon père, dit l'auteur des *Essais* [3], — pour n'estre aydé que de l'expérience et du

[1] Metra, *Correspondance secrète,* t. XIV, p. 233; *Mémoires secrets;* t. XII, p. 22, et Musset-Pathay, *Contes historiques,* p. 336.

[2] *V.* son. *Histoire du commerce de France.* (*Archives curieuses,* 1re série, t. XIV, p. 423-424.) M. Henri Martin a constaté la curiosité de ce projet. (*Histoire de France,* 2e édit. t. XII, p. 28.)

[3] Liv. I, chap. XXXIV.

naturel, — d'un jugement bien net, m'a dict aultre fois qu'il avoit désiré mectre en train qu'il y eust ez villes certain lieu désigné auquel ceulx qui auroient besoing de quelque chose se peussent rendre, et faire anregistrer leur affaire à un officier estably à cet effet : comme, « je cherche à vendre des perles, je « cherche des perles à vendre ; tel veult compagnie pour aller à Paris ; tel s'enquiert « d'un serviteur de telle qualité[1] ; tel d'un « maistre ; tel demande un ouvrier ; qui cecy, « qui cela, chascun selon son besoing », et semble, ajoute Montaigne, que ce moyen de nous entr'advertir apporteroit non legiere commodité au commerce publicque ; car à tous coups il y a des conditions qui s'entre-

1 Ce que Montaigne demande ici avait existé pendant tout le moyen âge. Paris possédait alors la rue des *Recommanderesses*, et l'une de ces femmes, dont le métier était de placer les domestiques, figure dans la *Danse des Morts* de l'une des éditions des *Heures* de Simon Vostre (Langlois, *Essai sur les Danses des Morts*, t. II, p. 21.) Je ne sais si les Romains avaient de ces sortes de *placeurs*. Au moins, pour leurs esclaves perdus, recouraient-ils à la voie des affiches. M. Letronne en a retrouvé et publié une de ce genre faite sur papyrus. *V*. un article de M. Dugas-Montbel, dans *le Temps*, 8 novembre 1833.

cherchent, et pour ne s'entendre laissent les hommes en extrêmes nécessités[1]. »

[1] La création du *Bureau d'adresses* fondé par Renaudot, et dont deux autres créations, la *Gazette de France* et la *Feuille d'avis* ou *Petites affiches*, furent la conséquence, réalisa tout ce que demande ici Montaigne (Sur les premières *Petites affiches*, en 1633, V. nos *Variétés historiques et littéraires*, t. IX). En 1631, le *Bureau de rencontres*, — c'est aussi le nom qu'on lui donnait, — fut mis enballet. Le livret en est fort curieux. On y apprend que c'était non-seulement un centre de renseignements, mais un lieu de réunion (p. 12-13) :

> Un rendez-vous en titre de bureau,
> Pour ceux qui ne savent que faire
> . . . .
> Pour nos trois sols nous y pourrons entrer
> Et trouver quelque chose ou blanque.

On trouve dans ce livret des vers pour le porteur de *gazettes* (p. 7), d'autres (p. 8) pour ces *distillateurs* ou *vendeurs d'eaux médicinales*, dont nous avons déjà parlé (t. I, p. 147) *V.* encore sur ce *Bureau d'adresses*, le *Roman bourgeois*, Biblioth. Elzévir., p. 106, note, et les *Variétés historiques et littéraires*, t. I, p. 138.—Le Sage, dans *Gil Blas* (liv. I, ch. XVII), parle d'un homme « à qui s'adressoient les laquais qui étoient sur le pavé, » et nous savons, par le *Novitius* (1721, in-4°, p. 908), qu'il existait à Paris, pendant la Régence, un nommé Herpin qui exerçait le métier d'*indicateur*, le dictionnaire dit *Nomenclator* : « il enseignoit les noms et les adresses des personnes de qualité. » Germain-Brice était un cicerone de même espèce. Il se louait aux étrangers pour leur montrer les curiosités de Paris. Son curieux livre fut le résultat et le résumé de ces promenades salariées.

LIX

Ce sont là désirs et projets du meilleur sens, mais pour la réalisation desquels notre *Almanach des adresses* et la quatrième page de nos journaux n'ont, je crois, laissé rien à regretter. Je pense même que si Montaigne revenait, il trouverait l'idée de son père par trop bien mise à exécution. Il y a déjà longtemps de cela ; à peine un siècle après que le bonhomme en avait eu l'idée, ou plutôt le rêve, l'annonce circulait ; Blegny, le faux Abraham du Pradel, lançait à Paris, en 1690, son *Livre commode des adresses,* et la réclame anglaise allait déjà son train. Dès 1695, Mme Baker, lingère et modiste, s'annonçait dans le *Morning-Post* de Londres, sous cette adresse : « Piccadilly, 27, excellente confection de robes et chapeaux, sous le patronage des dames de la cour. ».

En 1706, un bottier entreprenant faisait entonner cette fanfare en l'honneur de sa très-excellente marchandise : « *Chaussures portées avec orgueil par la gentry des trois royaumes.* » Bientôt devait venir la réclame en vers, telle que celle qui étala ses vingt-cinq rimes à la louange d'un illustre chapelier, dans un numéro du *Journal de la cour* de 1760. Le grand art d'enfler, de ballonner *(puffing)* l'annonce allait enfin se développer dans toute son ampleur savante, et monter au point où la trouvèrent Sheridan et Charles Lamb, quand le premier le définit dans ces lignes moqueuses : « Il y a ballonnage oblique, direct, indirect, violent, doucereux, érudit, par approbation, par contradiction ; » et quand il inspira au second cette boutade d'ironique admiration : « Je trouve dans les pages remplies d'annonces tout l'idéal qui manque à ma vie. Charmantes et chères annonces ! Ce beau chat qui se mire dans une botte ! l'urne à thé ! le chapeau magnifique ! surtout ces vers sublimes, composés par le poëte lauréat de mon coiffeur ! tout cela me ravit l'âme ; j'aime à penser qu'autrefois monarques et princesses avaient le monopole des poëtes lauréats, et que maintenant c'est une fantaisie que mon épicier et mon tailleur se passent aisément[1]. »

Et ne croyez pas qu'il y ait rien là d'exagéré pour ce qui regarde même l'annonce française au XVIIIe siècle. Les plumes littéraires étaient déjà taillées à son service. Diderot raconte qu'un jour il fut prié de faire, sous le titre d'*Avis au public*, l'annonce pompeuse d'une pommade qui faisait pousser les cheveux, et qu'il en fut mieux payé que d'un article de l'*Encyclopédie*[2].

Voltaire enfin, dans une lettre du 5 janvier 1767, fait cette sortie sur la *littérature réclame* à propos de je ne sais quel *bazar provençal* de ce temps-là : « Il m'est tombé entre les mains l'annonce imprimée d'un marchand de ce qu'on envoie de Paris en province pour servir sur table. Il commence par un éloge magnifique de l'agriculture et du commerce ; il pèse dans ses balances d'épicier le mérite du duc de Sully et du grand ministre Colbert, et

[1] Cité par M. Ph. Chasles dans un article du *Journal des Débats*, 17 décembre 1850.

[2] Je trouve ce fait dans le curieux livre de M. Fr. Barrière, *Tableaux de genre et d'histoire*, p. 113.

ne pensez pas qu'il s'abaisse à citer le nom du duc de Sully : il l'appelle l'ami de Henri IV; et il s'agit de vendre des saucissons et des harengs frais! Cela prouve du moins que le goût des belles-lettres a pénétré dans tous les états; il ne s'agit plus que d'en faire bon usage. Mais on veut toujours mieux dire qu'on ne doit dire, et chacun sort de sa sphère. »

Dès le temps de Louis-XIII, tout marchand de Paris avait déjà sa carte avec son nom imprimé, sa demeure bien indiquée et même son enseigne gravée. Il la donnait à quiconque venait acheter chez lui. Dans une famille de collectionneurs maniaques, dont parle Gui Patin, on avait fait, de père en fils, un recueil de toutes ces enseignes imprimées. « Ainsi, dit Patin, on peut trouver là l'origine de bien des gens qui ne veulent jamais descendre de l'élévation où la fortune les a placés[1]. »

[1] L'*Esprit de Gui Patin*. 1703, in-12, p. 16-17. Les arracheurs de dents du Pont-Neuf avaient aussi de ces sortes de billets-enseignes qu'ils faisaient répandre « pour annoncer leur science et leur logis. » (Furetière, *Roman Bourgeois*. Biblioth. Elzévir., p. 234-235.) Carmeline, le plus fameux de ces arracheurs de dents,

Les jetons de métal qui, depuis quelques années, sont entrés en cours à la place des cartes d'adresses, sont une invention presque aussi ancienne. Je les croyais pourtant bel et bien un produit de la réclame moderne et même de la réclame anglaise, comme on l'a dit quelque part. J'ai vu dans le cabinet d'un curieux un de ces jetons prototypes des nôtres. Il est en cuivre rouge ; d'un côté, il présente un chiffre entrelacé avec la légende :

PIERRE. BIZET. MARCHAND. MIROITIER.

et l'exergue, 1703.

Au revers, on voit sur une console, couverte en partie d'un tapis fleurdelisé, un miroir carré surmonté d'une pendule. Au fond est un manteau retroussé. La légende est celle-ci :

AU. MAGAZIN. ROYAL. RVE. SAINT-MARTIN.

Rien n'y manque, pas même le mot *magasin,* se prélassant à la place de *boutique,* mot déjà vulgaire et suranné.

Nierez-vous, après cela, que la réclame, avec la plupart de ses ressources et de ses

avait, comme les autres, son enseigne imprimée. (V. l'*Esprit des autres,* 3e édit., p. 53).

raffinements, n'est pas d'invention moderne[1]. Pour en finir avec elle, je dois dire qu'elle fut bien près, en 1732, de mettre les filles à marier sous sa dépendance, comme plus d'un industriel s'est avisé de le faire de nos jours[2].

Cette année-là, il se trouva à Hambourg

1 L'affiche littéraire existait déjà. Gabriel Gueret parle, dans son *Parnasse réformé*, 1681, in-12, p. 58, de celles dont les vendeurs de beau langage, tels que le sieur de Richesource, tapissaient les carrefours, mais qui ne prouvaient qu'une chose, « l'extravagance de ces orateurs en chambre. » Suit la citation de l'une de ces curieuses affiches. Sur certaines autres, que celles de M. Charles Albert n'ont que trop longtemps rappelées et qui se trouvaient à tous les coins de rues de Paris, sous Louis XIII et Louis XIV, V. le *Francion* de Sorel, 1663, in-8, p. 574, et les fragments du Voyage de Locke à Paris (*Revue de Paris*, t. XIV, p: 78). Locke reproduit le texte de l'une de ces affiches comme l'ayant copié sur le mur. — Les oculistes romains, de peur que l'on ne contrefît leurs remèdes, avaient des cachets en pierres gravées, qu'ils apposaient sur le vase contenant le *collyre*. On conserve plusieurs de ces pierres. V. *Gazette littéraire*, 1764, in-8, t. III, p. 184, et la brochure de M. Sichel : *Cinq cachets inédits de médecins oculistes romains*, Paris, 1845, in-8.

2 Même en 1732, l'idée était bien loin d'être neuve : « Plato, lisons-nous dans la 3e *série* de G. Bouchet, vouloit qu'il y eust des brasseurs de mariage qui sceussent, par art, cognoistre les qualitez des per-

un Villiaume anticipé qui émit très-plaisamment l'idée d'un bureau d'adresses pour ces sortes d'affaires [1]. Dans l'espèce de *Petites Affiches* matrimoniales qu'il dresse à cet effet, et que reproduisirent un livre allemand et un recueil français de cette époque [2], on lit entre autres articles :

« Un homme qui vit de ses rentes et qui a plus de dix mille rixdalers de bien, n'auroit point d'éloignement pour épouser une veuve point trop vieille et sans enfants. Mais il faudroit qu'elle eût au moins 60,000 marcs,

sonnes qui se marient pour donner à chascun la femme qui luy seroit convenable. »

[1] Furetière imagine de dire que de son temps il fut fait « un tariffe pour l'évaluation des partis sortables pour faire facilement les mariages. » Il donne ce très-curieux tarif. (*Roman bourgeois*, édit. Elzév., p. 53-54.)

[2] *Lettres sérieuses et badines*. La Haye, 1732, in-8°, t. VI, 1re part., p. 289-294. — Rétif de la Bretonne, dans son livre *M. Nicolas*, dont les dix-neuf parties mirent trois ans à paraître, et qui fut pour lui comme une sorte de journal autobiographique, avec annonces, demandes et réclames; se fit lui-même son propre Villiaume : « J'ai soixante-trois ans, dit-il, je vis seul, isolé...., il me faudroit une compagne de quarante à soixante ans, assez aisée pour me nourrir. » Il était franc au moins, et ne dorait pas la pilule conjugale. V. Monselet, *Rétif de la Bretonne*, 1854, in-12, p. 64.

qu'elle fût bonne ménagère, qu'elle eût l'œil sur la cuisine, qu'elle sût écrire, compter, coudre, piquer, enfin qu'elle ne prétendît point avoir une couturière chez elle. »

« Un épicier fraîchement établi, qui par le secours de ses amis a une boutique bien garnie et qui a fort bon air, cherche une demoiselle qui n'ait pas passé les vingt ans, qui ait les cheveux noirs, les yeux bruns, une belle taille, qui parle bon françois et qui sache dessiner, broder et jouer du clavecin. »

« Une dame âgée de 59 ans, qui a eu le malheur, depuis trois semaines, de devenir veuve pour la quatrième fois, cherche un homme de 26 ans, sain, vigoureux. Il vivra avec elle en grand seigneur, et elle lui fera un magnifique équipage. D'ailleurs, il n'aura que faire de s'embarrasser d'aucun soin. Il sera son légataire universel[1]. »

[1] A Londres, dans la première partie du XVIIIe siècle, le fameux Keith, qui mariait à la chapelle de May-Fair, de la façon la plus clandestine et la plus commode, *per verba de præsenti*, publiait des avis dans les journaux pour vanter les avantages des unions ainsi contractées. Lui et ceux qui vivaient du même trafic matrimonial s'engageaient aussi à fournir des maris au rabais. Plusieurs actes, entre autres celui-ci, en

Mais en voilà assez, je crois. On voit qu'en 1732, la réclame matrimoniale était organisée : il n'y avait plus qu'à ouvrir boutique. On s'en est chargé moins d'un siècle après [1].

sont la preuve : « 22 *juin* 1728. Mariage entre Josiah Walsh et Élisabeth Cutchey. Reçu de M. Ralf et de M. Hargrove, afin de pourvoir la dame d'un mari, deux guinées, lesquelles serviront aussi à payer les autres frais de la noce. » (*Monthly-Review* de 1834 cité par le *Mémorial encyclopédique*, 1835, col. 108.)

[1] L'un des premiers qui fit la chose en règle, fut Liardot, en l'an II. V. Edmond et Jules de Goncourt, *Histoire de la Société française pendant le Directoire*, Paris, Dentu, 1855, p. 177-178.

LX

C'est un fait singulier, et ce qui précède suffirait pour en établir la preuve, que toujours, même quand le sujet ne semble pas devoir y conduire, on finit par parler de la France, de Paris. Quel que soit le point de départ, c'est inévitablement là qu'on arrive, comme au grand centre où tout se meut, où tout vit. Nous venons encore d'y être ramenés tout à l'heure; ne nous en éloignons donc pas. Parlons cette fois de Paris lui-même, des choses nouvelles qui l'intéressent.

Commençons par quelques mots au sujet des puits artésiens, dont on a mis tant d'efforts à le doter un peu tardivement. Ici encore vous attendez de notre part quelque revendication en faveur du passé : vous ne vous trompez pas.

Niebuhr ayant lu, au mois de mai 1830, dans la *Gazette d'État de Prusse,* d'intéressants détails sur les sources artificielles dont de semblables puits pourraient doter le Sahara, se souvint que du temps des Romains on avait déjà essayé de fertiliser ainsi le désert en creusant des issues à la mer souterraine qui bruit, dit-on, sous ses sables. Il écrivit donc au journal prussien[1] :

« ..... Quant à l'existence des prétendues *mers souterraines* dans ces contrées, elle n'est pas nouvelle pour moi. Voici un passage qui démontre le volume considérable de ces nappes d'eau et leur haute antiquité, lequel m'est très-présent, parce que, l'ayant découvert il y a quelques mois, je l'ai cité dans le premier volume de la nouvelle édition de la *Collection des historiens byzantins.*

« *Olympiodore,* historien dont Photius a fait des extraits qui font partie d'un des volumes de la *Collection*, dit : (Cod. 80.)

[1] Cette lettre a été reproduite dans la *Gazette littéraire* au 6 mai 1830, p. 367.

« On creuse dans les oasis des puits de 200, 300 et même jusqu'à 500 aunes (à un demi-pied l'aune) dont l'eau jaillit et déborde. »

Niebuhr n'était pas trompé par sa mémoire; Olympiodore a parlé en effet de ces puits du désert, et à peu près dans les termes qu'il cite; seulement, il aurait pu ajouter qu'il y eut plus d'une contrée rendue par le même moyen habitable et fertile. Si la plaine qui s'étend au delà du Liban vit autrefois fleurir sur son immensité, inféconde aujourd'hui, les grandes cités de Balbeck et de Palmyre, elle le dut aux sources artificielles que la main de l'homme avait fait jaillir de ses flancs stériles, et qui, véritables rivières, tant elles étaient abondantes, versaient sur ces sables, rendus maintenant à leur aridité première, la fraîcheur et la fertilité. Les voyageurs anglais Wood et Darwins, de qui l'on a une si curieuse description des ruines palmyriennes, ont trouvé, sous les gigantesques décombres, les traces de ces fontaines que l'homme avait créées, les débris de ce grand système de veines et d'artères, qui porta si longtemps la vie au cœur d'une contrée redevenue cadavre [1].

[1] On pense que des tremblements de terre, détournant les courants souterrains, ont pu tarir ces puits,

Ces puits étaient aussi anciens que les plus anciens temples de Palmyre, et leur existence remontait, par conséquent, au temps du roi Salomon, qui passe pour être le premier fondateur de la cité-reine. De là, on a été amené à dire assez naturellement que les anciens Hébreux avaient connu les puits artésiens, et que la source dont Moïse fit jaillir les flots sous sa baguette divine n'était pas autre chose[1].

et qu'il n'en fallut pas davantage pour que toute la contrée se dépeuplât. (*Neuvième congrès historique*, 1843, in-8°, p. 333-334.) — M. Ferrier, aide-adjudant général dans l'armée persane, parle de la vaste plaine au milieu de laquelle se trouve Nichapour, et qui doit sa fécondité prodigieuse à douze mille cours d'eau jaillis ainsi de *karitz* ou puits, dont un certain nombre existe encore. (*Voyages en caravanes et Courses en Perse, etc.*, Paris, Dentu, t. I, p. 199.)

[1] M. Ch. Lenormant pense avec raison que ce passage du *Livre de Job* (cap. XXVIII, v. 10) : *Prorumpere jussit rivos de rupibus*, doit s'entendre des puits forés dans le désert. (*Athenæum français*, 1853, 2e semestre, p. 199.) S'il n'eût craint de porter atteinte à un miracle, il eût vu certainement la même chose dans l'opération de Moïse faisant jaillir l'eau du rocher en la frappant de sa baguette. M. Jobard, moins timoré et pour qui la croyance en la science passe avant toute autre, ne donne pas une explication différente au *miracle* du chef hébreu ; et même, suivant lui, Moïse s'y prenait fort

Les Maures du Sahara, ajoute-t-on, font tous les jours de pareils miracles; et si les tribus errantes s'étonnèrent tant de celui-là, c'est qu'elles n'étaient pas encore faites à la

bien. Il employait le seul bon moyen : la percussion, à laquelle les plus habiles sondeurs ont été obligés de revenir dernièrement. (*Les Nouvelles inventions aux expositions universelles*, etc., t. I, p. 230.) Les Égypliens, dont Moïse emportait la science en fuyant leur pays, opéraient de la même manière le forage des puits dont quelques-uns existent encore dans les grandes oasis. Après avoir analysé le texte d'une *stèle* sur laquelle se trouve décrit le travail exigé pour l'un de ces puits, creusé par ordre de Ramsès II, c'est-à-dire vers l'an 1536 avant J.-C., M. Lenormant se demande comment se faisait cette opération. Il eût pu trouver la réponse à sa question dans ce qui a été écrit à ce sujet par M. Ayme, que le pacha d'Égypte a fait gouverneur des Oasis, et qui a pu ainsi étudier sur place l'ancien procédé de forage. (*Magasin pittoresque*, 1850, p. 163.) « Ils perçaient la roche, dit-il, soit avec des tiges de fer, soit avec une tige de fer attachée à une poulie. » Il est évident que, dans ce dernier cas surtout, il s'agit de forage par percussion. Les Chinois, dont l'industrie a une origine contemporaine de celle dont nous parlons, emploient un moyen analogue. Ils creusent leurs puits de sel ou de feu, en faisant jouer « un mouton ou tête d'acier de trois ou quatre cents livres pesant. » (Huc, *l'Empire chinois*, 3e édit., t. I, p. 316.) On sait que le puits artésien de Passy a été foré à l'aide d'un procédé imité de celui-là.

vie du désert et aux ressources que la nécessité y force d'inventer. Pour les Arabes donc, le prodige de Moïse et de sa baguette n'est vraiment qu'un jeu d'enfant. Tous les jours ils le renouvellent dans quelque coin de leurs déserts; notamment, selon le voyageur Shaw, dans l'amas de villages situés au milieu du Sahara et qu'ils appellent Wad-Reag.

« Ils creusent des puits à cent, quelquefois à deux cents brasses de profondeur, dit ce curieux touriste qui visita cette partie de la Barbarie en 1727 [1], et, ajoute-t-il, ils ne manquent jamais d'y trouver de l'eau en grande abondance. Ils enlèvent, pour cet effet, diverses couches de sable et de gravier, jusqu'à ce qu'ils trouvent une espèce de pierre qui ressemble à l'ardoise, et que l'on sait être justement au-dessus de ce qu'ils appellent *Bahar-Taht,* la mer *au-dessous de la terre* [2], nom qu'ils donnent à l'abîme en général. Cette pierre se perce aisément, après quoi l'eau sort si soudainement et en si grande abondance, que ceux que l'on fait descendre pour cette

[1] *Voyage dans plusieurs provinces de la Barbarie et du Levant,* 1743, in-4o, t. I, p. 169.

[2] *V.*, sur ces mers souterraines, Malte-Brun, *Mélanges,* t. III, p. 356-357.

opération en sont quelquefois surpris et noyés, quoiqu'on les retire aussi promptement qu'il est possible[1]. »

Si donc Paris était dans le grand désert, il y a des milliers d'années qu'il aurait son puits artésien ; mais il ne faut pas le regretter trop, les compensations n'ont pas manqué, et d'ailleurs, M. Mulot[2] aidant, M. Arago conseillant,

[1] Dans un très-curieux article de la *Revue britannique* (novembre 1846), les *Tribus du Sahara algérien*, il est parlé de ces puits qui existent encore en quelques oasis, notamment dans le Rouara. « Les Arabes, y est-il dit, p. 132, racontent que dans quelques villages, ces puits ont cent fois la hauteur d'un homme. Ils sont creusés carrément et soutenus par des poutres de palmier. Quand les cultivateurs frappent l'eau d'une de ces sources, elle jaillit parfois avec tant de force, qu'elle les jette par terre. » Aujourd'hui l'on cherche à multiplier ces puits dans tout le Sahara. M. Degousée est chef de la compagnie qui s'est chargée de cette entreprise ; et un officier français dirige les forages. On peut consulter, au sujet des puits artésiens qui ont été creusés dernièrement dans les oasis du Sahara de la province de Constantine, *le Constitutionnel* du 26 septembre 1857.

[2] Je ne laisserai point passer le nom de ce grand perforeur, sans vous dire que j'ai trouvé sa fameuse sonde exactement décrite dans un livre publié en 1715. C'est dans le cabinet d'un curieux de Dresde qu'elle se voyait alors. (*Nouvelles littéraires* de Dusauzet, t. I, p. 179.)

la grande ville n'a pas perdu pour attendre. Il est bon de dire toutefois qu'elle n'a pas été, tant s'en faut, la première en Europe à se donner sa fontaine artificielle! Il y aura tantôt six ou sept siècles que l'Artois a les siennes. Celle qui se voit à Lillers, dans l'ancien couvent des Chartreux, commençait à sourdre à plein jet, vers le milieu du XIIe siècle, et toutes nos provinces du Nord prirent exemple sur ce premier puits, véritablement artésien, puisque c'est à quelques lieues de la capitale de l'Artois qu'il déversait ses eaux abondantes. Des limites de la Picardie jusqu'à celles de la Flandre, ce fut alors à qui creuserait son trou et ferait jaillir sa fontaine. Ces sources factices se multiplièrent surtout dans les environs de Béthune. L'Allemagne aussi voulut avoir les siennes, et le sol de la Basse-Autriche se cribla de puits forés; enfin la contagion gagna jusqu'à l'Italie. « Il y a plus d'un siècle, dit M. Garnier [1], que l'on connaît les eaux jaillissantes... des environs de Bologne et de Modène [2], ainsi que

[1] *Traité des puits artésiens*, in-4°, p. 30.

[2] Ramazzini parlait déjà, au XVIIe siècle, des tuyaux de plomb découverts sous les décombres de l'ancienne Modène et qui semblaient communiquer avec d'anciens puits, lesquels, selon M. Arago, ne pouvaient

la fontaine que Cassini a fait percer dans le fort d'Urbin, dont l'eau s'élevait au-dessus du sol à une hauteur de quinze pieds. »

Paris seul, encore une fois, était en retard, mais ce n'était pas faute de soupirer après les sources nouvelles qui pouvaient suppléer, par leur abondance et leur limpidité, aux eaux de la Seine, insuffisantes et insalubres [1]. Déjà, au XVIIe siècle, les eaux de Rungis, que

être que des puits artésiens. (*Annuaire du bureau des longitudes*, 1835, p. 184.) D'ailleurs, selon Ramazzini, Modène se trouve bâtie sur une de ces mers souterraines dont nous avons déjà parlé. (Malte-Brun, *Mélanges*, t. III, p. 356-357.)

[1] En 1787, il y eut un premier puits artésien creusé à Vaugirard, dans la maison du curé de Saint-Sulpice (*Journal de Paris*, 3 avril 1787). Ce n'est pas tout, deux siècles auparavant, du temps de Henri III, Nicolas Waser-Hun, bourgeois de Basle, Jean Sponde et Paul la Treille, avaient obtenu du roi un privilége exclusif pour le moyen qu'ils prétendaient avoir de « lever les eaux d'un lieu bas et profond en haut... et faire de chacun puyt une fontaine courante continuellement, et ce sans aide d'hommes ny d'animal quelconque, ains par soy. » N'étaient-ce pas là de véritables puits artésiens? L'entreprise ne réussit pas. B. Palissy se moqua de Jean Sponde et de Nicolas Waser-Hun. (Édit. Cap, p. 147.) Il en avait le droit, connaissant plus qu'aucun la théorie de ces eaux jaillissantes. (*Id.*, p. 341.) Il savait aussi comment faire des *fontaines ar-*

l'aquéduc romain d'Arcueil, réparé en 1624 par ordre de Marie de Médicis, déversait à flots dans Paris, n'étaient plus assez abondantes pour suffire aux nombreuses fontaines. On n'aspirait déjà qu'après le jour où l'Ourcq ferait à son tour dériver ses eaux dans les canaux souterrains de la grande cité. Cette rivière, — qui mit plus d'un siècle à creuser son canal, depuis 1686, où le gendre du célèbre Riquet, M. de Manse, en rêva le projet sous le regard protecteur de Colbert[1], jusqu'à l'an X qui le vit réellement commencer, — cette rivière, dis-je, que Paris s'est enfin conquise, était déjà, au milieu du XVIIe siècle, jaugée par d'intelligents industriels et distribuée en espérance dans les mille fontaines de Paris. C'était un des grands projets de ce temps qui a légué tant d'utiles idées au nôtre; mais il se trouva plus de rieurs pour s'en moquer sans le comprendre que de spéculateurs pour en patronner l'entreprise.

tificielles. M. Babinet en a retrouvé l'idée; mais il a avoué avec autant de conscience que d'esprit, la priorité que l'illustre artisan avait sur lui. (*Revue des Deux-Mondes*, 1er mars 1854, p. 1038.)

[1] De Vert, *Plan de Paris, avec détails historiques*, etc. 1817, in-4°, p. 2.

Lisez un peu les livres sérieux, les journaux graves de l'époque, pas un n'en parle pour en vanter l'importance et le bienfait; en revanche, les comédies burlesques s'en occupent pour en railler la prétendue utopie. « Certes, dit Arlequin, dans la comédie de Dufresny, *le Banqueroutier*[1], vous n'ignorez pas que plusieurs personnes ont entrepris à leurs dépens d'amener la rivière d'Ourcq à Paris, dans la vue de vendre l'eau bien cher à ceux qui en ont besoin. M. Persillet faisoit état que cela lui vaudroit plus d'un million. Pour cela, il a fallu faire de grandes dépenses pour sa part, et il a avancé quatre cent mille francs dont il se doit rembourser sur la première eau qui sera vendue. »

[1] *Théâtre italien* de Ghérardi, t. I, p. 402.

LXI.

A ce projet de la dérivation de l'Ourcq, réalisé enfin, et si bien même qu'il y a quelques années l'on pensa sérieusement à mener la pauvre rivière jusqu'au fond du bois de Boulogne ; à ce projet, dis-je, s'était naturellement joint celui d'un canal de ceinture autour de Paris[1].

[1] Puisque je viens de nommer le bois de Boulogne, je n'oublierai pas de dire que dès la fin du XVIe siècle, on eut l'idée de le gratifier d'un peu d'eau. Un des hommes les plus experts en hydraulique, l'Italien Balbani, se chargea d'y creuser de vastes citernes dans le genre de celle qu'il avait construite chez Zamet, et dont Olivier de Serres a fait un si grand éloge.

L'idée de cette dernière entreprise, dont la construction du canal Saint-Martin a été le tardif accomplissement, avait même devancé l'autre. Dès 1611, on s'en préoccupait. Cette année-là, un sieur Cosnier avait présenté un mémoire préludant ainsi : « S'il plaît au roi, le sieur Cosnier et autres gens solvables, ses associés, entreprendront de rendre les fossés de Paris navigables de dix toises de large et cinq pieds de profondeur, même aux plus grandes sécheresses, depuis le bout du fossé de l'Arsenal en Seine jusqu'à la porte Saint-Denis, et de ladite porte jusqu'au dessous des Thuilleries, suivant la moderne fortification, en fermant les faubourgs Montmartre et

(*Théâtre d'agriculture*, in-4°, t. II, p. 55-57.) Je ne crois pas qu'il réussît; son nom n'en resta pas moins à l'une des allées du bois, comme on le voit sur le plan de la Grive. Un autre Italien, s'occupant des mêmes travaux, voulut, en 1622, fournir d'eau les habitants de l'île Notre-Dame (l'île Saint-Louis) à l'aide d'une grande pompe que faisait mouvoir « un moulin à vent dressé au haut d'une maison ; » il ne réussit qu'à se faire moquer. V. nos *Variétés historiques et littéraires*, t. I, p. 211. Son invention n'était pourtant pas de beaucoup différente de celle de MM. Amédée Durand et Franchot, tant vantée par M. Jobard. (*Les Nouvelles inventions aux expositions universelles*, t. I, p. 141.)

Saint-Honoré, en sorte que les plus grands bateaux y pourront commodément naviguer[1]. »
Le canal eût ainsi complétement enceint la partie septentrionale de la ville, et, par conséquent, toute proportion gardée entre les limites du Paris de ce temps-là et celles du Paris actuel, il eût été tout à fait ce qu'est le canal Saint-Martin. Seulement, ce qui eût mieux valu, et ce qui fait surtout regretter qu'on ne l'ait pas creusé alors, c'est qu'au lieu d'être rejeté par delà les faubourgs, il eût longé les vieux remparts, devenus nos brillants boulevards d'aujourd'hui. De cette façon, l'on aurait eu au cœur de Paris, toujours grandissant, non plus une simple ligne de belles maisons et d'arbres verts, mais encore une large ceinture d'eaux vives : deux merveilles accouplées, sur une même parallèle, le grand canal de Venise et les boulevards de Paris !

Le projet échoua bien entendu en 1611; on le reprit en 1636, puis en 1637, mais pour le voir avorter encore, bien qu'il fût aux mains du plus riche entrepreneur du temps, le fa-

[1] V. De La Mare, *Continuation du Traité de la police*, t. V, p. 216, 298.

meux M. Villedo, celui-là même qui donna son nom à la rue récemment construite alors dans le quartier Richelieu et dont presque toutes les maisons lui appartenaient[1].

La grande entreprise eût beau être abandonnée, elle resta toujours le rêve des Parisiens bien pensants. En 1731, l'idée en fut reprise par ordre du roi, mais n'alla pas plus loin pour cela[2]. En 1756, l'un des hommes de l'autre siècle, qui ont le mieux pressenti, pour les embellissements de Paris, ce que

[1] *V.* notre article sur lui, *Revue française*, juillet 1856, p. 493-497. — « Ce canal, dit avec raison l'abbé Ansker, auroit eu plusieurs avantages, mais il auroit remédié aux inondations. » (*Variétés philosophiques et surtout littéraires*, 1762, in-12, p. 126.)

[2] Ce canal aurait été différent de ceux qu'on avait précédemment projetés. Ainsi, il devait être alimenté par les eaux de la petite rivière de la Croüe. Nous avons vu à ce sujet une lettre curieuse de l'ingénieur Bélidor, en date du 8 octobre 1731. Il dit qu'il a reçu un ordre de la cour pour se rendre à Paris « afin d'y examiner un projet de canal pour faire une navigation qui doit prendre depuis les fossés de la porte Saint-Antoine jusqu'à Saint-Denis, et depuis Saint-Denis jusqu'à la Seine, c'est-à-dire joindre la Seine avec elle-même, sans passer par Paris. Ce canal doit être entretenu par les eaux d'une petite rivière qui passe à Saint-Denis, que l'on nomme la Croüe. »

nous avons enfin exécuté, l'avocat Poncet de La Grave, caressait encore l'espérance de voir enfin creuser son cher canal. Il n'avait pas abandonné les idées de Cosnier et de Villedo, il le rêvait toujours tel que ceux-ci l'avaient projeté ; c'est-à-dire, comme l'accompagnement indispensable des merveilles du boulevard. « Embelli par le canal, écrivait-il[1], ce sera, sans contredit, une des plus belles promenades de l'Europe ! » Et il avait raison. Puis il ajoutait, songeant au bienfait de cette rivière nouvelle qui se serait creusé un lit au sein même de Paris : « ... On pourra multiplier les fontaines dans tous les quartiers ; les eaux d'ailleurs pourront couler vivantes dans tous les ruisseaux, et les rues, par ce moyen, seront extrêmement propres. » En cela, l'utopie de Poncet de La Grave n'était pas difficile à réaliser ; nos bornes-fontaines l'auraient, je pense, complètement satisfait.

Je m'étonne que l'excellent avocat, si curieux du bon entretien et de la salubrité des rues, n'ait pas émis de même, touchant un

1. *Projet des embellissements de la ville et des faubourgs de Paris*, 1756, in-8°, 3e partie, p. 123.

autre point de la propreté publique, quelque projet qui l'eût posé en précurseur de M. de Rambuteau, le pudibond édile, et surtout de Barthélemy, le poëte, qui, dans sa *Nouvelle Némésis*[1], s'attribue ainsi l'honneur des constructions décentes dont vous comprenez que je veux parler :

> Si, sur nos boulevards, des tourelles de pierre
> Dispensent les passants de baisser la paupière,
> Quelque faibles qu'ils soient ces bienfaits me sont dus.

Il ne tenait qu'à Poncet de la Grave que j'eusse à tenter ici une petite revendication en sa faveur ; mais, lui manquant, je la ferai pour d'autres et sans sortir du même siècle. C'est au nom de certains industriels qui, dans un but pareil, proposèrent au ministre, M. de Laverdy, l'établissement « de brouettes à demeure à différens coins de rues, » que ma petite réclamation aura lieu. Je l'appuierai sur un passage des *Mémoires secrets* de Bachaumont, à la date du 6 septembre 1769[2], et,

[1] *Satire III*. Explications.

[2] T. IV, p. 356. — « On raconte qu'un quidam avait autrefois imaginé de se promener dans Paris, en robe de chambre, tenant sous le bras une garde-robe ployante, et criant d'une voix mélancolique : *Chacun*

sans chercher avec le chroniqueur narquois s'il n'y avait pas dans la proposition seule « une dérision pour le ministère vil et minutieux de M. de Laverdy, » je constaterai l'avantage que l'entreprise, comme on la comprenait alors, aurait eu sur ce que nous avons établi depuis. On en aurait fait une affaire de finance, une occasion de taxe. « Les entrepreneurs, dit Bachaumont, promettoient de rendre une somme au trésor royal ; ce qui, ajoute-t-il, tournoit la chose en un impôt digne d'être assimilé à celui que Vespasien avoit mis sur les Romains [1]. »

Tout en riant, Bachaumont dit ici la vérité, l'impôt-Laverdy ne l'eût en rien cédé à l'impôt-Vespasien qui, du reste, bien qu'on ne l'ait pas fait remarquer, reposait sur de pa-

sait ce qu'il a à faire. Et il faisait payer quatre sous.» (Blanvillain, *Pariseum,* 1807, in-12, p. 234-235.)

[1] M. de Sartine eut aussi sa part des railleries que souleva si mal à propos cet établissement de propreté publique. V. le *Gazetier cuirassé,* 1777, in-12, p. 32. — Le Paris du XVIIIe siècle avait cependant grand besoin de ce genre d'assainissement, comme on peut en juger par un passage des *Nouvelles lettres de la duchesse d'Orléans,* p. 165. Dès le règne d'Élisabeth, Londres était mieux pourvu. (*Revue de Paris,* 4 sept. 1831, p. 25-26.)

reils établissements. Rome, dès le temps de la République, était, au point de vue de la propreté et de l'hygiène, tout aussi bien pourvue que si M. de Rambuteau y eût été édile. Montaigne, se faisant fort d'un vers de Lucrèce[1], a dit, dans ses *Essais*[2] : « Il y avoit aux carrefours, à Rome, des vaisseaux et demicuves, etc. » Mais il oublie d'ajouter que ces *amphores*, — Macrobe les désigna ainsi[3], — étaient appelés *gastras*[4], comme on le voit par un passage de Pétrone, et qu'enfin, s'il était possible de baser une taxe sur leurs étranges produits, c'était grâce aux teinturiers qui déjà, au dire d'Athénée, achetaient ces matières pour obtenir des couleurs plus éclatantes[5].

[1] Liv. IV, v. 1024.

[2] Liv. I, chap. XLIX.

[3] *Saturn.*, liv. III, chap. XVII. *V.*, sur ce passage, les *Mémoires de l'Académie de Troyes*, par Grosley, p. 17.

[4] « Quasi ventres, » dit Boulanger dans son *De tributis et vectigalibus*, cap. XXVI, Toulouse, 1712, in-12, p. 136.

[5] *Id.*, *ibid.*

LXII

Puisque nous voilà revenus à parler de l'ancienne Rome, profitons-en pour dire un mot de quelques perfectionnements administratifs, de quelques raffinements de civilisation qui lui furent communs avec Paris, cette autre Rome immense.

Nous avons dit déjà que le *macadam* était, hormis son nom, une invention tout antique; mais nous n'avons pas ajouté que cette façon de ferrer les chemins avait empiété jusque sur les faubourgs de Rome. Ils n'étaient pas autrement pavés, ce qui leur donnait, par conséquent, je ne sais quel faux air de notre faubourg Saint-Antoine. Ce macadam romain avait été établi en l'an 579 de la ville, du temps des censeurs Fulvius Flaccus et Postumius Albinus. A en juger par les détails que Tite-Live en donne, il n'aurait en rien différé de celui que nous foulons tous les jours. « Les censeurs, dit-il[1], avaient voulu que les chemins ainsi disposés fussent couverts de cailloux (*cilice sternendas*) et bien encaissés (*marginendas*) dans une double marge de pierre. »

Pour compléter leur ressemblance avec nos chaussées parisiennes, on avait bordé de trottoirs toutes les rues de Rome, et c'était, comme chez nous, aux frais du propriétaire, que se faisait cette dépense de voirie. On lit dans les *Réglements des Tables d'Airain*[2] : « Le propriétaire qui aura devant sa maison un trottoir l'entretiendra tout le long de sa propriété, en pierres liées ensemble, entières et bien unies, selon que l'ordonnera l'édile qui aura l'intendance dans cette partie de la ville, en vertu de la présente loi. »

Voilà pour la loi urbaine ; pour la loi de bienséance, c'est la même chose, on se croirait encore à Paris. Tout passant devait céder le passage aux femmes. Seulement, pour ré-

1 Lib. XLI, cap. XXVII.

2 Publiés par Mazzocchi ; Naples, 1754, in-fol., p. 53-55.

gler cet usage courtois, il avait fallu un décret du sénat de Rome[1]. A Paris, tout homme bien appris s'est décrété cet ordre-là lui-même.

L'aspect des rues, à considérer sinon la façade des maisons, du moins les gigantesques affiches qui les couvraient, différait fort peu de l'aspect des nôtres. Déjà du temps de Plaute, même s'il ne s'agissait que de réclamations d'objets perdus ou d'avis donnés pour des objets trouvés, on placardait des annonces écrites en caractères longs d'une coudée[2]. Il y avait aussi les affiches de spectacle, étalant à leur plus bel endroit une des principales scènes du drame qui serait représenté[3], ou bien, s'il s'agissait de combats de gladiateurs, offrant en raccourci le tableau des diverses luttes qui auraient lieu dans l'arène.

C'était, on le voit, toujours comme à Paris. Ces affiches étaient peintes, et je jurerais même qu'on recourait pour les tracer sur le mur au procédé d'estampage, si généralement employé aujourd'hui pour les affiches de grand apparat. Je le pense d'autant mieux que les Romains avaient toujours connu ce procédé.

[1] Valer. Maxim. Liv. V, cap. II.

[2] *Rudens*, act. V, sc. II, v. 7.

[3] *Pittur. antich. d'Ercolano*, t. I, tav. 4.

Ils le devaient aux Étrusques qui ne dessinaient pas autrement les noires silhouettes qui décorent leurs vases. C'est là un fait qui ne souffre pas le moindre doute, et que M. de Caylus affirme ainsi positivement : « Quand la couverte noire ou rouge étoit sèche, dit-il[1], le peintre, ou plutôt le dessinateur devoit nécessairement calquer ou poncer son dessin ; et selon l'usage de ce temps-là, il n'a pu se servir pour y parvenir que de lames de cuivre très-minces, susceptibles de tous les contours et découpées, comme l'on fait aujourd'hui de ces mêmes lames pour imprimer les lettres et les ornements[2]... » Nos peintres-afficheurs ne se doutent guère qu'avec leur

1 *Recueil d'antiquités*, t. I, p. 87.

2 Les anciens s'en servaient aussi pour écrire. L'empereur Justin, lorsqu'il voulait signer, avait recours à une petite tablette de bois, dans laquelle étaient taillées à jour les lettres de son nom. Il n'avait qu'à suivre avec la pointe de sa plume les contours de cette découpure. *V.* Procope, *Hist. secrète*, cap. VI. Théodoric faisait de même. (*Nouveau traité de diplomatique*, 1762, in-4, t. V, p. 26-27.) Cela nous met bien près de l'imprimerie. Les lettres mobiles avec lesquelles les potiers romains gravaient leur nom sur les vases, nous en rapprochent bien plus encore. « Ils s'en servaient, dit Jansen, à peu près de la même manière que le font nos relieurs, pour les étiquettes

décalquage multicolore ils font tous les jours du dessin à la manière étrusque; mais, pour peu qu'on ait de goût, en se rendant compte de la barbarie routinière du procédé, on ne s'étonnera pas de son origine [1].

Il ne faudrait pourtant pas vouloir tout chercher chez les étrangers, ni même en Grèce, ni même à Rome; il est mille choses modernes, l'éclairage permanent des rues, par

sur le dos des livres. » (*Essai sur l'origine de la gravure en bois*, etc., 1808, in-8, t. II, p. 35.) Ajoutez à cela qu'ils avaient déjà la recette de l'encre typographique; ainsi que nous l'avons déjà dit (t. I, p. 335), et vous conviendrez avec nous que, s'ils ne connurent pas l'imprimerie, c'est, encore une fois, qu'ils ne le voulurent pas (v. à ce sujet, t. I, p. 5). Dugald-Stewart a dit : « L'imprimerie doit être plutôt considérée comme le résultat des causes générales dont le progrès de la société dépend, que comme le simple effet d'un heureux hazard. »

[1] En Allemagne, au xve siècle, l'artisan que Paul de Prague appelle *Ciripagus* faisait des affiches sur les murs, à l'aide d'un procédé tout semblable à celui d'aujourd'hui, ce qui fait dire à M. Aug. Bernard, frappé comme nous de cette singularité : « L'industrie des affiches peintes appliquées sur les murailles, à l'aide d'une feuille de métal découpée sur laquelle on passe une brosse enduite de couleur, n'est donc pas nouvelle, comme on pourrait le croire, puisqu'elle était connue au xve siècle. » (*De l'origine et des débuts*

exemple [1], qu'on n'y trouverait pas; mais alors on aurait souvent sa revanche en demandant au Paris du moyen âge ou du XVIIe siècle, ces choses introuvables dans l'antiquité; ce qui, après tout, fait toujours notre époque contribuable d'un autre temps.

On aurait beau chercher dans l'ancienne Rome; je doute, par exemple, qu'on y trouvât l'usage du carton-pierre; mais, par contre, on n'irait pas loin dans l'histoire de l'in-

de l'imprimerie en Europe, Paris, 1853, in-8°, t. II, p. 59.)

[1] Il y eut pourtant dans l'antiquité des essais tentés pour l'éclairage des rues. V. notre brochure, *Les Lanternes*, etc., p. 3 et suiv. Sous Louis XIV seulement, un système régulier fut organisé à cet effet. On ne pensa qu'un siècle plus tard à éclairer les horloges publiques pendant toute la nuit; l'idée qui était de Fresnel ne fut même mise à exécution que cinquante ans encore après! (*Suppl. au Dict. de la Conversat.*, 18e livraison, p. 452.) Quant au gaz d'éclairage, nous avons fait son histoire (t. I, p. 114-120), nous n'y reviendrons que pour ajouter à ce que nous avons dit les détails suivants au sujet de l'emploi du gaz portatif en 1765. Nous les empruntons au *Standard* (oct. 1839) : « M. Spedding, agent de lord Lansdale, à Witchaven pour les charbons, en 1765, faisait venir dans des barils du charbon des houillères de S. S. pour l'éclairage de ses bureaux. Il proposa aux magistrats de Witchaven de faire transporter du gaz en bariques pour éclairer les rues de cette ville, ce qui fut refusé.»

dustrie française sans l'y rencontrer. « On fait prendre au carton toutes sortes de formes, tandis qu'il est encore frais, écrit M. de Paulmy [1]; on le fait même entrer dans les moules. Au XVIe siècle, on étoit dans l'usage d'en faire des ornements dans les appartements [2]. » Oubliée au XVIIe siècle, l'utile invention fut reprise au XVIIIe. Un savant Suédois, le docteur Faxe, la retrouva, et, l'ayant perfectionnée, donna, sous le nom de papier-pierre ou carton lithophyte, une pâte solide ayant la double propriété d'être à l'épreuve du feu et de l'eau [3].

1 *Mélanges d'une grande bibliothèque*, t. Hh, p. 154.

2 M. de Paulmy aurait pu ajouter que ce genre de travail constituait l'industrie du *poupetier*, ainsi appelé parce que la pâte dont il faisait usage servait aussi à la fabrication des *poupées*. *V*. le Glossaire de M. L. de Laborde au mot *Poupetier* et son livre *Union des arts et de l'industrie*, t. II, p. 448. Philibert Delorme, dans son *Traité d'architecture* (liv. XI, ch. v), parle de ces ornements faits, dit-il, de « l'estuc d'une paste que vous moulerez sur des creux. » *V*. aussi notre travail sur les *Jouets d'enfants*, 1er article, *Moniteur* du 16 janvier 1856.

3 *Journal polytype des sciences et des arts*, déc. 1785, p. 354. — Vers la même époque, M. de Montfort, dont nous reparlerons, avait mis à la mode une espèce de *carton-pierre* de son invention. (*Mém. secrets*, t. XXXVI,

Vers le même temps, nous voyons reparaître une invention dont les pierres fusibles *(lapides fusiles)* des Romains[1] pouvaient avoir donné l'idée. Qu'elle vint ou non de là, elle n'a été reprise que pour être perfectionnée. Vous vous doutez que je veux parler de ces *marbres artificiels* dont notre époque, si amie du luxe mitigé d'économie, a réveillé la mode avec tant de succès.

p. 146.) C'était aussi le temps où les ornements en carton moulé, connus sous le nom de *papiers mâchés,* du même genre à peu près que ceux dont il est parlé dans la note précédente, avaient repris faveur d'abord en France, où, par exemple, ils furent employés, en 1788, pour la décoration de la nouvelle salle de spectacle de Montpellier; puis en Angleterre, où cette industrie est encore exercée avec avantage, et toujours sous son nom français, ce qui est une preuve irréfutable de son origine. On peut juger de ce qu'était en 1789, *l'art des papiers mâchés,* par un article de l'*Esprit des journaux,* 18e année, t. IV, p. 365.

1 « C'estoit, lit-on dans le *Scaligerana* (Cologne, 1667, in-8o, p. 87), une façon des anciens Romains, qui avoient de belles inventions à fondre la pierre. Il y a des colonnes à Rome, aussi hautes que Nostre-Dame, qui sont fusiles. Les Italiens ont bien trouvé quelque pareille invention, mais ce ne l'est pas encore. Les Italiens l'appellent *mischi,* parce qu'ils sont meslez. » Il y a encore à Florence une manufacture de pierres dures. (Valery, *Voyage en Italie,* t. III, p. 161.)

Racle, l'architecte-ingénieur, dont nous avons déjà parlé [1], s'occupa, dès 1787, de la composition de ces marbres factices. Il les obtenait par le mélange de deux espèces d'argile très-abondantes dans la Bresse, sa province natale. C'était ce qu'il appelait modestement du *marbre-argile.* Je crois volontiers que tous nos jaspes d'imitation, tous nos porphyres de fabrique, tous nos marbres de contrebande, brevetés ou non, ne sortent pas d'autres carrières [2].

Le stuc, qui joue un si grand rôle dans nos ornementations modernes, est le produit d'une industrie plus ancienne encore. L'enduit solide et transparent qu'au XVIe siècle, on mettait déjà sur les sculptures pour en doubler la solidité et l'éclat, et dont il est parlé dans l'*Ulysse françois* [3], n'était certainement pas encore autre chose.

[1] *V.* t. I, p. 72. — On peut lire, sur l'invention dont il est ici question, un article du *Journal de Bourgogne*, mars 1787.

[2] Je me souviens d'avoir vu, en ce genre, à l'exposition de Londres, les beaux produits de M. Evrot, de Chaunes dans les Vosges.

[3] Article *Valenciennes*.

LXIII

Il ne fallait rien moins que tous ces héritages industriels du passé pour satisfaire aux dévorants besoins du Paris d'aujourd'hui. Jamais il n'a fait plus ample litière d'inventions et de procédés constructeurs, surtout depuis qu'une nouvelle ardeur de bâtir et de s'embellir s'est emparé tout à coup de lui. Mais elle aura beau faire, la grande ville, elle aura beau chaque jour s'agrandir, s'assainir et s'orner, toujours ce qu'elle accomplira tournera dans la sphère des embellissements et des agrandissements que les Parisiens d'autrefois, rois ou bourgeois, avaient rêvés pour elle. Parle-t-on, non pas de faire de Paris un port de mer, comme le projetait M. Flachat, mais tout simplement, ce qui est assez ambitieux déjà, d'amener des vaisseaux à Paris, on retombe, sans s'en douter, dans un des projets de Louis XIV.

« Le roi, dit Dangeau, dans son *Journal*, sous la date du 16 octobre 1692, fait venir de Provence une chiourme pour deux galères. Celles qui étoient demeurées à Rouen, on veut les envoyer à Brest pour essayer si on ne pourra point se servir de ces galères-là sur la Seine. On n'est pas content de l'épreuve qu'on en fit il y a deux ans [1]. »

[1] Le marquis de Vallavoir avait entrepris, avec l'agrément du roi, le service des rivières et canaux de France, par le moyen de galiotes, frégates et tartanes; mais ce projet se réduisit à un service de bateaux sur la Seine. (*Correspondance administrative de Louis XIV*, t. III, *Introduction*, p. LV.) Sous la Régence, un vaisseau hollandais de huit canons arriva dans les eaux de Paris. « Il salua de tout son canon le pavillon des Tuileries et vint mouiller au port Saint-Nicolas, devant le Louvre. On le voyoit à l'intérieur pour un sou par personne, et l'équipage gagna ainsi plus de cent écus. » (Dubois de Saint-Gelais, *Histoire journalière de Paris*, t. I, p. 58.) En 1768, on voulut établir entre Paris et le Havre, un service régulier de navires marchands; mais l'entreprise ne semble pas avoir eu de suites. *V.* l'*Avant-coureur*, 22 août 1768. —Moins de vingt ans après, on voulut faire plus.

S'agit-il des fortifications de Paris, nous voyons à l'avant-garde de tous les autres projets une proposition faite par Vauban au grand roi [1]. Voulons-nous pousser l'enquête rétrospective sur une entreprise d'une aussi gigantesque importance : l'achèvement du Louvre et sa réunion aux Tuileries ; nous retrouvons encore les traces de Louis XIV. Bien plus, nous nous heurtons contre un des plus chers desseins de Henri IV. Il voulait doter Paris de six places nouvelles, entre autres la Dau-

Quelqu'un proposa d'amener la mer au faubourg Saint-Martin. (*Mémoires secrets*, t. XXXV, p. 138.) Enfin dans les premières années de la Révolution, un certain M. David Leroy émit une idée à peu près pareille dans sa *Lettre à M. Franklin sur la marine et sur la possibilité de rendre Paris port* ; et en l'an IV, on vit naître un projet de bâtiment à fond plat capable de remonter de la mer jusqu'à Paris. (Edmond et Jules de Goncourt, *Hist. de la Société française pendant le Directoire.* Paris, Dentu, 1855, p. 250.)

[1] Un extrait du *Mémoire* que le grand ingénieur fit à ce sujet, en 1700, fut publié en 1830, dans la 57e liv. du *Spectateur militaire*. En 1841, quand le projet revit le jour, et cette fois pour être exécuté, M. Adhémar publia, sous le titre de *Questions diverses*, une brochure où il émit le premier l'idée d'un chemin de fer de ceinture autour de Paris. (P. Chéron, *Catalogue général de la librairie française au* XIX*e siècle*, t. I, p. 39.)

phine et la Royale qui furent les seules construites. Mais celle dont il caressait surtout le projet était celle-là même qu'on vient d'achever, et qui s'appelle place Napoléon. Étrange destinée ! C'est le nom même de Bourbon que Henri IV voulait lui donner ! « Il la réserve pour lui, écrivait Malherbe à Peiresc, le 20 janvier 1608, elle s'appellera Bourbon, pour ce que, débâtissant le Louvre, le Bourbon (l'hôtel) qui est devant la porte sera mis bas. Saint-Nicolas et Saint-Thomas-du-Louvre seront transportés là, pour raser cet espace d'entre le Louvre et les Tuileries. »

Louis XIV reprit l'entreprise, mais, malgré ses grandes idées sur le Louvre, il ne lui fut même pas donné de la commencer. Son projet s'accordait un peu avec celui dont les travaux ont été accomplis presque par miracle. L'immense place devait être coupée de cours, de jardins[1], de *châteaux*. C'est du moins ce qu'on peut croire, d'après ce qu'en disait l'abbé de Marolles, au mois de juillet 1677 dans ces mauvais vers :

[1] C'était une idée de P. Lescot de convertir en un vaste jardin l'espace compris entre les Tuileries et le Louvre. En 1809, l'architecte Vorherr émit un projet à peu près semblable.

autre galerie égale à la première,
D'une longueur extrême enfermera partout
Plusieurs cours et châteaux de l'un à l'autre bout...[1]

Cette réunion du Louvre aux Tuileries était toujours entrée dans les desseins de Louis XIV. En 1664 il songeait à faire table rase de la masse de bâtiments qui encombrait l'espace compris entre les deux palais. Gui-Patin écrivait le 24 octobre : « On parle ici d'abattre quelques grandes maisons pour achever le bâtiment du Louvre. On dit même que le roi veut envoyer les moines de Saint-Germain-des-Prés à Saint-Maur-lès-Fossés et bailler ce monastère à habiter aux chanoines de Saint-Nicolas et Saint-Thomas-du-Louvre, et que c'est un dessein pris par le roi et M. Colbert, ces deux églises étant nécessaires à la perfection du grand dessein ; mais je doute de tout cela. » De 1666 à 1668, les acquisitions continuent. « Le roi fait acheter, lisons-nous dans un document de l'époque[2], une maison

1 *Paris ou la Description succincte de cette grande ville*, juillet 1677, in-4°, p. 80.

2 *Catalogue des archives* de M. de Joursanvault, n° 1134. Je connais une lettre *inédite* de Mme de La Fayette à Huet, dans laquelle, lui parlant d'une mai-

rue Saint-Thomas, *pour l'exécution des grands desseins de son palais du Louvre.* » L. A. Houdin, architecte du roi, avait proposé, vers 1659, un plan immense et le plus gigantesque peut-être de tous ceux qu'on ait tracés à cette intention, car il embrassait non-seulement le Louvre, mais une série de constructions à l'ouest, depuis le Pont-au-Change jusqu'aux

son qu'il désirait acheter de ce côté, elle lui fait craindre qu'on ne l'enclave dans les constructions du Louvre agrandi. « C'est, dit-elle, l'avis de Mansard lui-même, qu'elle est allée consulter pour cela. « *V.* aussi notre article sur le *Pavillon Lesdiguières* dans le *Courrier de Paris* du 26 mai 1857. — Jamais le projet ne fut abandonné, comme ce qui va suivre le prouvera. Le prince de Ligne écrivait sous Louis XV : « On fera une place depuis les Tuileries jusqu'au vieux Louvre, cela est tout simple ; on doit s'attendre à cela. Tout ce Carrousel, ces baraques, cette rue Saint-Nicaise déshonorent Paris, par l'indigne moyen de faire argent de tout. » On dirait qu'il prévoyait les dernières petites boutiques du roi Louis-Philippe, et qu'il les proscrivait d'avance. (*Œuvres choisies* du maréchal prince de Ligne, 1809, in-8, t. II, p. 266.) Malheureusement, le gouvernement paresseux de Louis XV trouva trop lourde l'entreprise relative au Louvre ; il ne fit rien. Qui pis est, pour couper court, on eut alors l'idée de tout raser. « Il fut proposé, sous le ministère du cardinal Fleury, dit Lafont de Saint-Yenne, d'abattre le Louvre, pour en vendre les matériaux. » (*L'Ombre du grand Colbert*, 1764, in-12, p. 164.)

Champs-Élysées; on ne s'en préoccupa point: on hésita entre celui proposé en 1665, par le chevalier Bernin, qui, par parenthèse, ne faisait pas disparaître le défaut de parallélisme, et celui donné par Mansard en 1650. Celui-ci émettait l'idée d'un avant-corps pour le Louvre. En 1667 la question était encore pendante, et, durant sept ans, Claude Perrault fit et dessina projets sur projets sans aboutir à l'exécution d'un seul. En 1708, Des Godetz en proposa un qui ressemble un peu à celui qu'on a exécuté. C'est au moyen d'un parterre qu'il voulait dissimuler le désaccord du pavillon du Louvre avec celui des Tuileries. Après vinrent les plans de Bellanger en 1737, de Jaunez en 1780, de Loyet et Maugin en 1790, de Mandar en 1800, de Lebrun et de Rondelet en 1809[1]: enfin ceux de MM. Percier et Fontaine de 1808 à 1822. Nous nous en tiendrons à ces dates[2].

[1] Sur le projet qu'avait Napoléon d'unir le Louvre aux Tuileries, *V.* les *Mémoires* de M. de Bausset, t. IV, p. 229, et dans le journal *le Temps* (4 juin 1833) le récit d'une conversation qu'il eut à ce sujet.

[2] V. *Bulletin de l'alliance des arts*, 25 mars 1843, p. 292, et dans le t. XI de *l'Illustration*, p. 383, 397 un intéressant travail de M. L. de Laborde, auquel sont annexés les dessins de tous les plans que nous venons de mentionner, depuis celui de P. Lescot, jusqu'à

Je ne vous dirai pas qu'on eût projeté d'une façon sérieuse, dès le XVIIIe siècle, l'immense rue dont le voisinage ajoute tant à la splendeur du Louvre achevé, et que nous voyons rattacher d'une façon si triomphante les Champs-Elysées à la Bastille [1]. Ce serait trop prêter au passé. Je ne trouve à ce sujet qu'un commencement d'idée, vers la fin de 1776. C'est plutôt un rêve qu'un projet ; encore ne se hasarde-t-il pas jusqu'à la conception complète de ce qui est aujourd'hui réalisé. On ne voulait en 1776 que dégager le jardin des Tuileries, étreint de trop près par le bâtiment des Feuillants et des religieuses de l'Assomption. Voici ce que nous lisons à ce propos dans les *Mémoires secrets*, sous la date du 10 novembre de cette année-là [2] :

« Il est question d'isoler le jardin des Tuileries et d'établir une rue parallèle à la terrasse appelée des Feuillants. Cette rue abouti-

celui de MM. Visconti et Trélat, qui a été adopté et exécuté. La première idée date de 1818.

[1] N'oublions pas de dire, à propos de la Bastille, que dès 1796, on avait le projet d'élever sur son emplacement une très-haute colonne, ayant à son sommet une statue de la Liberté. (*La Décade philosophique*, 24 août 1796, p. 433.)

[2] Tome IX, p. 255.

roit en face de l'hôtel de la Vrillière (l'hôtel Saint-Florentin); on prendroit sur les Capucins de quoi dédommager le couvent de l'Assomption, et l'amélioration des terrains où l'on bâtiroit des maisons, ayant des façades sur la rue, fourniroit de quoi remplir ce plan sans aucune dépense à faire pour la ville. On ne doute pas, si M. de la Vrillière (M. de Saint-Florentin) étoit encore en place, que la chose n'eût bientôt lieu, par l'agrément qu'en recevroit son palais. »

Cette fois encore, vous le pensez bien, l'entreprise ne fut pas aussi vite exécutée que projetée ; l'attente pourtant fut moins longue qu'à l'ordinaire : elle ne fut que de vingt ans [1]. C'est que pendant ce temps la révolution était venue; et moines Feuillants, religieuses de l'Assomption, qui sans doute ne consentaient pas de bon cœur à voir mutiler leurs jardins et retardaient ainsi le percement de la rue, avaient de force cédé la place.

La révolution s'entendait en expropriation forcée! Je doute même que l'on ait mis jamais autant qu'elle promptitude et économie

[1] C'est sur l'initiative de Cambacérès que le projet fut repris. (*Réimp. du Moniteur*, t. XXVIII, p. 615.)

dans l'exécution de ce *droit*, depuis le jour où consacré par le bon plaisir du roi David lui-même[1], — car ce *droit* soi-disant moderne remonte au temps de la Bible, — il lui fournit le moyen de s'emparer de la maison d'Ornam, sur l'emplacement de laquelle il lui plaisait de bâtir son temple[2].

[1] *Paralipomènes*, liv. I, chap. XXI, v. 22.

[2] Ce que je viens de dire de la révolution m'amène assez naturellement à parler de son drapeau. Le *tricolore* n'était pas chose nouvelle, comme couleur nationale. A l'époque d'Etienne Marcel, on semble l'avoir adopté une première fois. Il est parlé dans une pièce du *Recueil* de Secousse, t. III, p. 163, « des *fermeilles* en argent émaillé mi-partie rouge et azuré » que portaient les partisans du prévôt. Dans la plupart des manuscrits de ce temps, les miniatures sont entourées d'une bande tricolore. Ce détail suffit même, tant il est particulier à cette époque, pour faire assigner une date à peu près certaine aux manuscrits où il se rencontre : on sait, à ne s'y pas tromper, qu'il faut les attribuer au règne de Charles V. (*Biblioth. de l'école des chartes*, 1re série, t. II, p. 70; Paulin Paris, *Manuscrit françois*, t. I, p. 3, t. II, p. 9, 291.) Pourquoi le choix de ces trois couleurs, en ce premier temps révolutionnaire? parce que toutes trois figuraient déjà dans les armes de l'Hôtel de Ville, foyer de la révolution. « Le vaisseau de Paris était représenté sur fond *rouge*, ayant les voiles *d'argent* et flottant sur des ondes du même métal : au haut de l'écu était en travers une lisière, égale en largeur au tiers de la surface, *bleue* et couverte de fleurs de lis d'or. En

terme de blason, ces armoiries s'exprimaient en disant *que Paris portait de gueules, un vaisseau d'argent, habillé d'argent, flottant sur des ondes de même, le chef cousu de France.* » G. de Cassagnac, *Le vaisseau et les armes de Paris.* (Revue de Paris, t. 52, p. 241). — En 1789, la même cause fit faire le même choix. Après avoir songé un instant à adopter le *vert,* ce qui fut rejeté, lorsqu'on se rappela que c'était la couleur du comte d'Artois ; on se décida pour les trois couleurs de la Ville. (Mercier, *Le Nouveau Paris,* t. I, p. 58.)

LXIV

Paris, quoi qu'il en soit, gagne à tout cela de s'agrandir et de s'embellir. Il se remanie et se renouvelle si bien que son vieux Pont-Neuf lui-même a fini par redevenir digne de son nom. L'autre jour y passant, comme j'admirais, tout brûlé par un ardent soleil, la blancheur de ses pierres rajeunies, et surtout ces nouveaux bancs qui ont pris la place des pavillons détruits, et qui ne sont, après tout, que ce qu'avait été le couronnement de chaque pile depuis Henri IV jusqu'à Louis XVI, c'est-à-dire avant l'érection de ces pavillons mis à bas ; je me ressouvins tout à coup de l'idée qu'eut au mois de septembre 1769 certaine compagnie d'industriels qui avaient pris en pitié le sort des pauvres gens forcés, comme moi en ce moment-là, de passer le Pont-Neuf, sous un soleil caniculaire. Vous allez juger du projet par ce qu'en dit Bachaumont[1], et vous me direz s'il ne serait pas urgent de le reprendre.

« 6 septembre 1769.—Une compagnie vient de former un établissement digne de la ville de Sybaris ; elle a obtenu un privilége exclusif pour avoir des parasols et en fournir à ceux qui craindroient d'être incommodés du soleil pendant la traversée du Pont-Neuf. Il y aura des bureaux à chaque extrémité de ce pont, où les voluptueux petits-maîtres qui ne voudront pas gâter leur teint se pourvoiront de cette utile machine ; ils la rendront au bureau de l'autre côté, et ainsi alternativement, moyennant deux liards par personne ; ce projet a commencé à s'exécuter lundi dernier. On annonce que, si cette invention réussit, on est autorisé à former de pareils bureaux dans les autres endroits de Paris où les crânes pourroient s'affecter, tels que le Pont-Royal, la place de Louis XV, etc. Il y a apparence que ces profonds spéculateurs obtiendront

[1] Tome IV, p. 356.

aussi le privilége exclusif des parapluies[1]. »

Il ne serait pas étonnant, si la saison s'y prête, qu'un pareil service d'ombrelles s'établît l'été prochain à Paris. On me dit même qu'on a fait, il y a peu d'années, l'essai d'un semblable système, mais pour les parapluies seulement. N'importe, dès à présent, pour l'un comme pour l'autre, je m'inscris en contrefaçon, au profit du passé.

Ces emprunts d'innovations, ces vols d'idées qui se font souvent d'une façon tout involontaire, et pour lesquels le hasard est par conséquent le seul coupable, le seul voleur, ces contrefaçons, ces plagiats fortuits ne sont pas des accidents propres à notre époque seule : les autres siècles ont eu les leurs, tout aussi réels, mais souvent, disons-le bien vite,

[1] Le Pont-Neuf me fait souvenir qu'en 1836 on proposa de voûter un des bras de la Seine pour faire un vaste terre-plein entre le Quai des Orfévres et celui des Augustins. Vieille idée encore ! Il est parlé d'un projet semblable dans les *Mémoires secrets*, t. VII, p. 172. C'était en 1774 : un M. Bory fit aussi, vers le même temps, une proposition pareille ; seulement, c'est du « bras de la rivière au pont de la Tournelle, » qu'il demandait la suppression. J'ai lu, à ce sujet, un rapport manuscrit de Perronet.

tout aussi involontaires que les nôtres [1].

Louis XI, par exemple, crut de bonne foi qu'il était l'inventeur du système des postes. L'histoire, cette grande routinière, ne l'a pas démenti. Cependant, quand il mit en campagne ses premiers messagers à pied et à cheval, il y avait plus de deux siècles que les chevaliers Teutons en dépêchaient de pareils sur toute l'étendue du territoire de l'Ordre. Dès 1276, chacune de leurs commanderies avait sa poste aux lettres [2].

La petite poste, dont l'origine a été mise en

1 J'en veux encore citer un exemple. Au XVIe siècle, un serrurier de Milan, nommé Galias Rossi, retrouva la fameuse *vis d'Archimède*. Il ne savait ni lire ni écrire, n'avait jamais entendu parler du célèbre savant de Syracuse et, par conséquent, ne pouvait être accusé de plagiat. Il fut si joyeux de sa découverte qu'il en devint fou. (Cardan, *De Subtilitate*, édit. de Lyon, 1563, p. 366.)— La *vis d'Archimède* a été utilisée soit pour remorquer le bateaux, soit pour les moulins hydrauliques. C'est elle aussi qui est la base du *propulseur hélicoïde* ou *ptérophore* de Paucton pour la marine à vapeur. Cette machine non-seulement sert de propulseur, mais aussi de compteur : par le nombre des tours de vis, on peut évaluer la vitesse de l'embarcation. Aussi l'appareil de Paucton, renouvelé d'Archimède, a-t-il été appliqué pour le compteur à gaz.

2 *Revue du Nord*, juillet 1835.

question dernièrement, a de même une histoire d'un siècle plus ancienne qu'on ne le croit généralement. Sur la foi de Bachaumont[1] on en fait honneur à l'un des grands hommes à projet du XVIIIe siècle, « à un citoyen qui avoit rêvé toute sa vie le bien public, » à M. de Chamousset[2]. On se trompe, l'invention n'est pas de M. de Chamousset, elle ne date pas du 1er juin 1760, comme on l'a écrit partout; elle est de cent sept ans plus vieille. C'est l'an 1653 qui la vit naître, croyez-en Loret, qui vous dit dans sa gazette rimée du 16 août[3] :

On va bientôt mettre en pratique,
Pour la commodité publique,
Un certain établissement,
(Mais c'est pour Paris seulement),
Des boîtes nombreuses et drues,
Aux grandes et petites rues,
Où par soi-même ou ses laquais,
On pourra porter des *paquets*,
Avis, billets, missives, lettres,
Que des gens commis pour cela,
Iront chercher et prendre là ;
Pour d'une diligence habile
Les porter par toute la ville.

[1] T. VI, p. 363.

[2] Voisenon, qui lui fait le même honneur, a dit de lui : « Sa tête étoit toujours en effervescence pour le bien de l'humanité. » (*Œuvres*, t. IV, p. 9.)

[3] Liv. IV, p. 95.

Et si l'on veut savoir combien
Coûtera le port d'une lettre,
Chose qu'il ne faut pas obmettre,
Afin que nul n'y soit trompé.
Ce ne sera qu'un sou tapé.

Ce n'était certes pas cher [1].

Il ne faut pas oublier de remarquer dans cette plate, mais exacte définition, le mot *paquet* qui s'y trouve à la huitième rime; il est à lui seul un détail très-important. Il donne à penser, en effet, que la petite poste de 1653, plus perfectionnée que la nôtre de 1858, ne se chargeait pas seulement des lettres, mais des menus bagages. Ses employés étaient tout ensemble facteurs et commissionnaires [2].

[1] Quand Chamousset la rétablit, ce tarif fut d'abord conservé. Voltaire l'appelle pour cela *la poste d'un sou*. (*Lettre à d'Argental* du 27 octobre 1760.) L'administration trouva bientôt que c'était un prix trop minime, elle le doubla. Le 3 avril 1761, Voltaire en parle encore dans une lettre à d'Argental, mais cette fois il l'appelle la *poste de deux sous*. On sait par la même lettre que le père de Mlle Corneille y était employé à cinquante livres par mois.

[2] C'étaient déjà les *messagers parisiens* de 1847. De 1784 à 1786, on avait tenté de les organiser, tels que nous les avons connus, mais sans grand succès. (*Mémorial de l'Europe* pour 1784, t. II, p. 14-16, 76; *Mémoires secrets*, t. XXXI, p. 7, 9, 28.) — Cette adminis-

C'était vouloir faire trop de choses à la fois; la pauvre entreprise en mourut. Il n'y eut niche qu'on ne lui fît; il n'y eut projectiles mystificateurs qu'on ne lançât dans ses boîtes, sous prétexte d'y mettre des paquets.

Furetière nous apprend quel en fut le triste sort, dans un passage du *Roman Bourgeois*[1]. Parlant de Collantine, qui veut rendre à son amant lettre pour lettre, il dit : « Comme elle n'avoit pas de laquais, elle se contenta de mettre sa lettre dans de certaines boëstes qui estoient lors nouvellement attachées à tous les coins des rües, pour faire tenir les lettres de Paris à Paris, et sur lesquelles le ciel versa de si malheureuses influences, que jamais aucune lettre ne fust rendue à son adresse, et qu'à l'ouverture de ces boëstes on trouva pour toutes choses des souris que des malicieux y avoient mises. » Un pauvre diable de maître

tration, qui dépendait de celle de la poste, tenait aux ordres du public, le jour du premier de l'an, des hommes en belle tenue, tout de noir habillés, et ayant l'épée au côté, qui, moyennant deux sols par course, allaient porter les cartes de visites ou s'inscrire aux portes pour les personnes. (Lemièrre, poëme des *Fastes*, chant Ier, notes, p. 18.)

[1] *V.* notre édit. Bibliothèque elzévir., p. 280-281.

de clavecin, nommé Coutel, voulant donner un concert, mit toutes ses lettres d'invitation à la petite poste, car lui non plus n'avait pas de laquais; pas une n'arriva. Des souris lancées par les malveillants avaient tout rongé [1].

Je me risquerais bien jusqu'à demander qu'on rétablisse cette poste aux paquets, mais, quoique Paris se soit fait grave, j'aurais peur qu'il ne s'y trouvât encore quelques loustics, ayant malice et souris en poche pour tuer encore la pauvre invention [2].

[1] Castil-Blaze, *Molière musicien*, t. I, p. 88.

[2] Je ne veux pas finir sans parler des *timbres-poste*. On en doit réellement la première idée au Suédois M. G. Treffenberg, qui proposa, le 23 mars 1823, à l'État de la noblesse de Suède, l'émission d'un papier-timbre destiné à servir d'enveloppe aux lettres. Il va sans dire que l'idée fut repoussée par une très-forte majorité. Depuis, elle a été exécutée en Prusse, telle que l'avait proposée M. Treffenberg. Le système des *franco* en blanc, dont on fit si grand abus en Angleterre depuis Charles II jusqu'en 1784, était du même genre; avec cette différence que ces *franco*, leur nom l'indique, étaient tout à fait gratuits. On vit alors des personnes en faire provision pour une année. *V.* un fragment de l'*History of the house of commons* de M. Ch. Towsend, cité dans la *Revue de bibliographie*, t. VI, p. 641. Ce système semble avoir été aussi établi en France sous Louis XIV pour les personnes qui se trouvaient éloignées de Paris à la suite

dû roi. Pelisson étant au camp écrivait à Mlle de Scudéry des lettres qui paraissent avoir été affranchies de cette manière. Les autographes possédés par M. Feuillet de Conches portent des traces visibles d'une sorte de *timbre-poste*.

LXV

Pour en finir avec les choses concernant Paris, où l'on construit tant à l'heure qu'il est, parlons un peu de tout ce qui, dans notre sujet, peut être relatif aux diverses branches de la construction.

Parmi les prodiges qu'ont accomplis les habiles en l'art de bâtir, l'un des plus étonnants est celui qui consiste à déplacer un monument de l'endroit où il a été construit, pour le transporter dans un autre, tout entier et d'une seule pièce. Tout récemment la colonne du Châtelet, fut ainsi remuée, à la grande admiration des journaux et du public. Ce prodige n'est pas nouveau; on peut même dire que les constructeurs d'autrefois l'ont hasardé plus souvent que ceux d'aujourd'hui, et que tous l'ont tenté avec bonheur. Au XVe siècle, ce n'était déjà qu'un jeu pour les architectes italiens. Dans le grand recueil historique de Muratori, il est parlé du transport d'une tour opéré ainsi par les soins de Gaspard Nadi et d'Aristote Fioravante. Cette tour, qui n'est autre que celle de la Magiore à Bologne, avait soixante-cinq pieds de hauteur sur onze de diamètre, et il s'agissait de lui faire éprouver un déplacement de trente-cinq pieds. Tout se fit à merveille : la tour s'en alla, comme sur roulettes, jusqu'à l'endroit où elle devait prendre pied désormais.

En 1776, un simple maçon, Joseph Serra de Crescentino, près Turin, renouvela ce miracle d'audace et d'adresse : il transporta à une plus grande distance encore le campanile d'une chapelle dédiée à la Vierge Marie du Palais, sur la route de Casal à Turin. Il avait cent vingt pieds de hauteur, et chacune de ses faces en avait dix de largeur ; malgré cela, comme ce campanile le gênait pour la construction d'un autre, dont le directeur de l'Oratoire avait adopté le plan, plutôt que de reculer lui-même, il avait entrepris de faire reculer le monument, et il y réussit[1].

[1] *Magasin pittoresque*, 1844, p. 327. — Comme travail du même genre, il faut encore citer la fameuse machine avec laquelle Fontana dressa pour Sixte V

Mais ne cherchons pas si loin nos exemples. La petite église de Saint-Leu, dans la rue Saint-Denis, nous en peut fournir un qui n'est pas moins surprenant. C'est en 1727 que la chose se passa : « Le 8 et le 10 d'octobre, dit Piganiol de la Force[1], Guillaume Guérin l'aîné, charpentier habile, transporta en entier la charpente du clocher de l'horloge, de la tour sur laquelle elle étoit, et qui menaçoit ruine, sur une autre tour nouvellement bâtie à la même hauteur, qui est de douze toises, et à la distance de vingt-quatre pieds. Cette manœuvre se fit heureusement par le moyen d'un grand échafaud sur lequel on fit rouler le clocher de sept pieds et demi de diamètre sur trente-cinq d'élévation, avec la grosse cloche de l'horloge, qui pèse au moins deux milliers, et sans toucher au plomb de la couverture ni aux plates-bandes de fer, etc. »

Qu'on ajoute à ces faits celui auquel il ne manqua peut-être pour s'accomplir heureuse-

l'obélisque qui se voit encore devant Saint-Pierre de Rome. M. Bonnier de la Mosson possédait un modèle en bois de cette machine. On peut en lire la description dans le *Catalogue* de sa collection, 1744, in-12, p. 101-103.

[1] *Description de Paris*, 1765, in-8°, t. II, p. 127.

ment, par les soins de M. Polonceau, qu'un ordre longtemps promis par l'Empereur; je veux parler du déplacement de l'arc de triomphe du Carrousel, dont l'axe ainsi changé aurait concordé avec l'axe du Louvre et celui des Tuileries; et l'on s'étonnera moins de tout ce que les ingénieurs américains [1] ou français ont pu, ou pourront désormais tenter en ce genre.

Les autres grandes difficultés de la construction, telles que fondations consolidées après coup, étages bâtis en sous-œuvre, etc., étaient autrefois surmontées avec un égal bonheur. Les travaux entrepris à Paris sous Louis XIV, en 1677, et dans les années suivantes, pour l'agrandissement et l'embellissement de la ville, en offrent plus d'une preuve [2]. L'abbé de Marolles, qui rima sur ces

[1] Un ingénieur de New-York, M. Siméon Brown, réussit, il y a quarante ans, à charrier successivement une vingtaine de maisons bâties en partie en briques « et plusieurs fois sans déranger aucunement les habitants ni même exiger qu'on ôtât les meubles. » (*Revue encyclopédique*, t. XX, p. 418.)

[2] C'est alors aussi que le charpentier Paul Cliquet construisit, pour amener les énormes cymaises du fronton du Louvre, les monter et les mettre en place, la puissante machine dont Sébastien Le Clerc a donné

matières un poëme technique détestable par la forme, mais on ne peut plus précieux par les détails qui en sont le fond, nous dit par exemple :

On a vu transporter quelques maisons entières
D'une place en une autre avec étonnement;
Miracle de l'adresse et de l'art seulement,
Digne de ce discours en toutes les manières.

J'en ai vu soutenir dans les airs une neuve
Pour faire par-dessous deux étages complets,
Au bout des *Petits-Champs*, sur les remparts défaits,
Qui se peut voir encor, pour en servir de preuve [1].

Qu'on ne s'étonne pas de nous entendre parler à cette époque de hautes maisons à deux, trois et même quatre étages. On en bâtissait déjà de telles dans tous les quartiers de la grande ville, surtout dans les quartiers populeux. Même avant Mansard, qui fut en cela le parrain et non le père, le petit peuple avait

une gravure et dont on voyait le modèle dans le cabinet de M. Bonnier de la Mosson. *V.* le *Catalogue*, par Gersaint, p. 98-99. *V.* aussi le *Dictionnaire des artistes*, par l'abbé de Fontenay, t. I, p. 387. — Les frais furent énormes : rien que pour amener la plus grande de ces pierres, de la *montaigne*, où elle fut *coupée*, jusqu'au Louvre, on dépensa 138,000 livres. *V.* le compte dans la *Revue anecdotique*, t. I, p. 26-27.

[1] *Paris ou la Description succincte de cette grande ville.* 1677, in-4°, p. 90.

ses *mansardes*. Depuis que Pierre Lescot avait disposé ainsi les combles du vieux Louvre, les étages supérieurs de plus d'une maison de Paris avaient pris cette forme. Elle était fort en usage sous Louis XIII, seulement ceux qui logeaient si haut ne disaient pas comme aujourd'hui : « J'habite au cinquième, voire au septième étage, » mais « ma demeure est en la cinquième ou en la septième chambre. »

J'habite en la seconde chambre,
Tout vis-à-vis l'hôpital Saint-Gervais,

écrit Scarron pour dire qu'il loge au second. Pour tout cela, presque rien de changé quant à la chose, tout quant à l'expression.

On ne s'imagine pas que Rome dût avoir aussi ses maisons à nombreux étages, phalanstères géants du travail ou de la misère; ses mansardes aussi, refuges riants du poëte insoucieux. On a tort : ne pas savoir qu'à deux pas des maisons à terrasses de la *voie Sacrée* et du quartier des *Esquilies* se trouvaient les hautes maisons du Velabre, ayant chacune quelque galetas poétique à son faîte, c'est ne pas connaître Rome, c'est ignorer l'un de ses points de ressemblance les plus directs avec notre grand pandémonium parisien. Lisez

Martial, il vous parlera de sa mansarde[1], même aussi, je crois, de son jardinét sur les toits[2]; voyez Suétone, et vous connaîtrez le morne galetas *(meritorium)* où se consume de misère et d'ennui l'épouse de Vitellius, attendant que son mari soit devenu empereur[3].

C'est à travers ces quartiers que Néron se plut à faire ondoyer la flamme de son immense incendie. Quand tout eut été dévoré, il rendit un édit que, sans le savoir, les édiles de nos jours ont renouvelé dans leurs arrêtés. Défense est faite, on le sait, de construire aucune maison à façade de bois et de plâtre. La pierre seule doit être employée. Néron avait été plus loin : il avait été jusqu'à dire de quelle espèce de pierre on devait faire usage. « C'était, dit Tacite[4], la pierre d'Albe ou de Gabie, parce qu'elle est à l'épreuve du feu. »

On n'avait pas attendu jusqu'à nos jours pour imiter à Paris ces mesures prudentes de l'édilité romaine. En 1567, suivant une note écrite en 1718[5], la rue de la *Juifverie* avait été

[1] Lib. I, épigr. 109.
[2] Lib. XI, épigr. 49.
[3] Suet., *Vitellius*, cap. VII.
[4] *Annales*, liv. XV, cap. XLIII.
[5] Elle a été donnée dans le *Bulletin* Férussac, *Sciences géographiques*, t. I, p. 11.

élargie, à la condition expresse que toutes les maisons dont on reculait les façades « auroient face de pierre ou moilon *(sic)* et non pan de bois. » C'était beaucoup déjà, mais le progrès aidant, on devait encore tenter davantage au XVIIIe siècle, dans l'intérêt de la sécurité des demeures. Je ne veux pas parler seulement des planchers en fer, qui ne sont pas chez nous d'importation anglaise, quoi qu'on en ait dit, mais qui sont bel et bien une invention toute française, dont un certain Ango s'ingénia le premier en 1782[1], je veux parler surtout de moyens plus directement efficaces, de ces procédés d'*incombustibilité* sur lesquels, malgré les longs détails que je leur ai déjà consacrés[2], je crois bon de revenir pour un fait qui m'avait d'abord échappé : « On fit, en l'an VII, dans le jardin de l'Élysée-Bourbon, à Paris, l'expérience

[1] Odolant-Desnos, *Tableau historique de l'industrie*, Paris, 1829, in-32, p. 71. « Ce sont, dit-il, ces planchers si communs aujourd'hui en Angleterre, d'où l'on croit à tort que nous les avons importés. » Le fer, dès cette époque, était fort employé dans les constructions : le Théâtre-Français, bâti par Louis, en est plein, et en 1730 Brébion s'en servit au Louvre pour le comble du grand salon carré.

[2] *V.* t. 1, p. 177-178.

d'une maison de bois rendue incombustible au moyen d'une liqueur dont tout l'intérieur en était enduit. Un feu continuel et nourri pendant plusieurs heures ne put l'endommager[1]. »

Ces maisons de bois nous rappellent, sauf leur qualité incombustible, celles qu'en 1777, Blanchard s'amusait à faire tout en carton dans son atelier, près les Invalides[2]. Le comte d'Artois s'était engoué de cette invention, avec cette frivolité active qui le poussait vers tout ce qui était nouveau ou bizarre. Plus tard, en 1783, nous le trouverons se donnant tout entier à une autre manie que la vogue des *square* à l'anglaise a renouvelée chez nous. Il s'agissait en effet de bâtir, à la façon britannique, sur l'emplacement du Colisée, toute une petite ville que l'on eût nommée la *Nouvelle-Londres*. « M. le comte d'Artois, lit-on dans la *Correspondance* de Métra, est à la tête de ce projet. Tout le terrain lui appartient : il l'a acheté aux entrepreneurs du Colisée et de M. de Langeac. On ne doute pas que ce prince n'obtienne l'agrément du roi, s'il ne l'a déjà.

[1] *L'Improvisateur français*, 1805, in-12, t. XI, p. 123.
[2] *Mémoires secrets*, t. X, p. 425.

Les maisons ne s'élèveront qu'à la hauteur d'un étage au-dessus du rez-de-chaussée ; de larges trottoirs borderont les maisons dans lesquelles les gens à pied entreront sans danger par de petites portes, au niveau de ces trottoirs, et les gens en voiture par de grandes portes derrière. Chacun de ces charmants réduits ne coûtera que mille écus de loyer ; les quatre principaux seulement, qui formeront les quatre coins d'une place, au centre de la ville, se payeront deux mille écus[1]. »

Il est dommage que ce projet ne se soit pas accompli : nous aurions tout un riant quartier de plus dans les environs des Champs-Élysées. Mais ce ne fut qu'un rêve, la *Nouvelle-Londres* exista à peine sur le papier. Le comte d'Artois n'y pensa pas plus longtemps qu'il n'avait pensé aux palais de carton construits par Blanchard. En 1777 pourtant, ceux-ci étaient son hochet préféré, à ce point que c'était lui faire sa cour que d'acheter à grands frais quelques-unes de ces maisonnettes mobiles : « Nos princes, disent les *Mémoires secrets*[2], se sont empressés de s'en pro-

[1] Métra, *Correspondance secrète*, t. XIV, p. 236.
[2] Tome X, p. 425.

curer, mais surtout cette Altesse Royale, qui a commandé un palais, c'est-à-dire un pavillon de cette manufacture, se démontant, se transportant et s'établissant en peu d'heures partout où l'on voudra. »

Cette maison mobile, se démontant par pièces, était chose nouvelle sans doute quant à la matière employée, mais non pas quant au reste. Il y avait des siècles qu'on connaissait l'art de construire en bois ces sortes de maisons transportables. Au commencement du règne de Charles VI, quand il s'agit d'aller rendre à l'Angleterre invasion pour invasion, on chargea sur la flotte armée pour cette périlleuse descente, non pas seulement une maison ainsi combinée, mais toute une ville portative. Il faut lire dans Froissart [1], et dans la *Chronique* de l'anonyme de Saint-Denis [2], la description de cette grande cité ambulante, à laquelle rien ne manquait, pas même les murailles crénelées, et « dont, selon Monteil [3],

[1] Édit., in-fol., t. III, ch. XXXV.

[2] Liv. VI, ch. III, IX. — De tout temps on a fait au Tyrol, dans le Vorarlberg, de ces maisons transportables, dont toutes les pièces numérotées se montent et se démontent. (Malte-Brun, *Mélanges*, t. II, p. 107.)

[3] *Hist. des Français des divers États*, 1re édit., t. II, p. 56.

toutes les maisons se démontaient et se remontaient avec la plus grande facilité. »

C'était le chef-d'œuvre de ces grands artisans français, qui se vantaient avec juste raison d'être les maîtres en leur art et d'avoir laissé bien loin, pour la coupe du bois et l'art du trait, les artistes même qu'avait vantés Vitruve. Malheureusement ce fut un chef-d'œuvre en pure perte : cette expédition aux formidables apprêts aboutit au même résultat que celle qui, au temps du Consulat, se déploya aussi sur le même rivage avec un si puissant appareil. Par une coïncidence singulière, Napoléon avait aussi alors sa maisonnette mobile, prête à être embarquée avec lui sur le bateau qui devait l'emporter en Angleterre[1]. Elle était en fer et sortait de l'atelier du plus habile mécanicien de Paris[2]. Le premier consul y coucha pendant tout le mois

[1] C'est avec des bateaux plats que Napoléon voulait débarquer en Angleterre ; or, sous Louis XI, c'est aussi avec des bateaux plats prêtés par les Hollandais que les Anglais voulurent faire une descente en France. V. Commines, sous la date de 1475 et les *Preuves de l'Hist. de Louis XI*, par Duclos, t. IV, p. 428.

[2] *L'Improvisateur françois*, t. II, p. 343.

de brumaire an XII, qu'il passa au camp de Boulogne[1].

[1] L'emploi de la fonte si répandu, si universel aujourd'hui, était déjà connu au moyen âge. (*Bulletin de l'Alliance des arts*, t. II, p. 185.) — Réaumur voulait dès 1726, que l'on fît tout en fer fondu, les choses de bâtisse les plus simples, comme les plus ornées, *serrures, verrous*, etc. (*Mercure de France*, juin 1726, p. 1364.) Les Chinois, en cela, nous ont devancés encore. Il existe chez eux, sur une colline près de Tsing-Kiang-Fou, une pagode de fonte haute de 40 pieds, sur 8 de diamètre à sa base, qui date de plus de douze siècles. (*Echo du Monde savant*, 1843, p. 144, et Jobard, *Les Nouv. Invent. aux exposit. univer.*, 2e liv., p. 277.) Les Arabes connaissent aussi la fonte depuis longtemps. L'on en a même vu qui savaient comment la rendre malléable (*Biblioth. britann.*, t. X, p. 272.) — Le zinc est aussi d'un usage beaucoup plus ancien qu'on ne pense. Grignon, le minéralogiste archéologue, prétend en avoir trouvé des débris dans les ruines d'une ancienne ville romaine en Champagne. (*Bulletin des fouilles d'une ville romaine*, p. 11.) En 1743, Malouin, dans un curieux mémoire, indiquait tout le parti qu'on en pourrait tirer. (*Mémoires de l'Académie des sciences*, 1743, p. 70, et 1744, p. 374.) Un peu plus tard, M. Dony le recommandait pour la couverture des maisons. Les Chinois l'ont toujours connu et employé. En Cochinchine, la petite monnaie appelée *dōng* est en zinc. (Natalis Rondot, *Étude pratique du commerce d'exportation de la Chine*, 1848, in-4, p. 151.)

LXVI

Depuis cette grande entreprise de la ville de bois de Charles VI, où il se montra si ingénieux et si puissant d'exécution, l'art du charpentier ne dépérit point en France. Il se distingua par d'admirables travaux et même par des inventions que notre siècle a été heureux de lui emprunter. Quand Philibert Delorme construisit pour Henri II, dans le bois de Boulogne, ce rendez-vous de chasse dont le nom, *Château de la Meute,* s'est sottement changé en celui de *Château de la Muette,* qui n'a aucun sens, il eut à élever en dômes de vastes combles qui eussent écrasé tout l'édifice s'il eût employé les pièces de charpente qui paraissaient devoir être nécessaires. Pour concilier ensemble, dans ce travail, la solidité et la légèreté, il fallait un procédé nouveau, imprévu. Delorme le trouva.

Au lieu de grosses pièces de charpente, il imagina de mettre en œuvre de simples planches de sapin, dont il savait quelle est la force quand, bien agencées ensemble, elles sont posées de champ. Son essai fut on ne peut plus heureux. Il le renouvela toutes les fois qu'il eut à former des combles d'une dimension quelconque, et chaque épreuve lui réussit comme la première. Cependant, lui mort, personne ne reprit son procédé[1]. Il était totalement oublié depuis deux siècles, quand un de ces hommes, trop rares dans les métiers, qui prennent la peine d'achever, par la lecture des livres techniques de leur art et par l'étude des constructions anciennes, l'apprentissage des ateliers, le menuisier Jacques-André Roubo retrouva le secret perdu et se le rendit propre par la façon hardie dont il le remit au jour en 1783.

La Halle aux blés, bâtie récemment sur les terrains de l'ancien hôtel de Soissons, n'était

[1] Il l'a expliqué en détail dans son *Traité d'architecture*, 1567, in-fol., chap. de la *Charpenterie*.

alors qu'une vaste enceinte, à ciel découvert. Les marchands de grains et de farine se plaignaient d'être obligés de s'entasser les jours de pluie sous les galeries circulaires, tandis que la cour du milieu restait déserte et inondée. C'est cette cour qu'il s'agissait de couvrir, mais de quelle manière? Comment arriver à construire une coupole assez vaste pour abriter solidement ce grand espace, et assez légère aussi pour ne pas faire fléchir les murs de l'enceinte, qui avaient d'abord été construits pour ne supporter aucun poids? Roubo, qui fut consulté, se chargea du travail et réussit. L'ingénieuse résurrection du procédé de Philibert Delorme fut tout son secret. Il ne voulut pour l'aider que deux hommes qu'il savait habiles et hardis comme lui : Albouy, le charpentier, à qui fut confié l'agencement des voliges ; et Raguin, le serrurier, qui, chargé de poser la lanterne au faîte de la coupole, eut, pour ainsi dire, à couronner le chef-d'œuvre.

« La coupole, — dit M. Boileau dans une notice que, menuisier lui-même, il a consacrée à Roubo son ancien, la gloire du métier, — fut terminée le 31 janvier 1783, après cinq mois de travaux dirigés avec une surveillance si attentive, qu'ils ne coûtèrent pas la vie à un seul homme. Lorsqu'on plaça cette immense voûte, qui présentait un diamètre de trente-neuf mètres cinquante centimètres, Roubo, plein de confiance dans les combinaisons si bien calculées de son système, voulut, malgré les instances des nombreux spectateurs qu'effrayait son audace, rester sous la corniche de la plate-forme pour s'assurer si la charpente, abandonnée à elle-même, ne ferait pas quelque mouvement. Tout se passa comme il l'avait prévu. Les étais furent enlevés sans qu'il en résultât le plus léger accident. A la vue d'un pareil chef-d'œuvre, les acclamations furent unanimes ; un battement de mains général salua l'auteur ; les forts de la halle eux-mêmes, s'abandonnant aux transports de leur joie bruyante, coururent tirer le modeste Roubo de son lieu d'observation, et le conduisirent triomphalement chez lui en le portant sur leurs épaules. »

L'incendie de 1802 détruisit malheureusement l'admirable coupole de Roubo ; mais quand on dut la reconstruire, tout en employant d'autres matières plus solides et moins combustibles, on ne recourut pas à d'autre procédé que le sien, et l'on rendit ainsi un hommage indirect à l'invention de Philibert.

Delorme[1], dont, grâce à l'ouvrier de génie, un chef-d'œuvre avait été le dernier mot[2].

Roubo, qui était théoricien aussi intelligent que praticien habile, a laissé de très-utiles manuels, l'*État du menuisier carrossier*, celui

1 On a placé, sur l'une des parois de la Halle aux blés, le médaillon en marbre de Philibert Delorme; je voudrais auprès celui du menuisier Roubo. L'architecte à lui seul, sans l'aide de l'ouvrier, eût-il en effet mérité d'y figurer?

2 Les anciens avaient un système de voûtes légères auquel on est revenu, et dont Louis fut un des premiers à renouveler l'usage quand il bâtit le Théâtre-Français. Il consistait à alléger la maçonnerie au moyen de petits vases ou tubes de terre cuite évidés et enfilés verticalement les uns dans les autres. Vitruve recommande ce genre de construction (liv. I, chap. x). On remarque qu'il a été employé pour une voûte en quart de cercle pratiquée sous les gradins du cirque de Caracalla; pour le Temple, qui devint, en 470, l'église Saint-Étienne-le-Rond, et aussi pour la coupole de Saint-Vital à Ravennes, qui date du xve siècle. — On savait aussi dans l'antiquité de quel excellent usage est le charbon pour empêcher l'eau de pénétrer dans les fondations. L'architecte Théodore, selon Diogène Laërce, proposa de l'employer ainsi pour la construction du temple d'Éphèse. « Voilà donc deux mille ans, lit-on dans la *Revue britann.* (nov. 1825, p. 197), que cette propriété du charbon est connue, et cependant nous ne croyons pas que dans les temps modernes on en ait jamais fait l'application. »

du *Menuisier en meubles*, celui du *Menuisier ébéniste*, etc. C'est dans ces livres qu'on peut trouver avec sa plus exacte formule le secret de ces travaux délicats, que l'on croirait être un effort du luxe moderne et dont Mme de Genlis s'émerveillait pourtant déjà pendant les premières années de Louis XVI. « Les escaliers sans soutien, dit-elle [1], d'une légèreté si hardie, sont une invention de ce temps [2], ainsi que les fenêtres sur les cheminées, etc. [3]. »

1 *Dictionnaire des étiquettes*, t. I, p. 41. — Dernièrement l'on a proposé de supprimer les escaliers et de les remplacer par une machine qui vous prendrait au rez-de-chaussée et vous porterait doucement au premier, au second, voire jusqu'au septième étage. (L. Figuier, *l'Année scientifique*, 1858, in-18, 2e année, p. 172-174.) L'invention date de Louis XIV ; M. de Villayer, de l'Académie française, l'avait mise à la mode en 1680, et M. le prince s'en servait à Paris et à Versailles (*Journal de Dangeau*, édit. complète avec les notes de Saint-Simon, t. III, p. 265.) Un certain M. Thonier avait fait aussi alors une machine du même genre, mais il s'en trouva mal. Son escalier ambulant rompit en route, et comme il ne pouvait avoir la ressource de se rattraper aux marches, il se cassa bras et jambes. (*Furetériana*, 1696, in-8, p. 159.)

2 Entre autres chefs-d'œuvre de ce genre, Roubo avait fait en acajou plein l'escalier de l'hôtel Marbeuf, dans le faubourg Saint-Honoré.

3 Quant aux cheminées, nous avons déjà vu (t. I,

Puisqu'elle veut parler des choses ingénieuses créées de son temps, la marquise devrait en citer davantage. C'est justement les plus curieuses qu'elle omet de mentionner. Elle oublie par exemple ces *stores* gracieux dont nous aurions cru non-seulement l'usage, mais le nom tout nouveau, et qu'en 1744 on employait déjà pour les carrosses et pour les fenêtres, ce qui faisait dire à Piron, dans son *Épître à M. de Livry*[1] :

C'est charme d'ouïr chanter,
Sans qu'on ait soin de la cage,
Et fauvette et rossignol
Nichés sous un beau feuillage
Qui sert auprès du vitrage
De *store* et de parasol.

Mme de Genlis nous parle-t-elle aussi de ces vernis excellents dont, sans compter le *blanc des carmes* employé pour les boiseries de Bellevue[2], on avait trouvé le secret dès 1723, et

p. 46, note) comment Philibert Delorme avait avisé au moyen de les empêcher de fumer. En 1749, Gauger, dans son livre, *la Mécanique du feu*, in-8°, en décrivit une de son invention, qui jouissait du même avantage; enfin sous Louis XV, en connaissait déjà les *cheminées prussiennes*. (*Recueil de découvertes et inventions*, 1774, in-8°, p. 184.)

[1] Edit. in-12, t. VIII, p. 73.

[2] *Journal de Barbier*, 1re édit., t. III, p. 175. Les carmes s'entendaient aussi fort bien à travailler le

qui ne le cédaient ni au vernis chinois, ni à celui du Japon, qu'ils prétendaient imiter? Nous dit-elle un mot d'une foule des choses singulières de ce temps-là, telles que l'étonnante invention du P. Boissier, que Watt se contenta de retrouver quand il prétendit faire des statues à la mécanique[1]? « Ces jours derniers, lisons-nous dans la *Gazette de France*[2], le père Boissier, directeur des Célestins de Sens, a eu l'honneur de faire devant le roi l'essai d'une nouvelle machine de sa composition, avec laquelle, en tournant simplement une mani-

stuc. On voit par les *Comptes de la maison du Roi*, pour 1670, que ceux de Charenton avaient fait tous les stucs du Trianon de porcelaine. — A ce sujet, un mot sur le blanc de zinc, que l'on croit être une découverte récente. Guyton de Morveau en faisait déjà, en 1782, l'objet d'expériences décisives. On lit dans un recueil du temps : « Elles ont eu lieu à l'Académie de Dijon et ont été répétées depuis à Paris. On peut en conclure que le blanc de zinc a sur celui de plomb deux avantages infiniment précieux. » (*Nouvelles de la république des lettres*, année 1786, nº xxx.) En janvier 1848, M. Leclaire proposa, comme chose nouvelle, à l'Académie des sciences, l'emploi de couleurs à base de zinc; M. Lassaigne réclama, disant que, depuis 1821, il employait ainsi l'oxyde de zinc. Personne ne parla de Guyton de Morveau.

[1] V. plus haut, t. I, p. 335.

[2] 12 août 1765.

velle, on exécute promptement différents portraits en bas-reliefs. »

Enfin, Mme de Genlis ne devrait-elle pas avoir ne fût-ce qu'une ligne de mention pour cette table magique de Choisy qui, ingénieuse aînée des tables tournantes, allait, venait, paraissait, disparaissait à un geste, toute servie, tout éclairée?

Cette merveille, dont la description dans les *Mémoires* peut-être un peu suspects de la baronne d'Oberkirch [1] nous a comme ébloui et fasciné l'autre jour, n'a pour nous d'égale qu'un théâtre mobile qui virait et pivotait sur lui-même sans effort, fût-il tout chargé de monde. Le modèle s'en voyait à Dresde en 1715, dans une collection d'inventions ingénieuses dont un gentilhomme anglais faisait l'exhibition. Celle-ci est ainsi cataloguée sous le numéro 13 dans les *Nouvelles littéraires* de Dusauzet [2] : « Le modèle d'un théâtre qui peut être tourné dans un instant par six hommes, y eût-il trois cents personnes dessus. De sorte qu'on peut changer la scène et les décorations en un moment. »

[1] Tome I, p. 31.

[2] 1715, in-12, t. I, p. 181.—Nous parlerons plus loin de quelques autres théâtres mécaniques, notamment de ceux des anciens, qui se mouvaient à la vapeur.

LXVII

On possédait donc au temps passé tout ce que peut créer la main habile de l'ouvrier; et il n'en fallait pas moins pour dédommager de ce que l'on savait déjà de ses ruses[1] et de ses exigences[2].

[1] Dès le XIVe siècle, on avait si peu de confiance dans les prix demandés par les maîtres-artisans pour leurs travaux, qu'on avait dès lors pris l'habitude de mettre en adjudication les ouvrages à exécuter, et que par toute la ville on les faisait « crier à rabais. » Monteil possédait un acte faisant foi de cet usage à cette époque. (*Histoire des Français des divers états*, 1re édit., t. II, p. 445.)— Sous Louis XIV, les architectes avaient fort à faire pour réduire les prix portés sur les *parties* des entrepreneurs. Il passa dans une vente de 1849 un de ces *mémoires*, rigoureusement rogné par Claude Perrault en 1681. (*Catal. d'autogr.*, 30 juillet 1849, p. 23.)

[2] Si le maître tondait ainsi sur la pratique, lui-même

En Grèce et à Rome, bien que les esclaves ne manquassent point pour entretenir la propreté dans les maisons, on se défiait déjà tel-

était tondu par ses ouvriers. La tyrannie de ceux-ci et les exagérations de salaires ne sont pas choses nouvelles. Les valets de campagne s'en mêlaient eux-mêmes. Il fallut, sous Louis XIV, un règlement du prévôt de Paris, approuvé par le roi, pour préserver les laboureurs contre les exigences de leurs charretiers, serviteurs et moissonneurs à gage, qui monopolaient ensemble et ruinaient leurs maîtres. (*Recueil A-Z*, N, p. 131.) Alors pourtant les ouvriers et les gens de service avaient tous avantages et tous priviléges sur les autres créanciers. (Isambert, *Anciennes lois françaises*, t. XV, p. 290.) M. Henri Martin constate à ce sujet la supériorité de l'ancienne législation sur la nôtre : « Il est triste, dit-il, que la civilisation ait reculé au lieu d'avancer à cet égard. » (*Histoire de France*, 1re édit., t. XII, p. 25.) — Au moyen âge, selon M. Ch. Louandre, et il en donne des preuves, « la théorie de l'égalité des salaires régnait dans toute sa rigueur. » (*Revue des Deux-Mondes*, 1er déc. 1850, p. 849.) — Pour ce qui est du système de la libre concurrence, une inscription grecque retrouvée en 1823 dans la grande Oasis, et publiée par M. Letronne, prouve que les Romains le pratiquaient. « On est étonné, est-il dit à ce sujet, dans les *Nouv. Ann. des voyages*, fév. 1828, p. 286, de voir un préfet de l'Egypte raisonner, comme le ferait un de nos bons administrateurs, sur l'utilité de la concurrence libre, en matière d'entreprises publiques. »

lement de leurs soins, qu'on avait imaginé pour le carrelage des cuisines une sorte de pavé poreux qui absorbait l'eau, quelle que fût la quantité répandue [1]. C'est une invention qui serait fort bonne à reprendre : maîtres et valets s'en trouveraient bien. A Paris, la même défiance dans le zèle des domestiques avait fait imaginer, dès le XVIIe siècle, les portes fermant par contre-poids [2]; et, un peu plus tard, avait forcé d'aviser encore à une autre amélioration qui importait bien plus que tout le reste à l'hygiène et à la propreté des logis [3].

1 C'est ce qu'on appelle encore des *pavés à la grecque*. M. Chaudruc de Crazannes en a retrouvé des traces à Saintes. (*Mémorial encyclopédique*, 1835, p. 17.)

2 Tallemant des Réaux, 2e édit., t. I, p. 104.

3 Je veux parler des cabinets dits *à l'anglaise* et inodores. En 1769, ils étaient déjà connus à Paris. Dans les petites affiches du mois de janvier de cette année-là, j'ai lu l'annonce d'une maison à louer, rue Bourbon-le-Château, qui jouissait de cet avantage ; elle appartenait à Pont de Veyle. Le plus singulier, c'est que je ne retrouve que bien plus tard, en Angleterre, cette prétendue invention anglaise. La *patente* (brevet) donnée pour cet objet à un M. Rimes et que je crois la première de ce genre, est de 1797. (*The Repertory of art and manufactures*, t. VII, p. 234.) Vers le même temps, un nommé Desorgues se ruinait en France à perfectionner les fosses inodores. (*Biogr. portat. des contemp.*, t. I, p. 1345.)

Le luxe, comme vous voyez et quoi qu'on en ait dit, savait déjà se concilier avec le confortable. Il est vrai que souvent il ne s'en préoccupait point. Pour peu qu'une chose fût brillante, il l'adoptait, fût-elle aussi fort dangereuse. De là vint la mode de ces décorations saupoudrées ou, comme on disait, *givrées* de poudre de verre blanc, dont on faisait même des surtouts de table, ce qui était fort imprudent, car cette poudre, cette neige de verre se détachait au moindre souffle et volait dans les plats; mais c'était d'un effet brillant et l'on n'avait pas voulu voir autre chose[1].

Ce goût, cette manie de l'éblouissant amena de même la mode des appartements tapissés de glaces du haut jusqu'au bas.

Regnier Desmarets, dans son gracieux virelay sur l'*excès où l'on porte toute chose*, gourmande fort les dames de son époque sur ce raffinement de coûteuse coquetterie.

> Dans leurs cabinets enchantés
> L'étoffe ne trouve plus place;
> Tous les murs des quatre côtés
> En sont de glaces incrustés;
> Chaque côté n'est qu'une glace.

[1] Legrand d'Aussy, *Vie privée des Français*, chap. sur les *Repas, festins*, etc.

Pour voir partout leur bonne grâce,
Partout elles veulent avoir
La perspective d'un miroir.

Les anciens avaient eu un luxe pareil. « Celui-là s'estime bien pauvre, dit Sénèque[1], dont la chambre n'est pas tapissée de plaques de verre. » Et qui sait si ces plaques n'étaient pas des glaces, puisqu'en effet il est aujourd'hui certain que dans l'antiquité l'on connut des miroirs semblables aux nôtres[2]?

Les Romains mettaient du verre partout, sur les parois, au plafond de leurs chambres[3]. Ils en faisaient même des pavés. Passeri vit dans les ruines d'une *villa* un de ces parquets de verre « formé d'une masse compacte de la dimension même de l'appartement[4]. » A Tyr, on voyait dans le temple d'Hercule une colonne de verre, colorée dans la masse, et d'une si belle nuance, qu'on la disait faite d'une seule émeraude[5].

Quant aux vitres, après qu'on eut long-

1 *Epistol.* 86.

2 *Cabinet de l'Amateur et de l'Antiq.*, t. II, p. 57.

3 Stace, *Sylv.*, lib. I, carm. 25, v. 42.

4 *Lucernæ fictiles*, in-fol. v. I. p. 67.

5 Théophraste, *Traité des Pierres*, édit. 1754, n°s 44, 54.

temps douté que les anciens en eussent fait usage; après même que de gros mémoires eussent été publiés pour prouver qu'ils n'avaient pu en garnir leurs fenêtres, la découverte que Winckelmann fit à Pompéia de plusieurs châssis vitrés trancha nettement la question en faveur de l'affirmative[1]. Les latinistes virent avec satisfaction qu'ils n'avaient pas commis de contre-sens, lorsqu'ils avaient traduit par « croisée de vitre » le mot *speculatorium*, qui se trouve dans Sénèque[2]; et les hellénistes, qui avaient compris de même certain passage de Philon[3], crièrent victoire. Cela n'est rien encore. Ce qu'il faut surtout admirer chez les anciens, c'est l'art avec lequel ils travaillaient le verre. On en peut juger par les belles coupes qui ont survécu. Celle de *Barberi* ou *Portland*, qui fut brisée malheureusement il y a quelques années, était la plus admirable. Avec ses deux couches de verres mariées ensemble; ses figures blanches ciselées en relief sur un fond bleu, à l'imi-

[1] Winckelm., *Monum. inéd.*, t. I, p. 267; Gell, *Antiq. de Pompéia*, 1812-1827, in-fol., 3e partie, p. 7; Mazois, *Antiq. de Pompéia*, 1re part., p. 54.

[2] *Epist.* 93.

[3] *Trad.* de Bollier, Paris, 1588, in-8, p. 27.

tation d'un camée en onyx, c'était vraiment le plus merveilleux spécimen de la verrerie antique[1]. La coupe trouvée en 1825 dans un cercueil près de Strasbourg, et conservée dans le musée de cette ville, est aussi d'un bien remarquable travail[2]. Elle est du même genre que celles dont parle Winckelmann, et qu'entourait un treillis de verre légèrement superposé[3]; du même genre aussi que le vase si charmant décrit par Achilles Tatius, et autour duquel serpentait le souple feuillage

[1] Caylus, dans les *Mém. de l'Acad. des inscript.*, t. XXIII, p. 366, etc. Labarte, *Catalogue de la collection Debruges-Duménil*, introduction, p. 332-333.— *V.* aussi, sur les merveilles que les anciens ont faites avec le verre et que notre industrie n'a pu reproduire encore, L. de Laborde, *Union des arts et de l'industrie*, t. II, p. 472. Il est surtout une invention qui n'a pas été retrouvée, c'est celle du verre *malléable*, due, selon Pline, à un verrier du temps de Tibère, mais dont cet empereur défendit la mise en œuvre, craignant que les autres verriers n'en fussent ruinés. (Pline, lib. XXXVI, cap. XXVIII; Isidor., *Orig.*, lib. XVI, cap. XV.)

[2] *Mémoires de la Société des Antiquaires de France* (nouv. série 1842), t. VI, p. 95. Le cabinet des antiques à Paris possède deux fragments de vases du même genre. V. l'excellent *catalogue des camées et pierres gravés*, par M. Chabouillet, nos 3,400-3,401.

[3] Winckelm., *Hist. de l'Art*, t. I, p. 46.

d'une vigne[1]. Il y a quinze ans, l'on se mit à fabriquer des vases doubles, dont l'un, colorié et découpé, était soudé dans l'autre, blanc et uni : c'était le procédé antique employé pour la coupe de Strasbourg.

On faisait aussi chez les anciens des vases décorés et pour ainsi dire festonnés de figures et d'inscriptions, dont le mode de fabrication, expliqué par d'Azincourt, semblerait encore appartenir à l'industrie moderne : « Sur une feuille d'or appliquée au fond d'un verre à boire, on traçoit des lettres ou bien l'on dessinoit des figures au moyen d'une pointe très-fine ; puis, afin de mieux conserver le travail, on appliquoit par-dessus un couvercle de verre, de manière que, soudés au feu l'un contre l'autre, ces verres laissoient voir les figures et les inscriptions[2]. »

[1] *Les Amours de Clitophon et de Leucippe*, liv. III.

[2] *Hist. de l'art*, t. II, p. 27. — *V.* pour des vases du même genre appelés *vases chrétiens*, parce qu'ils datent des premiers temps de l'Eglise et qu'on y trouve représentés des sujets pieux, le *Catalogue* Chabouillet, p. 609, nº 3,471. — Les anciens faisaient aussi avec du verre de ces vases dit de *Tentale*, que l'on croirait dus à la fausse magie de quelque Bosco moderne : à peine sont-ils remplis que tout le li-

Si tout ceci est curieux, voici qui est tout à fait surprenant. Nous ne parlons plus des Romains, mais de ceux qu'ils appelaient barbares, des Pictes de l'Écosse et des Celtes de la Gaule. Chez ces peuples, l'emploi du verre, ou pour mieux dire de la matière vitrifiée, s'étendait aux proportions les plus gigantesques. Ils en faisaient des maisons, des châteaux entiers[1] !

Un mot d'explication, et l'on comprendra

quide s'écoule à l'aide d'un siphon dissimulé au milieu. On trouva un de ces vases dans les ruines du vieil Évreux. (*Rec. de la Soc. de l'Eure*, juill. 1835.)

[1] Il est juste de dire que les Grecs avaient des édifices à peu près semblables, tels que le temple de la Fortune en Cappadoce, bâti tout entier en pierres spéculaires. (Pline, lib. XXXVI, cap. XXII ; Isidor., *Origin.*, lib. XVI, cap. IV.) Dans la vieille église de *San-Miniato*, près Florence, se trouvent des fenêtres closes avec des dalles d'albâtre transparent semblable à ce *lapis specularis* des anciens. (*Revue britannique*, novembre 1845, p. 18.) — A Siam, d'après des voyageurs du XVIIe siècle, il existait un pavillon de cristal, long de 28 pieds, large de 17. On y descendait par le haut, comme dans le *Nautilier*. Il était au fond d'un bassin dont l'eau, quand on le remplissait, montait autour des murailles de verre et les environnait de sa fraicheur. Peut-on rêver pour l'été un séjour plus agréable ? (*Mag. pitt.* 1839, p. 248.)

la possibilité de ces constructions incroyables.

Les contrées de l'Ecosse où les ruines de ces châteaux de verre ont été trouvées abondent en pierres très-facilement vitrifiables. C'étaient des matériaux tout préparés; il ne restait plus qu'à les mettre en œuvre. De quelle manière y procédait-on? L'ingénieur de mines John Williams, le premier et presque le seul qui, depuis le XVIIIe siècle, se soit occupé de cette curieuse matière[1], va nous répondre par l'entremise d'un archéologue de province qui a sommairement analysé ses recherches[2]. « Il faut supposer que l'on éleva un double mur en terre, séparé par une distance qui devait être l'épaisseur du mur en verre; le combustible fut entassé dans cette espèce de fourneau, la matière vitrifiable fut placée au-dessus, la masse li-

[1] On peut cependant consulter encore, à ce sujet, dans l'*Archæologia* (*Mémoires de la Société des antiquaires de Londres*), un travail de M. Anderson, en 1779, t. V, p. 255, et un autre de M. Dainer Barrington, en 1786, t. VI, art. X.

[2] *Revue de Caen*, octobre 1845, p. 289. Il faut ajouter, pour être juste, que la notice qui s'y trouve n'eût peut-être pas été écrite si le *Magasin pittoresque* du mois de janvier précédent, p. 10, n'avait pas publié un article sur le même sujet.

quide s'éleva peu à peu, et à sa surface surnagèrent les débris de bois et de charbon. »

Les murailles ainsi construites, ou plutôt coulées en verre, étaient d'une solidité étonnante. John Williams en jugea par les ruines qu'il trouva dans les Highlands, les unes à deux lieues d'Inverness, sur la montagne de Craigh-Phadrick, les autres, qu'il étudia davantage, dans le Ross-Shire, sur le sommet du Knock-Farril, à trois cents mètres au-dessus de la vallée. Il fit faire plusieurs fouilles et se convainquit de la force de cet étrange rempart. On sait par son *Mémoire*, publié en 1778, que les instruments de fer n'y pouvaient mordre comme dans la pierre ou dans la brique, et que ce ne fut qu'à grand'peine qu'il parvint à culbuter dans la vallée quelques quartiers détachés. En roulant, ils se brisèrent, et sur leur cassure fraîche, on put étudier le secret de leur structure et de la matière dont ils étaient formés. C'était un verre de couleur foncée, à peu près semblable à du verre à bouteille, compacte, homogène, sauf quelques fragments mal fondus. « Ce n'était pas, dit Williams, une muraille de pierre calcinée et vitrifiée à sa surface, ni même liée à l'intérieur par un ciment de verre : c'était positivement une muraille de verre [1]. »

Que sont donc auprès, tout ce que nous tentons dans ce genre, même ces épais pavés de verre dont nous carrelons nos passages?

[1] Il paraît qu'il se trouve à Sainte-Suzanne, près Laval, des débris de constructions semblables. « Que dirions-nous, lit-on dans le *Magasin pittoresque* (1845, p. 11.) d'un voyageur qui nous rapporterait qu'il a vu un peuple qui a pour forteresse de grands verres ronds très-élevés, au bas desquels est percé un trou pour servir de porte ; et dans lesquels, en cas d'attaque, les guerriers se renferment?.... Les antiquaires, en nous faisant connaître les châteaux d'Écosse, font cependant, au fond, la même chose que ce voyageur. »

Les constructions en blocs métallico-vitreux dont parle M. Jobard, (*Les Nouvelles Invent. aux exposit. univers.*, 3e liv., p. 151-152) et dont l'on fait des essais en ce moment, ont quelques rapports avec ces constructions celtiques. Les *pierres fusiles* des Romains (*V.* plus haut p. 104) s'en rapprochaient aussi ; enfin les maisons monolithes en beton, comme celle de M. Coignet, à Saint-Denis, n'en sont pas fort différentes. Suivant le même M. Jobard (1re liv. p. 174), cette dernière façon de bâtir n'était pas non plus inconnue des Romains. Il sera juste d'ajouter qu'en 1832, M. Lebrun, d'Alby, avait conçu l'idée de construire en beton toutes les parties d'un édifice de plusieurs étages dont il était chargé. (*Bull. de la Société d'encouragement*, 22 fév. 1832.)

LXVIII

Quittons un instant la ville, allons aux champs, et pour commencer, non par les plus riants, mais par ceux à qui les progrès de la science agricole sont le plus nécessaires, parlons de la Sologne.

Sous François Ier, les maigres steppes qui s'étendent depuis Orléans jusqu'à Romorantin avaient déjà été pris en pitié.

On voulut, avec un zèle qui ne le cédait ni en ardeur ni en intelligence à celui qui se déploie si ardemment de nos jours, tenter alors déjà plus d'un essai d'amélioration sur ces terres trop peu fertiles. La méthode des engrais de toutes sortes, toujours si coûteuse et si rarement efficace, n'était pas encore assez répandue; on n'y pensa donc pas. En revanche, grâce à nos récentes conquêtes en Italie, notamment dans le Milanais, le système des irrigations étant devenu fort en faveur, c'est lui qu'après mûr examen du terrain solonais et des cours d'eau qui le traversent on se résolut de mettre en pratique.

On savait que la Lombardie avait été pendant de longs siècles une terre presque aussi inculte que la Sologne : sablonneuse, coupée de marécages pestilentiels, inhabitable enfin; surtout dans l'immense vallée du Tésin et de l'Olone[1]. On n'ignorait pas non plus que, si l'infertilité de ce sol rebelle avait à la longue été domptée, c'était par le labeur infatigable du cultivateur, et surtout grâce au bienfaisant système des irrigations. Pourquoi à l'aide des

[1] *V.*, à ce sujet, un article de la *Revue de Paris*, 20 nov. 1844, p. 467-468.—Le système des irrigations était on ne peut plus en usage dans l'antiquité; il suffit pour s'en convaincre de se rappeler le vers des Bucoliques :

Claudite jam rivos, pueri, sat prata biberunt.

V. de Sismondi, *Tableau de l'agriculture toscane*, 1801, in-8°, et Blunt, *Vestiges of ancient manners in Italy*, Londres, s. d., in-8°.

mêmes moyens ne créerait-on pas une fertilité pareille pour les terres solonaises? Pourquoi de leurs sables ne ferait-on pas un sol arable à force de soins, et à l'aide de la grande et de la petite Sauldre, du Beuvron, de la Rère, de la Croizine, habilement détournées et partagées en myriades de canaux irrigateurs? Par là ne remplacerait-on pas les *fontanilli* des plaines lombardes, qui, servant aux irrigations hebdomadaires pendant l'été, couvrent le sol, pendant l'hiver, d'une nappe d'eau courante? Enfin, tous ces terrains ainsi aménagés ne pourraient-ils pas devenir d'une puissance productive égale à celle de ces prairies *marcites* dont les récoltes rendent si riches et si florissantes les fermes des environs de Milan? Voilà ce qu'on pensa dans le conseil du roi François Ier et ce qu'on voulut en toute hâte mettre à exécution.

On manquait en France d'ingénieurs capables de mener à bonne fin de pareils travaux; mais François Ier était tout ensemble roi de France et duc de Milan; il prit dans son duché ce qu'il ne trouvait pas dans son royaume.

Un homme était surtout célèbre dans le Milanais pour ce genre d'ouvrages; c'était Léonard de Vinci, le même qui, cumulant tant d'autres mérites, a tué la gloire de l'ingénieur sous la renommée du peintre.

La Lombardie lui devait le canal de jonction qui unit celui de Martesana à celui du Tésin, travail miraculeux pour lequel il a fallu aplanir des montagnes et perfectionner, sinon inventer tout exprès, les échelles à doubles portes. C'est Léonard qui avait aussi dressé le plan du canal de navigation de Florence à Pise[1], et qui, se jouant d'une entreprise regardée jusque-là comme impraticable, avait fait creuser le canal qui mène de l'Adda jusqu'à Milan. C'est après ces incomparables travaux que Louis XII, émerveillé, lui accordait le droit de l'eau sur le *canal Saint-Christophe*, à Milan, et que Léonard, enorgueilli de lui-même, croyait pouvoir écrire à Ludovic le More : « En temps de paix, je suis capable en peinture, sculpture, architecture, mécanique et conduite d'eau, de tout ce qu'on peut attendre enfin d'une créature mortelle. »

Remettre en de pareilles mains le soin de fertiliser la Sologne en la sillonnant de canaux irrigateurs, était, certes, un acte de

[1] Libri, *Histoire des sciences mathématiques en Italie*, t. II, p. 280, et III, p. 48.

haute habileté, et qui devrait compter parmi les plus intelligents du règne de François Ier. Il n'est pourtant pas un seul historien qui lui en ait tenu compte. Peut-on, quand on a tant à dire sur les grands coups d'épée de Marignan et de Pavie, consacrer même une ligne au pauvre canal d'une pauvre contrée?

François Ier l'avait pourtant bien à cœur. A son retour d'Italie, en 1517, il songea tout d'abord à commencer ce grand travail et à le pousser à bout. Il avait amené Léonard avec lui; et, avant même de le mettre en besogne comme peintre dans les splendides galeries de son Fontainebleau, il voulut le mettre à l'œuvre comme ingénieur dans les sables de la Sologne.

Au mois de janvier 1518, toute la cour arriva dans Romorantin [1]; et, sans désemparer, le roi et le grand peintre se mirent à courir la campagne, sondant les bruyères, longeant les cours d'eau, qui, à cette époque de l'année, coulaient à plein canal et permettaient ainsi d'évaluer toute leur abondance. Après cette battue moins bruyante, mais qui devait être plus glorieuse que celles qui se font au

[1] Delécluze, *Léonard de Vinci*, 1841, in-8°, p. 65.

son du cor et pour forcer le cerf, Léonard, revenu avec le roi à Romorantin, se mit aussitôt à dresser le projet et à faire le plan du grand canal de navigation qui, alimenté par la Sauldre et passant à Romorantin même, devait être comme la grande artère de son système irrigateur [1].

Il travaillait ainsi au bruit des fêtes royales qui remplissaient la ville et dont l'Épiphanie avait ramené l'occasion, quand un accident arrivé au roi vint tout à coup interrompre le travail de l'ingénieur et les réjouissances de la cour.

C'était le soir même où l'on avait tiré le roi de la fève ; il y avait eu surtout splendide gala chez le comte de Saint-Pol. François Ier le savait, et l'envie lui prit d'être, pour s'amuser, le trouble-fête de ce beau souper.

On courut à l'hôtel de Saint-Pol, et toutes les vitres volèrent bientôt en éclats, sous des boules de neige vigoureusement lancées. Les assiégés voulurent riposter, comme de raison, et faute de boules de neige, ils se firent ar-

[1] « En France, dit Venturi, Léonard de Vinci avoit été chargé du projet d'un canal qui devoit passer par Romorantin. » (*Essai sur les ouvrages physico-mathématiques de Léonard de Vinci*, in-4o, p. 40.)

mes de tout, même des tisons du foyer; l'un des plus gros, lancé tout enflammé, tomba sur la tête du roi. Il n'avait qu'une toque de velours qui ne put amortir la violence du coup. Il tomba à la renverse, et quand on le releva il était sans connaissance. La blessure était des plus graves, au point que pendant quelques jours on désespéra de sa vie. Enfin, il en réchappa, pour qu'il ne fût pas dit que le vainqueur de Marignan avait été tué dans un combat pour rire. Il lui en coûta toutefois ses longs cheveux, que les médecins furent obligés de couper pour le panser. Dès lors, il resta toujours la tête à peu près rasée. « Depuis, dit Estienne Pasquier, il ne porta plus longs cheveux, estant le premier de nos rois qui, par un sinistre augure, dégénéra de cette vénérable ancienneté [1]. »

Ce qui est bien pis, c'est que, par suite de cette malencontreuse aventure, le projet du canal en Sologne fut abandonné. On avait quitté en hâte Romorantin, et l'on n'y revint plus ; on se garda même de reparler au roi de la malheureuse ville, aussi bien que du projet qui l'y avait amené.

[1] *Recherches de la France*, liv. VIII, chap. IX.

Le reprit-il? je voudrais le croire, mais alors ce dut être certainement plus d'une année après.

C'était trop tard : Léonard de Vinci ne vivait plus.

Il était bien vieux déjà quand il était arrivé en France ; et, tout d'abord, il avait senti que la terre lui manquait. Peut-être eût-il pu vivre pour le travail, la seule chose qui entretienne la vie et active l'ardeur dans ces fortes natures ; mais, comme on l'a vu, le travail rêvé fit défaut : il n'eut donc plus qu'à mourir. Dès le 18 avril 1518, prévoyant bien que le grand projet pour lequel il voulait encore vivre ne serait jamais repris, il s'était préparé à la mort : il avait fait son testament. Il languit pourtant une année encore, solitaire et triste dans le petit château de Clou, près d'Amboise, que François Ier lui avait donné pour retraite, et qui malgré ses beaux ombrages et le soleil riant de la Touraine, n'était qu'un exil pour lui. Il mourut le 2 mai 1519.

Du grand projet qui eût tant ajouté à sa gloire, car il l'eût montré bienfaisant autant qu'il est illustre, rien n'est presque resté. On n'en trouve la trace que dans quelques notes recueillies en l'un des treize volumes de manuscrits in-folio, dont les douze premiers sont conservés à la bibliothèque de l'Institut et le treizième à la Bibliothèque Impériale [1].

Je croirais volontiers qu'on a voulu, depuis le grand Léonard, reprendre plus d'une fois ses plans de canaux et d irrigations [2]; mais tout me porte à penser que ce fut toujours sans persistance, et, partant, sans succès. Le souvenir de ces travaux toujours commencés et toujours abandonnés s'est même conservé dans le pays, comme une vague tradition; et l'on a vu les ingénieurs archéologues, prenant ces souvenirs pour guides, chercher les traces de ces canaux plus ou moins imaginaires. Il en est qui prétendent avoir retrouvé ces vestiges. Le comte du Buat, à qui l'on doit d'excellents *Principes d'hydraulique*, est de ce nombre. C'est en parlant de la Sologne, où se touvait son château de Nançay, et c'est en faisant allusion à ces canaux anciens, dont il avait tâché de suivre le sillon

[1] Ce qui est relatif au canal de Romorantin se trouve au t. III, sous le n° 329.

[2] Sully, entre autres, projeta un canal du Berry. *V.* l'une des excellentes Lettres sur le département du Cher, publiées par *le Globe*, t. V, p. 30.

effacé, qu'il écrivait : « Qui n'a pas vu, dans des prairies aujourd'hui presque stériles, les vestiges des anciens travaux qui les rendirent fécondes, et qu'il suffiroit de renouveler pour les mettre en valeur[1] ? »

M. du Pré de Saint-Maur, qui fut le dernier intendant du Berry et dont la famille possède

[1] Ce n'est pas le seul pays où l'on ait retrouvé des restes des travaux d'irrigation et aussi des travaux de *drainage* entrepris autrefois en France. Les moines cultivateurs avaient surtout recours à ces grands moyens de culture. En Italie, on peut citer, comme s'étant montrés fort experts pour les irrigations, les moines de Chiaravalle; et en France pour le *drainage*, ceux de Clairvaux. Leurs *granges*, dont une seule abbaye ne possédait pas moins de dix-huit, étaient de véritables *fermes-modèles* : « Là, dit M. D'Arbois de Jubainville, des procédés agricoles qui passent aujourd'hui en France pour une découverte moderne étaient pratiqués il y a six ou sept cents ans. Dernièrement, à la ferme de la Bretonnière près de Clairvaux, en fouillant le sol pour en commencer le *drainage*, les détenus de la maison centrale en tiraient avec surprise les tronçons des *drains* posés par les moines de Saint-Bernard. » (*Quelques observations sur les six premiers volumes de l'Histoire de France de M. H. Martin*, 1857, in-8, p. 87.) Le *Mémorial de Lille* du 10 mai dernier constatait des faits semblables, et donnait à penser qu'il faut faire remonter aux Gaulois les premiers travaux de drainage.

encore de grands biens en Sologne, était de l'avis de M. du Buat; il voulut même réaliser en fait ce que celui-ci n'établissait qu'en théorie. En 1785, il proposa l'exécution d'un canal: et comme si, ayant connaissance des anciens plans de Léonard de Vinci, il eût eu à cœur de les faire revivre, il voulait, comme le grand ingénieur, que ce canal fût tracé latéralement à la Sauldre, et qu'il cheminât sans s'élever sur les plateaux et sans opérer de limonage. Je laisse aux habiles à dire s'il avait raison.

L'aspect de la Sologne en 1785 n'était pas le même qu'en 1518; ce qui pouvait suffire à la première époque pouvait être impuissant à la seconde. L'amélioration du sol était devenue beaucoup plus difficile.

« Il paraît, dit M. Barré de Saint-Venant, parlant d'il y a trois siècles, que le quart de la superficie était en vignobles, et il s'y trouvait un grand nombre de futaies qui entretenaient partout la fraîcheur, malgré les nombreux fossés d'écoulement soigneusement entretenus; en sorte que la Sologne nourrissait une population plus laborieuse et plus saine, triple de la population maladive et découragée qui y végète aujourd'hui. »

Ce tableau presque riant de la Sologne au

XVIe siècle me semble un peu exagéré. Je l'admets toutefois en partie, d'autant que j'ai pour preuves du bon état des troupeaux qu'on y élevait plusieurs passages du *Théâtre d'agriculture* d'Olivier de Serres [1], où il est dit qu'en ce temps-là, c'est-à-dire sous Henri IV, les laines de la Sologne étaient renommées pour leur finesse; d'autant que je sais aussi que les chevaux solonais, si dédaignés aujourd'hui, passaient alors pour les plus fins de cette race berrichonne qui alimentait de bons coursiers les haras de Henri IV [2].

[1] Édit. in-4; t. I, p. 548, 635.

[2] Collaine, *Essai sur les races de chevaux*, p. 153. Alors le cheval anglais n'était pas encore inventé, et la France était bien forcée de s'en tenir à ses excellents chevaux, envers lesquels la mode l'a rendue si ingrate. (*V.* Valery, *Curiosités italiennes*, p. 260.) Elle est, du reste, seule à ne pas préférer les admirables races qui sont chez elles. En Allemagne, on les estime au-dessus de toutes les autres; en 1838, par exemple, le prince de La Tour-Taxis, qui avait alors la direction des postes dans le pays d'outre-Rhin, ne faisait acheter que des chevaux normands. Ils étaient hors de prix sur le marché aux chevaux de Manheim, qui se tient une fois par an, le 1er mai, et le *Journal* de cette ville, cité par le *Journ. des Débats* (31 oct. 1838), nous reprochait ainsi notre indifférence : « Si l'Allemagne avait une race si précieuse de chevaux, elle l'exploiterait bien autrement. La race normande, croisée

Cette demi-prospérité de la Sologne, que le canal de Léonard de Vinci eût étendue et complétée, ne fit que déchoir pendant le XVIIe siècle, et surtout pendant le XVIIIe. On jugera du triste aspect de ce pays par ce qu'on lit dans le *Journal du voyage de Locke en France*, sous la date du 15 juillet 1676[1] : « La plupart des bourgs de France se composent de maisons si mal bâties, si pauvres, si délabrées, qu'en Angleterre on ne nommerait pas ces bourgs des hameaux. En général, les maisons n'ont qu'un étage ; nous en avons vu beaucoup qui tombaient en ruine. D'après ces observations, il est impossible de ne pas croire que la population de la France diminue ou s'appauvrit singulièrement. » Or, c'est à Orléans, ayant à l'horizon la lisière du désert solonais, que Locke écrivait ces lignes.

A un siècle de là, son compatriote Arthur Young n'en traçait pas de moins affligeantes. Après une excursion en Sologne, dans l'an-

avec une autre un peu plus fine de jambes, produirait cette race de chevaux robustes si rare aujourd'hui et si vantée au moyen âge. Quant aux chevaux de trait et de poste, il n'y en a de pareils ni en Allemagne, ni en Hongrie, ni en Russie. »

[1] *Fragments* donnés par la *Revue de Paris*, t. XIV, p. 18.

née 1787, il écrivait[1] : « Le pays est plat, maigre et graveleux, avec beaucoup de bruyères. Les pauvres gens qui cultivent cette terre ingrate sont des métayers. Le propriétaire est obligé de fournir les semences et les bestiaux, et il partage les produits avec son fermier. Malheureux système qui perpétue la pauvreté et empêche de s'instruire. [2] »

[1] *Voyage en France*, t. 1, p. 24, etc.

[2] Comment se fit-il que des terres encore fertiles sous Henri IV ne l'étaient plus sous Louis XIV? C'est qu'au temps d'Henri IV, la noblesse était encore dans ses terres, donnant ses soins et son argent à la grande culture ; tandis que sous Louis XIV et sous Louis XV, elle était à la cour, se ruinant, et, qui pis est, se mettant hors d'état de demander au sol abandonné de quoi réparer sa ruine. Après les moines, je le répète, ce sont les nobles qui ont fait le plus pour l'agriculture. Sous le règne de Louis-Philippe encore, si elle a fait de nouveaux progrès, c'est que les boudeurs de l'aristocratie, n'ayant plus de cour qui les retînt hors de leurs domaines, s'y confinèrent avec la résolution de consacrer à l'amélioration des campagnes toute leur intelligence et leur fortune. M. L. Leclerc le constatait en 1847 (*Suppl. au Dict. de la conversation* 18e livr., p. 458). Ce qu'elle a fait pour l'agriculture, la noblesse peut le faire aussi pour l'industrie, M. Jobart le remarquait dernièrement avec raison, et applaudissait à ce que quelques-uns ont déjà tenté dans cette voie : « Du

Le tableau est triste, et l'état de la Sologne ne le dément pas encore tout à fait aujourd'hui, mais on peut assurer que le temps n'est pas loin où il cessera d'être vrai, grâce aux immenses travaux qui renouvellent et réalisent enfin les grands projets de Léonard de Vinci.

moment, dit-il, où la noblesse se mêlera de chercher, elle réhabilitera le métier d'inventeur, et les maltôtiers ne croiront plus déroger en l'imitant. » (*Les Nouv. Invent. aux exposit. univers.*, 3e livrais., p. 27.)

LXIX

Tout cela dit sur l'amélioration agricole de la Sologne et sur son passé, le moment est, je crois, venu de prouver que l'agriculture ancienne n'était pas aussi grossière qu'on pourrait le penser et qu'elle avait su créer et mettre en œuvre bon nombre de procédés de culture retrouvés de nos jours.

Dès le temps des Gaulois, on connaissait l'excellence de la marne comme engrais et l'on y recourait. Pline le signale comme un « singulier usage. » Il appelle cela nourrir la terre par la terre[1]. Au XVe siècle, la marne est encore en pleine faveur[2], mais on ne s'en tient pas à ce simple engrais. On s'avise déjà de fumer les terres d'une manière artificielle. On ensemence un champ de graines qui donnent de grandes plantes, on les laisse croître, puis on les enterre par un nouveau labour pour que la terre se nourrisse et s'échauffe de leurs débris[3]. D'ordinaire, on faisait comme en Chine, on se servait pour cette sorte d'engrais de plantes oléagineuses[4].

[1] Licinius Stolo, cité par Varron (*De Re rustica*, lib. I, cap. VII), parle aussi d'une matière, *fossilia creta*, avec laquelle on fumait la terre, dans quelques contrées des Gaules. C'est la *marne* certainement.

[2] On en a la preuve par un passage de P. Crescenzi, célèbre agronome du XIIIe siècle, en son *Opus ruralium commodorum*, lib. II, cap. XVII. On sait que Charles V fit faire une traduction de cet excellent ouvrage sous le titre de *Prouffitz champestres et ruraux*.

[3] *V.*, dans les œuvres d'Albert le Grand, le livre *De Generatione et corruptione*.

[4] *Nouvelle Revue encyclopédique*, juillet 1847, p. 487. —Les anciens connaissaient aussi l'usage de la *poudrette* ou des excréments réduits *en farine*, comme dit Pline. Dans quelques parties de la Lombardie, ils se servaient de cendres de végétaux, au lieu de fumier animal, mais ils en subordonnaient l'emploi, selon Pline, à la nature du terrain et à celle des plantes qu'ils voulaient cultiver. « N'est-ce pas, dit à ce pro-

On savait aussi fort bien *l'art de chauler les blés*. Quand, au commencement de ce siècle, Cadet-de-Vaux le donna comme une découverte de sa façon, il y avait deux cents ans

pos M. Hœfer (*Histoire de la chimie*), n'est-ce pas tout à fait le système dans lequel entre l'agriculture anglaise, à la recherche de l'*engrais normal*, sous la direction du chimiste Liebig? »—Ce que Pline a dit sur la transmutation des céréales, sur le froment, qui en s'abâtardissant se convertit en orge ou en avoine, a longtemps donné à rire aux agronomes. Maintenant ce qu'on prenait pour une fable est redevenu une vérité. Il a fallu les observations de Buffon, qui fut pour cela raillé lui-même, puis celles plus récentes du docteur Lindley, de M. Élysée Lefèvre, de M. Monseignat, pour que la science moderne pût arriver à se mettre sur cette matière au niveau de la science antique. *V.*, à ce sujet, le volume si intéressant de M. Saint-Germain Le Duc, *Curiosités des inventions et découvertes*, p. 24-31.—Ce serait l'occasion de rappeler plusieurs faits du même genre, mis en avant par les écrivains anciens, niés par la demi-science des derniers siècles, et de nouveau reconnus vrais par les savants d'aujourd'hui; je me contenterai de renvoyer pour quelques-uns aux excellents articles de M. Roulin, *Observations suspectes des anciens confirmées par des observations récentes*. (*Revue des Deux-Mondes*, 15 mars 1833, p. 669; 1er juillet 1833, p. 110.) —La découverte de l'*hémione* est un fait du même genre. Elien et Aristote avaient parlé de cet animal, qui tient le milieu entre le cheval et l'âne, mais la

qu'on le pratiquait en Flandre beaucoup mieux qu'il ne le décrivait.

De même pour les *prairies artificielles*, c'est Olivier de Serres qui, au XVIe siècle, créa le mot[1]. Bien longtemps déjà avant lui la chose était connue! Toutes nos provinces du Midi s'en trouvaient bien pour leurs cultures.

« Les mauvais écrits, dit Rosset dans une excellente note du quatrième chant de l'*Agriculture*[2], nous ont étrangement dépaysés sur les prairies artificielles, lorsqu'ils en ont rap-

trace s'en étant perdue, on le traita d'être fabuleux jusqu'à ce que Pallas l'eût retrouvé au XVIIIe siècle. Maintenant toutes les grandes ménageries possèdent un hémione. (Figuier, *l'Année scient. et industr.*, 1857, p. 432.)

[1] *Théâtre d'agriculture*, in-4°, t. I, p. 505, et *Introduction*, p. XLIII, et Henri Martin, *Histoire de France*, 1re édit., t. XII, p. 28, note 1.

[2] Paris, 1800, in-12, p. 164-165.—Dans un *Mémoire* sur cette matière, dont une partie a été publiée en note au IIe chant du poëme de Delille, *l'Homme des champs* (1800, in-12, p. 193), M. Dubois nous prouve que les anciens connaissaient ce genre de culture. Il rappelle ce qu'Olivier de Serres en a dit, et notamment ses passages sur la luzerne « la merveille du ménage, » ainsi qu'il la nomme; enfin M. Dubois rend justice aux Anglais pour le soin qu'ils ont mis à perfectionner cette *méthode d'alterner* « base la plus précieuse de l'économie rurale. »

porté l'origine aux Anglois, et qu'ils ont prétendu que nous leur en devons l'usage. Il est sûr, au contraire, que ces prairies étoient connues en France il y a deux cents ans, et pratiquées surtout en Languedoc, en Provence et en Dauphiné. Ce fait est prouvé par *le Théâtre d'Agriculture* d'Olivier de Serres, gentilhomme du Vivarais qui écrivoit sous le règne de Henri IV. On y lit, au livre III, tout ce qu'enseignent nos traités modernes pour la culture de la luzerne, du sainfoin, de l'esparcette, etc. Cet ouvrage a été fort consulté et presque pas cité ; on l'a copié et l'on a donné comme nouvelles des méthodes connues et pratiquées dès le temps de Henri IV, au moins dans nos provinces méridionales, où les prairies artificielles étoient en usage. Je ne sais pourquoi on a mieux aimé en rendre inventeurs les Allemands et les Anglais, tandis que nous les pratiquions en France. Notre siècle a le mérite de les avoir multipliées et perfectionnées, et d'en avoir fait une branche principale de notre agriculture. »

LXX

Que d'autres choses excellentes ne trouverions-nous pas dans l'admirable livre d'Olivier de Serres ! Avec chaque page, on pourrait presque dresser le procès-verbal d'un plagiat. Nous croyons bonnement avoir inventé la betterave : qu'on lise Olivier de Serres ; il n'en fait pas de sucre, il laisse se soin à Margraff qui viendra deux siècles plus tard[1], mais il en fait

[1] En 1745 déjà les expériences de Margraff sur le sucre de betterave étaient décisives. Dans son *Mémoire* publié cette année-là parmi ceux de l'Académie de Berlin, sous ce titre : *Expériences chimiques*

de l'eau-de-vie[1]. Tout lui est bon pour quelque bon usage. Avec les filandres de l'ortie il

faites dans le dessein de tirer un véritable sucre de plusieurs plantes qui croissent dans nos contrées, il déclare qu'il parvint « à obtenir un sucre pareil au meilleur sucre jaunâtre de Saint-Thomas, qu'on appelle aussi moscoade. » Il ne lui manquait que d'être blanc. La découverte une fois faite s'alla perdre comme tant d'autres parmi les curiosités de laboratoire, elle y dormit plus de cinquante ans et y dormirait encore si les exigences imposées à l'Europe par le blocus continental n'en avaient fait une nécessité. Le moyen de faire du sucre de riz est indiqué dans l'Encyclopédie japonaise. (*Rev. britan.*, sept. 1838, p. 17.) A la fin du dernier siècle, on tenta, et heureusement, de faire du sucre avec des carottes. (*Biblioth. britann.*, Sc. et arts, t. XII, p. 184.) Ajoutons, en passant, que les procédés de l'industrie du sucre sont moins récents qu'on ne croirait : En 1176, il y avait en Sicile des moulins à moudre les *cannes à miel* (D. Roccho Pirro, *Sicilia sacra*, p. 454). Au siècle suivant, on servait au roi Jean, à Londres, du sucre en pain, en cassons, du sucre *mouscurat, caffetin, rosat.* (Comptes de l'argenterie des rois de France, p. 245, 246, 253.)

[1] *Théâtre d'agriculture*, t. I, p. 494; t. II, p. 451. — Or, on croyait que la première idée de ce genre d'alcool, aujourd'hui tout à fait en faveur, ne datait que de 1825. Nous lisons dans un livre dû à la collaboration des hommes les plus compétents : « La fabrication de l'alcool de betterave, indiquée comme chose possible par M. Dubrunfaut, dès 1825, n'a été mise sérieusement en pratique qu'en 1852, époque à laquelle le prix élevé des alcools de vin permit aux fabricants

fait de la toile[1], avec l'écorce du mûrier blanc il trouve moyen d'obtenir un tissu propre « à

d'obtenir avec certitude des résultats avantageux. » (*Visite à l'Exposition universelle* de 1855, publiée sous la direction de H. Tresca, p. 305.) La disette d'esprit-de-vin a fait aussi recourir, il y a quelques années, aux alcools de fruits et de légumes, dont, au XVIIIe siècle, un distillateur de Lawembourg, en Saxe, et un Anglais, avaient déjà fait d'assez heureux essais. L'un avait expérimenté sur des figues gâtées, l'autre sur des haricots. De tout temps, à Sumatra, l'on a fait une espèce d'alcool avec un mélange de riz et de jus de cannes à sucre. *V.* E. Martin, *Descript. du premier voyage aux Indes orientales par les François*, 1609, in-8, p. 56, 70-71, 166.

[1] *Théâtre d'agriculture*, t. II, p. 148. Ce que conseillait là Olivier de Serres, quoique très-possible, ne fut pas écouté. On ne fit pas davantage honneur aux recommandations plus récentes qui furent faites touchant le *ramie* ou *urtica*, qui, de temps immémorial, sert aux Chinois pour fabriquer des toiles très-belles et très-fraîches. L'abbé Voisin, *directeur des Missions étrangères*, en parla le premier en 1841, comme d'une plante très-facile à naturaliser en France. (*Mémorial encyclopédique*, 1841, p. 353.) Quatre ans après, M. Decaisne, professeur de culture au Jardin des Plantes, publia une note sur le même sujet, puis, en 1850, il envoya des échantillons de filasse de ramie au ministre du commerce pour qu'une commission eût à prononcer sur la valeur industrielle de cette matière. Il n'obtint qu'une chose deux ans après, c'est qu'on tenterait la culture du ramie dans nos colonies de la

faire du linge et d'autres estoffes [1]. » Et voilà cette *soie végétale* dont nous sommes si fiers, inventée sous Henri IV. C'est une des découvertes à laquelle tenait le plus le bon sieur du Pradel. Il en fit le sujet d'un opuscule à part, détaché de son mémoire de la *Cueillette de la soie,* sous ce titre : *La Seconde Richesse du mûrier blanc, qui se trouve en son escorce, pour en faire des toiles de toutes sortes, non moinz utile que la soie provenant de la feuille d'icelui* [2].

Guyane. Or l'essai n'était pas fait encore en 1855! Les Anglais sont allés plus vite. Je lis dans le livre de M. Tresca : « Importée depuis peu en Angleterre, une certaine filasse y fait fureur ; l'exposition universelle de Londres a enthousiasmé en sa faveur les industriels et les jurys. On la désigne sous le nom de *China Grass.* Ce *China Grass* est tout simplement le ramie, cet *urtica utilis* qui n'a pu être prophète chez lui, et qui fera peut-être son chemin, maintenant qu'il nous vient d'ailleurs. » (*Visite à l'Exposition,* etc., p. 178-179.)

[1] *Théâtre d'agriculture,* VIe lieu, chap. xv, xvi.

[2] En 1789, Broussonnet donna une nouvelle édition de ce mémoire, à la suite des *Opuscules de Pierre Richer de Belleval,* Paris, in-8. Il dit dans la préface, p. 7 : « J'ai cru pouvoir mettre à la suite un traité d'Olivier de Serres sur la *manière de filer l'écorce de mûrier blanc.* Cette découverte appartient entièrement à cet auteur... Quelques auteurs ayant d'ailleurs annoncé récemment la manière de filer l'écorce du mûrier comme une découverte qui leur étoit propre,

L'art d'élever les vers à soie occupa beaucoup Olivier de Serres. Si Henri IV s'en préoccupa de même, c'est grâce à ses conseils; et, si l'on vit la France du centre se couvrir de mûriers; si alors une partie du jardin des Tuileries en fut plantée; c'est encore par ses soins et sous son active direction [1]. Que n'eût pas fait l'excellent sieur du Pradel pour ses vers à soie, pour ses chers *magniaux* comme il les appelait, d'après un mot du Midi d'où nous avons tiré celui de *magnanerie !*

Aussi faut-il voir comme alors la soie indigène abondait dans les fabriques, et comme ces fabriques se multipliaient elles-mêmes. Pour ne parler que de celles du centre, il y en avait à Paris, à Orléans, à Tours, qui rivalisaient avec celles de Lyon; et Dieu sait les belles étoffes! Bien qu'on n'eût pas encore les

je me suis fait un devoir de rendre à Olivier de Serres la justice qui lui est due à cet égard. »

[1] Il est juste d'ajouter que dans les villes assises sur le Rhône, on s'occupait depuis longtemps de la soie, comme on le voit par une ordonnance de Henri III, du 30 juin 1586, et il faut dire encore que Barthélemy De Laffemas, fait par Henri IV contrôleur général du commerce, fut pour beaucoup dans la mise en œuvres et le succès des idées d'Olivier de Serres. V. . ne pièce de nos *Variétés historiques*

grands procédés de fabrication aujourd'hui employés; bien que la *machine à filer la soie* par la vapeur n'eût pas encore été inventée par le comte de Saluces[1], ni encore moins *réinventée* par l'anglais Woulf, son plagiaire, sous le nom d'appareil *pneumato-chimique* ; il n'en est pas moins vrai que tout ce que nous faisons de plus ingénieusement et de plus magnifiquement tissé, n'éclipserait qu'à grand'peine ces soieries du XVIe siècle[2].

On connaissait jusqu'à l'art de mélanger dans un même tissu des fils de matières différentes, et cela depuis bien des siècles. Sous Charlemagne, par exemple, on avait eu déjà des étoffes brochées ou « espoulinées par croche-

et littéraires, t. VII, p. 308-309, note. A la fin du XVIIIe siècle, je ne trouve plus guère que le duc de Penthièvre qui encourage la culture du mûrier et élève des vers à soie dans ses domaines. *V.* pour ce qu'il fit à Châteauneuf-sur-Loire; Fortaire, *Mém. pour servir à la vie de M. de Penthièvre,* 1808, in-12, p. 130.

[1] V. *Biographie universelle,* à ce nom.

[2] Pour les plus riches variétés d'étoffes de soie, que l'on fabriquait en Italie, à la fin du XVIe siècle, notamment à Venise, *V.* Armand Baschet, les *Archives de la sérénissime République de Venise,* 1857, in-4°, p. 23-26. — Le même ouvrage, p. 51-52, nous donne des détails sur une sorte d'*Exposition de l'industrie* qui, à certains jours, avait lieu à Venise, dès le XIIIe siècle.

tage », pour parler l'idiome du métier; on se parait de tissus mélangés de soie, de coton ou de lin, de poil de chèvre[1] ou de duvet de chameau[2]; enfin de toutes les matières souples et fines qui entrent dans la confection des cachemires. Que ce dernier mot ne vous semble pas étrange à l'époque dont nous parlons; s'il n'était pas fait encore, la chose qu'il désigne était connue. Les anciens eux-mêmes avaient eu des cachemires[3].

Il existe une preuve bien curieuse de ce que nous venons d'avancer sur la similitude

[1] Il y a vingt-cinq ans, une étoffe de poil de chèvre, le *shali*, fut très à la mode en France, c'était avec son nom oriental, un tissu de tout temps connu en Turquie.

[2] Le *camelot*, dont le nom vient de *camelus* (chameau), fut une de ces étoffes. La *saie* de Jean-Baptiste dans le désert, que l'Ecriture nous dit avoir été faite de poil de chameau, n'était autre chose qu'un vêtement taillé dans ce *camelot* oriental. Le *kourk* des Afghans est un tissu du même genre. « Il est fait, dit M. Ferrier, avec une laine très-menue, très-soyeuse, *qui pousse sous le ventre des chameaux,* rien n'est plus souple, plus doux au toucher, et plus chaud... » (*Voyages en caravanes et courses en Perse.* Paris, Dentu, in-8, t. I, p. 362.)

[3] *Mémoires de l'Académie des inscriptions*, t. XLIX, p. 745.—Malte-Brun pense avec Heeren que ces cachemires primitifs étaient ce que les anciens appelaient *sindones*. (*Mélanges*, t. II, p. 19.) Mais M. Rey prouve le contraire. (*Hist. des châles*, 1823, in-8, p. 33.)

des étoffes du IXe siècle avec celles de nos jours. Théodulf, l'ami de Charlemagne, fit don à la cathédrale du Puy en Velay d'un manuscrit qu'elle possède encore. Entre les feuillets, qui sont à miniatures et à lettres d'or, des morceaux de fins et moelleux tissus ont été placés, et, chose étrange, ainsi que l'ont remarqué M. Th. Hedde dans la description de ce manuscrit [1], et M. Francisque Michel, dans ses très-érudites *Recherches sur le commerce, la fabrication..... des étoffes de soie*, etc. [2], il se trouve que ces échantillons dix-fois séculaires sont pareils à des étoffes brevetées il y a quinze ou vingt ans !

« Une chose remarquable, dit M. Francisque Michel, c'est qu'en 1817, MM. Bancel, de Saint-Chamond ; en 1820, M. Beauvais, de Lyon ; en 1835, MM. Grangier frères, de Saint-Chamond, prenaient des brevets d'invention pour la fabrication de diverses étoffes qui se trouvaient dans les feuillets du manuscrit de Théodulf. Mieux connus, ajoute M. Fr. Michel, les tissus de l'Orient eussent été plus tôt imités chez nous, ce qui nous aurait valu un produit industriel de plus et un tribut onéreux de moins à payer à l'étranger. »

1 *Ann. de la Soc. d'agric. du Puy pour* 1837, p. 162, 224.

2 Paris, Leleux, 1852, in-4, t. I, p. 71.

LXXI

Tout cela nous a quelque peu éloigné des sujets agricoles dont nous parlions tout à l'heure, mais avouez que la digression en valait bien la peine.

La mécanique se mit de bonne heure au service de l'agriculture. Dès le XVIIe siècle, d'ingénieuses machines à battre le grain fonctionnaient dans les granges de la Provence et de la Normandie ; en 1722, du Quet[1], et en 1737, Meiffren les perfectionnaient[2], puis, en 1763, Loriot perfectionnait encore ces perfectionnements[3], si bien que les Anglais n'avaient plus qu'à prendre la machine peu à peu complétée et à la faire brevèter en 1768, sous le nom de sir Evert de

[1] *Machines et inventions approuvées par l'Académie des sciences*, 1666-1754, t. IV, p. 27, 31.

[2] *Mém. de l'Académie des sciences* pour 1737, p. 108.

[3] *Id.* pour 1763, p. 141.

Swillington[1]. En revanche, en 1663, nous avions emprunté à l'Angleterre ses machines à dessécher les marais; mais nous, du moins, loin de dissimuler notre emprunt, nous consacrions volontiers le privilége des industriels étrangers qui nous dotaient de cet utile procédé. On lit dans les registres du parlement, sous la date du 18 juin 1663, que « permission est accordée à Thomas Togod et à James Hyde, Anglois, d'établir une machine de leur invention pour le dessèchement des eaux[2]. »

[1] Legrand d'Aussy, *Hist. de la vie privée de François*, Paris, 1815, in-8, t. I, p. 34. — Les Anglais pour l'agriculture, comme pour tout le reste, firent de nombreux emprunts à l'étranger. Les progrès de la culture chez eux datent de l'époque où le Polonais Samuel Hatlib leur fit connaître les procédés des cultivateurs belges, et voua à leur éducation agricole une partie de sa vie et toute sa fortune; en récompense ils le laissèrent mourir dans la misère. V. Aignan, *Bibliothèque étrangère*, 1823, in-8, t. II, p. 91. Il n'eut d'encouragement qu'une modique pension de Cromwell. Ce qu'on lui dut surtout, ce fut un des grands secrets de l'agriculture flamande : les baux de ferme à charge d'amélioration. (*The Gardners Magazine*, mai 1835.)

[2] Aussi bien que de l'insalubrité causée par les marais, on se préoccupa, dans les derniers siècles, de tous les fléaux qui affligent la campagne. Ainsi, en

L'*élève* des bestiaux fut de bonne heure une des plus laborieuses préoccupations des agri-

1767, un laboureur de Puzeaux, en Picardie, nommé Gosselin, imagina de détruire les mulots à l'aide de soufflets remplis de vapeur de soufre. Ce moyen fut trouvé si efficace que le gouvernement fit distribuer de ces soufflets dans les provinces. — La maladie de la vigne n'est pas une calamité particulière à notre époque ; si on l'eût su, peut-être s'en fût-on moins inquiété. En 1530, par exemple, toute la vallée de la Loire eut à en souffrir. (*Journal d'un bourgeois de Paris sous François Ier*; 1854, in-8, p. 404.) — Nous avons déjà parlé des paratonnerres des champs (V. plus haut, t. I, p. 187). Nous devons y revenir, pour un détail omis : On lit dans les *Extraits de Photius* (trad. de Larcher, 2e édit., t. VI, p. 332), que si on fiche en terre certaine barre de fer pointue, elle détourne les nuages, la grêle et le tonnerre. *V.* aussi le Dr Boudin, *Hist. de la foudre*, p. 56.) Dans le *Penthaokang-mon* (pet. édit., liv. 37, p. 12), il est dit que les bambous terminés en pointe ont le don d'attirer la foudre. On les appelle *long-tchy* (flèche du tonnerre). En 1689 et en 1706, le P. Lamy, bénédictin de Saint-Denis, fit des études sur les phénomènes produits par le tonnerre, d'où il résulte que la foudre faisait déjà fort bien de la *photographie* et de la *galvanoplastie !* En ce dernier cas, elle jouait son rôle, aujourd'hui constaté, de force électrique. (*V.* une *lettre de Brossette à Boileau*, édit. Laverdet, p. 224.) Pour ce qui est de la photographie par le tonnerre, on peut lire une brochure du P. Lamy, publiée en 1689, sur un fait dont il dit avoir été témoin : la foudre tombant sur l'é-

culteurs. Les substances propres à améliorer le bétail furent les premières étudiées. L'expérience patiente amenait alors aux résultats d'observation que les analyses de la chimie retrouvent aujourd'hui. Citons un exemple : améliorer les bestiaux par l'emploi du sel mêlé à leur nourriture ou pris séparément est une recette, dit-on, toute moderne, et qu'on suit par amour du bien qu'elle fait, et un peu aussi par amour de la nouveauté. Que va-t-on dire quand on saura qu'au IVe siècle elle était en usage ? C'est pourtant ce qui résulte clairement d'un passage de saint Grégoire le Grand. Il y est dit : « Nous voyons souvent mettre devant les animaux une pierre de sel afin qu'ils soient forcés, en léchant cette pierre, d'en consommer quelques parties, et par là de s'améliorer[1]. »

glise de Lagny et imprimant le canon de la messe sur une nappe d'autel. V. au sujet de phénomènes du même genre, L. Figuier, l'*Année scientifique*, 1857, p. 274-278.— Dernièrement, M. Jobard proposait un *paratremblement de terre* (*Les Nouv. Inv. aux Exposit. univ.*, t. II, p. 316). Vers 1770, l'abbé Bertholon avait eu une idée pareille, mais trouvant dans l'électricité la cause de ces phénomènes, il l'appliquait tout autrement que M. Jobard, pour qui les gaz souterrains semblent être le grand *moteur* dans ces circonstances.

[1] 17e *Homélie sur le* 10e *chap. de l'Évangile selon saint*

Le système auquel M. Guenon a donné son nom, et qui consiste à évaluer d'après le poil et les taches d'une vache la quantité et la qualité de son lait, est certainement très-moderne, et il faut en renvoyer toute la gloire à son philanthropique auteur; cependant, il serait peut-être injuste de ne pas ajouter, comme préface de ces éloges, que depuis longtemps on était sur la voie de cette découverte si inopinément mise au jour avec toutes ses ressources.

« En Hollande, écrit Pauw[1], on a reconnu, par une longue suite d'observations, que les

Luc. — Les anciens, en outre de la charrue, employaient pour leur labourage une espèce de herse armée de hachettes qu'ils promenaient sur les champs en jachère, lors des semailles, pour diviser et trancher les mottes agglomérées, comme peut le faire le *rouleau brise-motte* de la maison Croskill, si vanté dans ces derniers temps. (A. Jourdier, *le Matériel agricole*, Paris, 1855, in-18, p. 73.) On a retrouvé plusieurs des hachettes antiques dont nous venons de parler. Caylus (*Mém.* t. II, pl. 92, 94) en avait donné le dessin, mais sans en deviner l'usage. M. Traullé, d'Abbeville, se guidant sur ce qui se passe en Dauphiné et dans le Piémont, où des herses à peu près semblables sont encore employées, l'a expliqué le premier. (*Bull. Férussac*, Scienc. hist., t. II, 236-237.)

[1] *Recherches philosophiques sur les Américains*, t. II, page 40.

vaches rouges sont d'un tempérament inférieur, et moins fécondes que les vaches noires ou tachetées de noir et de blanc; aussi l'espèce rouge a été entièrement bannie des pâturages de ce pays. »

Puisque nous en sommes sur ce chapitre, ajoutons vite que le fameux *pèse-lait* qui éleva si haut la gloire de certain docteur journaliste n'est peut-être, à tout prendre, qu'une invention frelatée et méritant contrôle. Voici, du reste, ce que Salgues écrivait dans un livre qui parut au commencement de ce siècle [1], à propos de je ne sais quel maniaque de physique ou de chimie.

« Ce petit pèse-liqueur attaché à sa boutonnière est inventé pour s'assurer de la qualité du lait; c'est encore une de ses manies privilégiées. Le matin, il se tient à la porte de sa maison et arrête toutes les laitières pour vérifier leur lait; il faut beaucoup de précaution pour le modérer sur cet article. »

Finissons par un autre fou, dont l'imitateur a tant prêté à rire ces années dernières. Il vous en souvient certainement; cet homme-là avait fait un livre dans lequel il vous expli-

[1] *De Paris, des mœurs*, etc., 1813, in-8, p. 248-249.

quait comment, en élevant des lapins, on pouvait, bon an mal an, se faire 3,000 livres de rente. Les uns disaient de ce petit livre qu'il était l'œuvre d'un fou sérieux, les autres d'un mystificateur. J'ai cru longtemps à la dernière version; mais depuis que je sais ce que je vais vous dire, je suis revenu à l'autre.

En 1572, un procureur du roi et de la reine, demeurant à Sézanne-en-Brie, et ayant nom Prudent le Choyselat, fit paraître à Paris, chez Nicolas Chesneaud, avec toute la gravité que comportait son titre, un tout petit livret dans lequel, digne prototype de notre original de tout à l'heure, il dit : « Qu'employant une fois la somme de 500 livres en achat et nourriture de poules, on se fera un revenu de 4,500 livres bien venant[1]. »

On voit que les choses folles ont leurs plagiaires, comme les choses sérieuses.

[1] Voici le titre de ce livre qui fut réimprimé en 1581, en 1612, et enfin une dernière fois, par curiosité, au commencement de ce siècle : *Discours économique, non moins utile que récréatif et profitable, montrant comme de 500 livres une fois employées, on peut tirer par an 4,500 livres de profit*, par Prudent le Choyselat, Paris, 1572, in-8°.

LXXII

Ce que nous avons dit des étoffes, il n'y a qu'un instant, nous servira de transition toute naturelle pour ce que nous avons à dire des modes. Le mot si profond de la modiste de Marie-Antoinette : « Il n'y a de nouveau que ce qui est oublié, » se trouvera, cette fois plus que jamais, de mise ; jamais, en effet, il ne nous aura été plus facile de prouver comment aujourd'hui n'est que le plagiaire d'autrefois, et comment l'invention humaine, aussi peu féconde dans le futile que dans le sérieux, semble sans cesse reproduire le mouvement de ce cylindre des orgues populaires, que sa dernière évolution ramène toujours à moduler son premier refrain.

Nous ne vous dirons pas toutes les modes grecques et romaines dont les nôtres ne sont que la gracieuse contrefaçon : cela nous conduirait trop loin et nous jetterait en des recherches trop hérissées de mots pédantesques. Nous choisirons les détails les plus curieux et les plus convaincants, et nous glisserons sur le reste.

La coquetterie inventa de tout temps une infinité de formes pour les robes de femmes; je n'en donnerai qu'un exemple : l'énumération que Plaute fait faire par un vieillard grondeur, dans sa comédie de l'*Epidique*[1] :

« De quels noms ne s'avisent-elles pas pour leurs robes! dit-il. Que de nouvelles espèces

[1] Act. III, sc. II. — Les anciens, entre autres tissus, connaissaient les étoffes peluchées. (*Mém. de l'Acad. des inscript.*, nouv. série, t. IV, p. 275-276.) Elles redevinrent à la mode, et furent même d'un usage très-commun sous Louis XIII. (V. le *Francion* de Sorel, 1673, in-8, p. 219.) — Les Romains avaient aussi des tissus incombustibles faits de fils d'amiante. (Hœfer, *Hist. de la Chimie*, t. I, p. 202.) — Je ne trouve pas chez les anciens de broderies en cheveux, mais j'en connais au moyen âge. (V. Fr. Michel, *Recherches sur le commerce, la fabrication et l'usage des étoffes de soie*, t. I, p. 103.)

de vêtements n'imaginent-elles pas chaque année! C'est la tunique légère, la tunique fourrée, le blanc mat, la chemisette, la bordure pailletée, la robe souci ou safran, la rice (à quatre pans et à franges), la basilique, l'étrangère, la plumetis, l'azurée, la jaune de cire ou d'or. »

La liste est longue, mais celle qu'on pourrait dresser aujourd'hui la dépasserait encore de beaucoup. Notre XVIe siècle lui-même aurait pu étaler une énumération de couleurs et de formes pour les vêtements qui, si j'en crois un passage du *Baron de Fœneste* par d'Aubigné[1], eût fait singulièrement pâlir celle-ci, toute brillante qu'elle soit : « Si vous ne voulez pas discourir de choses si hautes, fait-il dire à son noble hâbleur, vous philosophez sur les bas de chausses de la cour, sur un bleu turquoys, un orangé feuille-morte, isabelle, zizolin, couleur du roy, minime, triste amie, ventre de biche, nacarade, fleur de seigle, Espagnol malade, Céladon, Astrée, face grattée, couleur de rat, verd naissant, verd gay, verd brun, verd de mer, verd de pré, verd de gris, couleur de Judas, couleur d'ormes,

[1] Liv. I, chap. II.

singe mourant, bleu de la febve, veufve resjouie, temps perdu, fiammetta, couleur de la faveur, du *pain bis*, ris de guenon, trespassé revenu, râcleur de cheminées, etc. »

Vous croirez volontiers que l'énumération est complète, plus même que de raison, car certains détails y peuvent sembler de pure fantaisie. Ils le sont toutefois moins qu'ils n'en ont l'air. Leur réalité résulte de plusieurs passages des chroniques ou des inventaires. Ainsi nous savons que Gabrielle d'Estrées portait des robes teintes en cette couleur de *pain bis* dont d'Aubigné vient de nous parler, et qui n'est, après tout, que notre couleur *aventurine*. Nous lisons dans l'inventaire qui fut fait après la mort de Gabrielle : « Une robbe de satin couleur de *pain bis*, découpée, chamarrée de passemens, trois à trois d'argent *clinquant*, avec des *passe-poils* de satin incarnadin, garnie de ses corps et manches de même satin et chamarréez, doubléez de tafetas incarnat. Lesdites manches fendues sur le bras, garnies de boutons et boutonnières d'argent[1]. »

[1] *Bibliothèque de l'École des Chartes*, déc. 1841, p. 165.

Ici encore nous aurions à relever plus d'un mot resté usuel dans le langage de nos modes; celui de *passe-poil*, par exemple, que nous avons aussi trouvé dans Rabelais; celui de *corps* ou *corset*, celui de *clinquant* [1], etc. Nous n'avons qu'un regret, c'est de n'y pas voir figurer aussi le mot *cannetille*, qui, malgré sa physionomie toute moderne, était pourtant déjà créé en ce temps-là. Rabelais, qui, lorsqu'il veut, parle tout à fait comme une marchande de modes, n'a garde de l'oublier [2].

Ce XVIe siècle était vraiment bien inventif!

[1] Ce fut un mot fort employé surtout au commencement du XVIIe siècle. Il y a par exemple trois édits de Henri IV contre les *clinquants et dorures*, l'un de 1594, le second de 1601 et le troisième de 1606, auquel Regnier fait allusion au vers 72 de sa VIIIe satire.—Nous parlerons ailleurs des bijoux en imitation d'or et d'argent; ici nous nous contenterons de dire un mot de ceux en acier poli, dont la mode reprit ces années dernières. En 1776, c'était une fureur, dont Buffon eut le profit; une partie des fers de ses mines de Montbard y passa à un bon prix. On dit au reste qu'il avait beaucoup aidé à mettre à la mode les boutons, les chaînes, etc. d'acier poli. (*Corresp. secrète* de Metra, t. IV, p. 62.)

[2] Ce mot se trouve aussi à la page 389 de la *Relation du Tournois* où fut tué Henri II.

C'est au point qu'en cherchant un peu, on trouverait qu'il ne nous a presque rien laissé à créer en fait de modes, ni pour les mots, ni pour les choses. La *crinoline* est une de ses créations. Qu'on lise la *Néphélococugie* de Pierre Le Loyer, on l'y trouvera déjà presque toute baptisée [1].

Les larges manches qui furent à la mode de 1830 à 1840 nous viennent aussi de ce temps-là. Nous n'avons presque rien changé à leur forme, et moins encore à leur nom : on les appelait *manches à la gigotte*, et nous les avons appelées *manches à gigot*; vous voyez

[1] *La Néphélococugie ou la Nuée des Cocus*, comédie, Abel l'Angelier, 1579, in-12. Il y est parlé de ce supplément fait de *crin et de bourre*, avec lequel les femmes donnaient de l'ampleur à leurs jupes. Il en est aussi positivement question dans le *Satyrique de Cour* (1624) (V. nos *Variétées hist. et litt.*, t. III, p. 248.) et dans une ordonnance du recueil Fontanon, citée à la p. 143 de l'*Essai politique sur le commerce*, par Melon, 1734, in-12. — Si je voulais m'étendre sur ce qu'il y a de ressemblance entre l'énorme envergure des robes de nos femmes d'aujourd'hui et la vaste ampleur exigée par certaines modes d'autrefois, je n'en finirais pas, je me contenterai de renvoyer pour le XVIe siècle au *Blason des basquines et vertugales* (1563) et pour le XVIIIe à la satire sur les *cerceaux, paniers, criardes*, etc., par le chevalier de Nisart, 1712, in-8.

que la différence n'est pas grande. Un compte de l'*argenterie du roy* parle ainsi d'une paire de ces manches réparées à grands frais : « Pour avoir remonté les *manches à la gigotte* de drap de bure, garnies de passement d'argent. » Le premier chapitre d'un pamphlet du temps nous en donne un plus ample détail. Il y est dit qu'on les enflait et qu'on les maintenait larges et bouffantes à l'aide de légères lames de fer[1]. Les *chausses à la gigotte*, qui figuraient avec la même ampleur dans le costume des hommes, exigeaient une pareille armature. Comme on le voit par les gravures du livre de Montfaucon, les *Monuments françois*, elles étaient gonflées par le haut jusqu'au genou, tandis que le bas était collant « et à pli de jambes. »

L'art des chemisiers de ce temps-là ne le cédait pas à l'art des nôtres. C'est tout au plus si les plus habiles de ces derniers ont trouvé quelques détails à perfectionner pour la coupe et pour la disposition des plis. Bien mieux, un ouvrage avait été fait déjà sur cette matière, avec texte explicatif et dessins complétant

[1] Ces sortes de rembourrements, comme dit Le Duchat, s'appelaient aussi *maheustier* ou *mahoistier*. (*Ducatiana*, t. II, p. 330.)

l'explication. Le *Livre de Lingerie,* dont Dominique de Sara est l'auteur, et qui parut à Paris, chez le libraire Marnef, en 1584, n'est autre chose qu'un manuel complet du chemisier [1]. On y trouve décrits, avec autant de netteté et de précision que dans le meilleur des *Manuels Roret*, les procédés de coupe, de plissage, de couture, etc. Le tout « avec figures des diverses pièces dont est formée une chemise. »

C'est à cette même époque que les dames se mirent à porter des pantalons sous leur robe, mode dont on croyait pourtant que la

[1] En voici le titre exact : *Le Livre de lingerie, composé par Dominique de Sara, Italien, enseignant le noble et gentil art de l'esguille, etc,* Paris, Jerosme de Marnef, 1584, in-4. Pour plusieurs livres du même genre et du même siècle, V. le *Catalogue des livres de la bibliothèque de feu M. Picard,* nº 445, p. 57-58, et Fr. Michel, *Recherches sur le commerce, la fabrication et l'usage des étoffes de soie,* etc., t. II, p. 374-377. — Le fer à repasser, qu'il ne faut pas oublier, puisque nous parlons de lingerie, a son histoire aussi. Il y aura tantôt un siècle et demi, que l'Anglais Twamley imagina le fer à repasser, à reservoir et à ressort, c'est-à-dire contenant le feu et se fermant tout seul. Sam. Johnson s'est moqué de l'importance que se donnait cet inventeur. V. la traduction d'une anecdote de son *Tatler* dans la *Revue de Paris*, 9 janv. 1842, p. 123.

plus haute antiquité ne remontait pas chez nous au-delà du printemps de 1809[1].

Le passage suivant des *Dialogues du langage françoys italianisé*, de Henri Estienne, démentira quiconque ferait encore honneur de cette invention à nos mères, au détriment de nos aïeules du XVIe siècle. « A la suite des vertugades, dit-il, elles (les femmes) ont commencé à porter une façon de haut-de-chausse qu'on appelle calçons. Quelques-unes, au lieu de toile simple, les font de quelque estoffe bien riche[2]. »

1 La Mésengère, *Dict. des proverbes*, 1re édit. p. 293.

2 Il en est déjà parlé du reste dans le *Livre* du chevalier de la Tour Landry, Biblioth. elzév., p. 128. V. aussi les *Dames galantes* de Brantôme, édit. Garnier, p. 157, 158, 171.

LXXIII

La coquetterie pour la coiffure était alors aussi poussée fort loin ; mais, chose bizarre ! c'est la couleur *blond hardi*, comme on disait à l'hôtel de Rambouillet, ou, si vous l'aimez mieux, l'opulente couleur *Cardoville*, comme on a dit depuis l'héroïne de M. Eugène Sue, qui était la préférée pour les cheveux. C'était à qui aurait la chevelure du plus beau roux, et comme tout le monde ne tenait pas de la nature la précieuse nuance, c'était à qui s'ingénierait, pour l'obtenir, du meilleur procédé de teinture. Presque tous étaient renouvelés de l'antiquité, où les femmes avaient la même manie [1].

[1] Les femmes romaines aimaient encore plus à se blondir qu'à se roussir les cheveux. Pour cela elles se les saupoudraient de poudre d'or, ce que Simon de Hesdin en sa traduction de Valère Maxime appelle *se blondir les cheveux avec de la cendre d'or.*

L'un des plus communs se trouve indiqué dans la comédie espagnole *la Célestine*[1]. Cesare Vecellio, fils du Titien, parle de cette mode en usage chez les belles Vénitiennes, et nous explique par là d'où vient la nuance des rutilantes chevelures si richement étalées dans les tableaux de son père[2].

[1] *Trad.* de Germond de Lavigne, 1841, in-18, p. 36. Joach. Du Bellay en parle dans sa pièce *la Courtisane repentie*, et une recette assez semblable à celle que donne la Célestine se trouve parmi *Les Secrets* du sieur Alexis Piémontois, 1561, in-8, 2e part., p. 48.

[2] « Il paraît qu'alors, lit-on dans une lettre *inédite* de lord Byron à Hobhouse (1er nov. 1821), le système capillaire couleur dorée était à la mode. S'il faut en croire un vieux bouquin, écrit par le fils du Titien lui-même, le rouge était un artifice employé par toutes les belles dames. Elles montaient sur leur terrasse, à l'heure où le soleil était le plus ardent, la tête couverte d'un chapeau défoncé, afin de se couvrir le teint; elles faisaient étaler leurs cheveux au soleil par une négresse, en y versant certaines essences, jusqu'à ce que le rouge s'en suivît. Prenez pour authentique, ajoute Byron, cette explication des cheveux rouges chez les Venitiennes. » Le livre de Cesare Vecellio, cité tout à l'heure, est le *Degli Habiti*, etc., 1590, in-8. — Le *blanc* dont les femmes d'aujourd'hui font un si grand abus pour se plâtrer le visage, fut très-employé du XVe au XVIIe siècle. Se *farder* ne signifiait pas autre chose que se *mettre*

Les hommes, dont le goût est assez volontiers à l'opposite de celui des femmes, avaient conservé la passion de la couleur noire pour la barbe et pour les cheveux. Aussi, tandis que ces dames, de brunes ou de blondes, se faisaient rousses, ces messieurs, se teignant aussi à outrance, de roux et de blonds se faisaient bruns. A la fin du règne de Henri IV, la mode en durait encore : « Comme de ce

du blanc. (*Notice des Mss.*, t. V, p. 153. V. aussi nos *Variétés historiques et littéraires*, t. I, p. 340-341.)—Pour une certaine pommade au camphre dont les femmes se servaient au XVIe siècle, V. plus haut, t. I, p. 136, note. Ce que les femmes d'un certain monde appellent se *maquiller*, c'est-à-dire se noircir les cils et le dessous des paupières, était une mode orientale, importée chez nous, toute baptisée dès l'époque des croisades. (V. le *Roman de Garin de Monglave*, Mss. de la B. I., fonds La Vallière, nº78, fol. 34, vº col. I, v. 22.) Le mot *maquignonner* n'est même qu'un dérivé de l'autre. (Fr. Michel, *Études de philologie sur l'argot*, p. 256.) — Le fameux *lait virginal* était connu des dames galantes dont Brantôme a fait l'histoire. C'est l'eau de myrte dont parle Rabelais (liv. I, chap. 55), notez que je ne dis pas l'eau de myrrhe, comme on le lit dans toutes les éditions, sauf dans celle de MM. Burgaud Des Marets et Rathery, t. I, p. 205. V. aussi, sur l'eau astringente des dames du temps de Louis XIII, la *Comédie des comédiens* de Gougenot, *ancien théâtre françois*. (Biblioth. elzév., t. IX, p. 323.)

temps de Malherbe, lisons-nous dans le *Segraisiana* [1], on se laissoit croître la barbe, bien des gens apportoient de l'artifice pour la faire devenir noire. Ayant remarqué qu'un de ses amis avoit ce défaut : Cela, lui dit-il, vous rend noir comme un excommunié; mais, pour cela, vous n'aviez pas besoin de peindre votre barbe. »

Il ne faut pas, du reste, être fort avancé en civilisation pour en venir à cette coquetterie de la barbe et des cheveux teints : de tout temps les Arabes l'ont connue, et les Arabes, pourtant, ne sont pas, que je sache, un peuple bien fashionable.

Le dictionnaire français-arabe que projetait M. Jacob Berggren, et dont on ne connaît que des fragments, aurait contenu, au mot BARBE, la recette suivante du cosmétique liquide employé comme teinture par les *Figaros* algériens[2] :

« Les barbiers arabes, écrit M. Berggren, connaissent mieux qu'aucun des coiffeurs européens l'art de teindre en noir les barbes grises, blanches et rousses. Ils prennent cent

[1] p. 215.

[2] Ce qui suit se trouve dans l'*Abeille du Nord*. (22 sept. 1825, nº 144.)

vingt drachmes de *sumack*, qu'ils font bouillir dans trois cent-soixante drachmes d'eau naturelle, jusqu'à ce qu'il ne reste plus que les deux tiers du liquide. Après avoir passé ce résidu, ils l'exposent au soleil dans une bouteille de verre et y ajoutent jusqu'à la masse de cinq drachmes de vitriol vert, de la noix de galle, de l'alun et de jeunes bourgeons de châtaignier. Tout cela une fois préparé, ils lavent la barbe qu'ils veulent teindre, et, quand elle est bien sèche, ils la frottent avec cette composition, qui doit rester pendant une heure, afin que la barbe en absorbe bien la substance. On la fait disparaître avec de l'eau chaude, et dès lors la barbe devient noire et brillante. »

La recette est simple, assez peu coûteuse, et, avec un peu de complaisance, elle pourrait, je crois, s'employer aussi pour la chevelure. Avis donc aux industriels en quête de nouveaux procédés. Mais tout d'abord, au nom des Arabes et de M. Berggren, je m'inscris en contrefaçon contre tout brevet d'invention qui pourrait résulter de l'avis que j'en donne.

Revenons à nos fashionables, dont je veux prendre à parti les modes soi-disant nouvelles. Leur *paletot* n'est qu'une vieille chose et un vieux mot. Son nom, qui fut en cours pendant tout le moyen âge[1], n'est qu'un dérivé de l'espagnol *paletocque*, lequel était une imitation du *pallium* latin, qui lui avait prêté sa forme perfectionnée, et même la première syllabe de son nom. Il ne fut longtemps qu'un vêtement de guerre, garni d'un capuchon comme le *caban*, qui est plus vieux encore que lui, puisque le manteau gaulois, appelé *caracalle*, qui fit donner à un empereur romain, Caracalla, le surnom qu'il portait, n'était pas autre chose[2].

Les gens qui revêtaient le paletot étaient surtout des gens sans aveu, des aventuriers, des goujats d'armée ; de là le mot *paltoquet*, que nous avons employé tous avant que le *paletot* ressuscitât pour se faire, d'habit de laquais qu'il avait été, un vêtement d'homme à la mode. Mais attendons encore quelques an-

[1] V. *l'An des sept dames*, cité par Borel au mot PALLETOCQ dans son dictionnaire intitulé : *Trésor des Recherches et Antiquités gauloises*, Paris, 1655. V. aussi L. de Laborde, *Glossaire*, p. 429.

[2] *Recherches histor., curieuses et remarquables*, 1723, in-8, p. 113. — C'est aussi le *caban*, dont il est parlé dans *Don Quichotte*, 2e part., ch. XVI.

nées, et je gage qu'abandonné tout à fait du fashionable et même du bourgeois, il sera devenu exclusivement populaire. Alors on croira que le mot *paltoquet*, qui durera encore, vient du paletot moderne et non pas du *paletot* ancien [1].

La destinée qui préside à l'histoire des mots n'en fait jamais d'autres. Le *talma* qui, ces hivers derniers, a fait si bonne figure sur les épaules chaudement couvertes de nos lions et de nos lionnes, et qui faillit presque

[1] Les *beaux* ont été de tout temps les mêmes. Ceux d'Athènes aimaient à se promener dans la ville en habit de cheval (Théophraste, *traduct*. de Coray, in-8, p. 112, 282) : ceux de Rome avaient des chevaux qu'ils aimaient plus que tout au monde et dont les noms, ainsi que les titres de gloire mérités dans les courses, nous ont été conservés sur des médailles et des inscriptions. (*Lettres* de Paciaudi au comte de Caylus, 1802, in-8, p. 204; Zell, *Épigraphie romaine*, p. 133, nº 1178 et *Bullet. de l'all. des arts*, 10 octobre 1847, p. 118.) Les *dandys* de Madrid au XVIe siècle ne différaient pas des nôtres. Écoutez ce que dit Velasco dans un de ses sonnets : « Veux-tu vivre en grand seigneur, sois hautain, aie du goût pour la bagatelle et fais-toi suivre par un nain. » C'est le petit *groom* d'aujourd'hui. Velasco continue : « Monte quelquefois sur le siége de ton cocher, et guide tes mules pendant l'été. » C'est encore le suprême bon ton.

réduire le paletot détrôné à se faire redingote étriquée et écourtée; le *talma*, dis-je, n'est pas non plus un nouveau-venu. Il n'a de neuf que son nom; sa forme est celle de l'antique *balandran* qui, du XIIIe siècle jusqu'au XVIIIe, fut le vêtement des jours d'hiver. « C'étoit, selon Furetière, un manteau à travers lequel on passoit ses bras. » Le *talma* est-il autre chose?

On s'en servait surtout en voyage, et La Fontaine le met, avec raison, sur les épaules du voyageur de sa fable *Phébus et Borée* [1].

Pendant que le *balandran* vous garantissait de la pluie et du froid, de fortes bottes à semelles de liége vous défendaient de l'humidité du chemin. Rabelais [2] parle de ce perfectionnement, que nos cordonniers ont emprunté à leurs confrères du XVIe siècle [3].

[1] La redingote ne fut aussi d'abord qu'un habit de voyage, bon surtout pour monter à cheval. Son nom, qui malgré son apparence française est encore tout anglais (*riding-coat*), le prouve. La mode en remonte à 1725; Barbier, qui en parle dans son *Journal* sous la date du mois de sept. de cette année-là, la définit ainsi (1re édit., t. I, p. 228) : « Habillement venu d'Angleterre qui est ici très-commun à présent pour le froid, la pluie et surtout pour monter à cheval. »

[2] *Gargantua*, ch. XXI.

[3] Le principal expédient contre les mauvais temps,

Pour compléter l'équipement de tout riche voyageur, on avait déjà des étuis, ou toilettes

le parapluie ne vint qu'un peu plus tard. En 1622, c'était une nouveauté à Paris. Il en est ainsi parlé dans les *Questions tabariniques*, au sujet du feutre fameux de Tabarin : « Ce fut de ce chapeau qu'on tira l'invention des *parasols*, qui sont maintenant si communs en France, que désormais on ne les appellera plus parasols, mais *parapluyes* et *garde-collet*, car on s'en sert aussi bien en hyver contre les pluyes qu'en esté contre le soleil. » (*Œuvres de Tabarin*, édit. elzévir., t. I, p.215.) En 1680, on ne les faisait encore que de grosse toile cirée (*Mélanges d'une gr. Biblioth.*, t. *Hh*, p. 21, note), mais peu à peu la fabrication s'en perfectionna de telle sorte, qu'en 1759 déjà l'on fabriquait à Paris des parapluies si fins d'étoffe et de ressort qu'on pouvait leur donner une canne pour fourreau. (*Hist. de l'Acad. des sciences*, 1759, p. 243. *V.* aussi l'*Avant-coureur*, de 1768, p. 20.) On aurait certes pu croire l'invention beaucoup moins ancienne. Les Anglais pour qui c'était cependant un meuble plus utile étaient moins avancés. On ne trouvait à Londres de parapluies que dans les cafés, où ils étaient mis en réserve pour les grosses pluies d'orage. On les prêtait alors aux consommateurs, à défaut de voitures ou de chaises. La tyrannie du cocher de place avait été un obstacle au progrès des parapluies en Anglèterre. Sir John Mac-Donald raconte dans ses *Mémoires* qu'en 1778, ayant rapporté d'Espagne un parapluie de soie, il n'osait s'en servir dans les rues de Londres, de peur d'être injurié par les cochers.— Les *parasols*, et cela se comprend sans

de voyage, avec assortiment de rasoirs, peignes, ciseaux et miroirs. Louis XI eut le sien; c'est son barbier Olivier qui le lui avait fourni. On lit dans le *Compte des dépenses de la cour pour l'année* 1469 : « A Olivier-le-Maulvais, valet de chambre et barbier du corps du Roy, XX. l. XII. s. VI. d..... pour ung estuy garny de razouers d'argent doré, de fin or, sizeaux, pignes et mirouers [1]. »

peine, furent en usage en Italie avant de l'être à Paris (H. Estienne, *Dialogue du nouveau langage françois italianisé*, 1578, in-8, 167) : et à Paris avant de l'être à Londres. « Ce sont, dit Locke dans la relation de son *Voyage en France* en 1675, ce sont de petits ustensiles fort légers, que les femmes emploient ici pour se garantir du soleil, et dont l'usage me semble très-commode. » (*Rev. de Paris*, t. XIV, p. 12.) Les Anglaises en voulurent bientôt avoir, mais comme à l'état de parasols ils ne pouvaient guère leur servir; on leur en fit tout autre chose : des éventails ; ce qui, à tout prendre, et vu le climat, ne devait guère leur être plus utile. L'industriel qui, il y a cent ans, sut le premier confectionner à Londres des *ombrelles* de ce genre, près desquelles nos *marquises* pliantes ne sont rien, fit une fortune considérable. (*Biblioth. britann.*, t. XIV, p. 106.) En France, l'invention fut bientôt imitée et perfectionnée. (*L'Improvisat. franç.*, t. XIV, p. 359.) Malheureusement elle s'est perdue. Qui sait? ce que j'en dis ici la fera peut-être retrouver.

[1] Voici un autre exemple d'un meuble de ce genre que nous trouvons indiqué dans le *Catalogue des ar-*

Les dames avaient aussi déjà l'élégant confortable des petits meubles portatifs. Parmi les objets de leur toilette était toujours une *boîte à ouvrage* bien garnie, et, comme l'*écritoire* s'y trouvait ordinairement réunie, c'est sous ce nom qu'on désignait l'assemblage de tous ces menus ustensiles. Dans l'inventaire de Gabrielle d'Estrées, déjà cité plus haut [1], la *boîte à ouvrage* n'est pas autrement appelée : « Une escriptoire couverte de maroquin du Levant, dorée et argentée, ferrée d'argent, dans laquelle se sont trouvez une bourse..... quatre eschevaulx de fil blanc, trois petitz pelotons de mesme fil, douze mousles à faire rescul, neuf esguilles, le tout de cuyvre ; six autres mousles et sept esguilles de fer-blanc, et trois eschevaulx de soye blanche [2]. »

chives de M. de Joursanvault, 1re part., p. 118, n° 723 : « Le duc d'Orléans fait payer à Richart de Grez, *pignier, ung estuy de cuir à pigner, doré et armorié, pendant a ung laz de soye, garny de trois pignes; ung mirouer et deux manches de rasouers, tout d'yvoire a six virolles d'argent esmaillées a sa devise, de deux fers de rasouers et de trois ciseaux.* »

[1] *Biblioth. de l'École des chartes*, déc. 1841, p. 171.

[2] Tout abbé galant avait son *nécessaire.* (L'*Improvisateur franç.*, t. XIII, p. 403.) Il y en avait même de particuliers pour les dents. (V. le *Catalogue* du Cabinet de Bonnier de la Mosson, p. 15.)

LXXIV

Il est bien entendu que tous ces jolis meubles se faisaient en France, où l'art de la tabletterie et de la *bahuterie*, comme on disait, était on ne peut plus raffiné. De même pour tous les autres objets de coquetterie. Les bonnes faiseuses n'étaient déjà qu'à Paris ; mais déjà aussi l'on y avait la manie de faire tout passer comme étant d'importation anglaise ou italienne [1]. En revanche, les Anglais et les Italiens, plus sincères et mieux avisés, mettaient tout chez eux à la mode française. En effet, rien ne leur venait que de Paris, pour peu que le travail en fût soigné et précieux. Il n'y eut pas jusqu'au Grand Turc, qui, une année, selon Regnault d'Orléans,

[1] Montchrétien, *Œconomie politique*, de l'utilité des arts mécaniques.

dans ses *Observations sur l'Estat et peuple de France*, ne fit solennellement demander au roi douze cordonniers de Paris. On raffolait au sérail des pantoufles parisiennes [1].

Un siècle plus tard, la cordonnerie avait fait bien d'autres progrès encore. Elle confectionnait des chaussures merveilleuses, bonnes même pour marcher sur l'eau, comme celles que décrit Schwenterius [2]. Les bottes sans couture étaient aussi connues ; Loret leur fait une réclame poétique dans sa *Muze historique* du 5 août 1663, où il parle :

Des bottes faites sans couture
Bottes d'hiver ou bien d'été... [3]

[1] Le musée de Liverpool possède des souliers de momies « faits sur les deux formes, *droite* et *gauche*, en sorte, dit le Dr Traill, que même cette mode moderne est d'origine égyptienne. » (*Edimb. New philosoph. Journ.*, 1er trim., 1827, p. 393.) Les athéniennes se grandissaient, comme nos dames de Paris, avec des semelles en liége. (*Rev. britann.*, oct. 1845, p. 264.) Quand Scarron (*Virgile travesti*, liv. I, *ad fin.*), fait demander par Didon « si dame Hélène avait du liége, » il dit la vérité en riant. De son temps, d'ailleurs, la mode en était revenue. (V. son *Jodelet, maître valet*, act. 2, sc. 7.)

[2] *Deliciæ Phys.-mathemat.*, pars XII, probl. 15-17.

[3] L'inventeur de cette chaussure était un certain Lestage, Gascon, qui au mois de juillet précédent, avait présenté une paire de ses bottes à Louis XIV.

Des bas de même sorte devaient venir plus tard, à la fin du XVIIIe siècle. Le grave *Moniteur* ne dédaigna pas lui-même d'en parler [1].

(V. encore Loret, à cette date.) Plus tard un recueil de vers fut publié en l'honneur de sa marchandise : *Poésies nouvelles sur le sujet des bottes sans couture*, par Nicolas Lestage, Bordeaux, 1667, in-8.— L'invention des souliers dont la semelle n'est pas cousue, mais clouée, est venue de Philadelphie. En 1816 un nommé Barnet obtint pour la propager en France un brevet d'importation (Saint-Edme, *Paris et ses Environs*, 1827, in-8, p. 757) ; puis MM. Gergonne, Monniot et Paradis exploitèrent un procédé à peu près pareil, en attendant ceux qui l'ont repris dans ces derniers temps. (V. *Archives des découvertes*, t. VI, p. 325; *Annales des arts et manufactures*, 2e série, t III, 167.)

[1] Réimpression du *Moniteur*, t. VII, p. 454. — Ceci nous amènerait à traiter la question non résolue encore de l'invention du métier à bas. Est-elle due à un Français ou à un Anglais ? L'*Encyclopédie* parle d'un Jean Hindret qui en 1656 dirigeait des métiers de ce genre au château de Madrid dans le bois de Boulogne ; et il n'en a pas fallu davantage pour que l'on pensât qu'il en était l'inventeur. Malheureusement un livre de 1620, *Denier royal* ou *Traité curieux de l'or et de l'argent*, par le sieur de Saint-Germain, parle aussi de ce métier au chapitre : *Machine à fabriquer bas*, et l'attribue à un Anglais. C'est lui qui a raison. L'inventeur anglais, qui se nommait Williams Lee, n'ayant pu faire fortune avec sa mécanique en An-

Quant aux robes sans couture, qu'on n'a pas réinventées, leur fabrication avait été

gleterre, vint en France sous Henri IV, y prospéra d'abord, puis tomba dans la misère et mourut. A combien de Français l'Angleterre n'a-t-elle pas rendu la pareille! Un épisode de la vie de W. Lee fait le sujet d'un tableau auquel le peintre anglais Elmore doit le commencement de sa réputation.—En revanche, mais j'avoue que j'aimerais mieux l'autre, nous pouvons disputer victorieusement à l'Angleterre l'invention des bas tissés avec des fils d'araignée. Le premier qui s'en avisa est M. Bon, qui en 1710 était *premier président de la Cour des Aydes et Chambre des comptes à Montpellier*. Brossette dit qu'en janvier 1710, on parlait beaucoup de l'invention, et qu'il vit une des paires de bas tricotées par le président, que M. de Noailles portait à la duchesse de Bourgogne. (*Correspond. de Boileau et de Brossette*, édition Laverdet, p. 311.) Montesquieu estimait fort M. Bon, et ne riait pas de ses araignées. (*Lettre à l'abbé de Guasco*, 1er mars 1747.) Cassini, le 7 février 1710, l'encourageait dans cet essai « qui, lui disait-il, fait beaucoup d'honneur à vostre société royalle (de Montpellier). » Le sieur Colonia disait dans une lettre, que Mocenigo, ambassadeur de Venise, avait voulu faire connaître cette découverte à la République. Enfin l'abbé de Camps lui écrivait de son côté : « On n'a plus qu'à établir des manufactures qui l'emporteront assurément sur celles des vers à soie. » (*Catalogue analytique des autographes* de la collection du biblioph. Jacob. 1840, in-8, p. 9, 10, 12.) Bref, on en parlait partout. (*Lettre de madame du Noyer*, t. III,

découverte plus tôt, mais sans grand succès, vu le haut prix auquel on était forcé de les

p. 222, 237.) L'Anglais qui, en 1834, prétendit avoir fait la même découverte n'arrivait donc pas le premier. (*Rev. Britann.*, 3e série, t. XII, p. 179.) — Ceci est à peine sérieux, voici qui l'est beaucoup. Le 7 mai 1810, l'Empereur, pour porter un grand coup à l'industrie cotonnière des Anglais, propose un prix de 1 million pour celui qui inventera la meilleure machine propre à filer le lin. Deux mois après l'invention était faite; le 18 juillet Philippe de Girard prenait un brevet. On trouva qu'il avait gagné le million à trop bon marché; de nouvelles conditions furent imposées. Elles étaient d'une exécution presque impossible, il les exécuta pourtant, mais la récompense ne vint pas davantage. Il ouvrit une manufacture, et pour exploiter sa découverte, y jeta tout ce qu'il possédait, espérant que le million suivrait enfin; ce fut la déchéance de l'empire qui arriva, et à la suite la déconfiture du pauvre inventeur. Il fut obligé de fuir en Autriche. Cependant deux de ses associés, MM. C... et L... gagnaient l'Angleterre avec ses dessins, qu'ils vendaient 25,000 liv. sterling; puis, ils se faisaient donner, tant en leur nom qu'en celui de M. Horace Hall, une patente d'exploitation, laquelle, on le peut voir à l'*Inrollement office*, « n'est qu'une traduction des brevets accordés à Philippe de Girard. » Ainsi la machine devint anglaise, et si bien que, pour la ressaisir, la France fut obligée de la voler! Un ministre se vanta, sous Louis-Philippe, d'avoir dérobé aux Anglais la filature mécanique du lin, « en faisant cacher les machines dans du suif! » Je

vendre. La *Chronique du règne de Louis XV*, publiée par la *Revue rétrospective* [1], en parle ainsi sous la date du 23 septembre 1743 : « Un particulier a présenté à la reine une robe d'étoffe d'or, sans aucune couture, par le moyen d'un métier imaginé pour cet effet; mais cette mode nouvelle a paru trop chère et trop peu utile pour mériter l'attention de la cour [2]. »

n'en dirai pas davantage. Philippe de Girard revint en France en 1844, réclama, et finit par obtenir, peu de temps avant sa mort, une pension de 6,000 fr., qui, consacrée par un vote des Chambres, ne permet plus de douter que celui dont elle fut la tardive récompense est le véritable inventeur de la machine à filer le lin. Reste la question du million promis par le premier Empereur et gagné par Philippe de Girard. Les héritiers de celui-ci en poursuivent activement la solution. V. pour tous ces faits un art. d'Ampère, *Journal des Débats*, 30 nov. 1845, et le *Mémoire* de madame la comtesse de Vernède de Corneillan, née de Girard, *Réclamation d'un million et les intérêts*, 1856, in-4, p. 6, 23, 24, 25, etc.

[1] Ire série, t. V, p. 45.

[2] En 1768, un sieur Peyronnent faisait des habits tricotés, en soie, poil de chèvre, filoselle, laine, fil et coton. (*L'Avant-coureur* de 1768, p. 550.) — La fameuse robe *sans couture*, que l'on gardait comme une relique à l'abbaye d'Argenteuil passait pour avoir été faite sur le métier par la sainte Vierge qui, suivant la tradition, gagnait sa vie dans Nazareth « à

C'est cette cherté qui a empêché que la plus grande partie des brimborions brillants de la coquetterie du siècle dernier parvînt jusqu'à nous. Il a fallu tout réinventer, mais pour ne pas mieux faire certainement que les artistes du temps passé. Je doute, par exemple, que nos fabricants de fleurs artificielles aient jamais surpassé les merveilles écloses sous les doigts du sieur Beaulard, *marchand de modes*, ainsi qu'il se qualifiait en toute humilité. Ses fleurs, comme celles du printemps, étaient vivantes, pour les yeux et pour l'o-

tendre et à ouvrer de soie. » (P. Paris, *manuscr. françois de la Biblioth.*, t. IV, p. 8; Francisque-Michel, *Recherches sur les étoffes de soie*, t. II, p. 98.) Les robes faites de poil de chameau, avec des trous pour les bras, et sans couture, sont encore en usage chez les Arabes (Maltby, *Mœurs et coutumes bibliques expliquées par le récit des voyageurs*, trad. de l'anglais, 1845, in-12, p. 248-249.) Pour les belles étoffes en usage chez les Hébreux, et fabriquées de toute antiquité à Damas, V. Saulcy, *Hist. de l'art judaïque*, 1858, in-8, p. 336, 338. — Je ne veux pas oublier la machine à coudre, dont l'invention est due, non pas à l'américain M. Singer, qui se fit breveter en 1854, mais à M. Thimonnier d'Amplepuis (Rhône), qui obtint, dès 1830, un brevet pour sa machine dont le premier essai avait été fait par lui à Saint-Etienne deux ans auparavant. (Jobard, *les Nouv. Invent.* etc., 4e livraison, p. 390, et *la Presse*, 26 déc. 1853.)

dorat, « Beaulard, lit-on dans la *Correspondance de Métra* de 1774[1], a présenté à la reine une fleur artificielle qui fait illusion à la vue et à l'odorat. La reine examinoit ce chef-d'œuvre avec attention ; on lui fit observer, sous le calice de la fleur, un petit bouton qu'il falloit toucher : elle vit sur-le-champ la rose s'épanouir entièrement, et, s'ouvrant vers le centre, découvrir un portrait très-ressemblant de cette princesse[2]. »

[1] Tome I, p. 162. C'est avec lui que madame de Matignon avait fait un traité de 24,000 fr., moyennant quoi il lui fournissait tous les jours une coiffure nouvelle. (*Mém.* d'Oberckick, t. II, p. 257.) Plus tard, ce fut Wenzel qui fit les fleurs artificielles de la reine. Sur lui et sur son livre, publié en 1790, où il proposait d'établir à Paris une manufacture capable d'occuper 4,000 femmes à la fabrication des fleurs, V. N. Rondot, *Rapport sur les objets de parure à l'exposition de Londres*, p. 29.

[2] Avant les fleurs artificielles étaient venues les perles. En 1666, la belle-sœur du poëte Tristan l'Hermite fabriquait avec grand succès du faux *girasol* à Courval en Normandie, et Subligny, qui avait connu son beau-frère, lui faisait à ce sujet une belle *réclame* dans sa *Muse Dauphine* (1667, in-12, p. 174.) C'était du reste une industrie très-ancienne. Pline (lib. IX, cap. XXXV) et Macrobe (*Saturn.* II, cap. XIII) nous ont dit avec quels gains énormes on l'exerçait dans l'antiquité ; on sait par le Byzantin Tzétzes

(edit. variorum, lib. II, ch. 373) comment on faisait des perles rares avec d'autres plus communes mises en poussière. Massari, dans son commentaire sur le IXe livre de Pline à l'endroit cité plus haut, nous dit de quelle manière, vers 1547, à Venise, on imitait les perles fines au moyen d'un émail transparent, dont on faisait une boule qui était remplie ensuite d'une matière colorante. En 1686, un fabricant de chapelets de la rue du Petit-Lion, nommé Jaquin, voyant sa cuisinière apprêter une friture d'ablettes, s'aperçut que les écailles laissaient sur l'eau une croûte brillante comme de la nacre. L'observation lui suffit; peu de temps après il faisait des fausses perles par un procédé encore aujourd'hui en usage. Il est parlé dans le *Livre commode des adresses* d'Abraham du Pradel (de Blegny) pour 1691 de ces « perles fausses argentées en dedans, qui sont de nouvelle invention, et qui imitent parfaitement la nature. » Il faut, pour que l'écaille se détache, laisser séjourner le poisson dans l'urine. Croirait-on qu'en 1788 des gargotiers de Paris mettaient en friture les ablettes auxquelles ils avaient fait subir cet effroyable bain. (*Les Numéros parisiens*, 1788, in-12, p. 12-14.)

LXXV

Quand la mode en est arrivée à ces raffinements, il lui faut un organe qui les proclame ; en effet, le journal qui devait sa publicité à de telles merveilles était déjà créé.

Il naquit en 1768 ; on l'appelait *Courrier à la mode* ou *Journal du Goût*. « C'est, disent un peu ironiquement les *Mémoires secrets* [1], un nouvel ouvrage périodique, fort intéressant pour Paris et pour les provinces, qui contient les détails de toutes les nouveautés de la mode. C'est, si l'on veut, une espèce de supplément aux Mémoires de l'Académie des belles-lettres, qui consacre à la postérité le tableau mouvant de nos caprices, de nos fantaisies et du costume national. Il y a trois

[1] Tome IV, p. 80.

mois que se répand cette utile publication[1]. »

Sous Louis XIV, les gravures, sinon le journal complet des modes, avaient commencé à courir. On les appelait les *Saisons*, parce qu'en effet c'était tantôt le *Printemps*, tantôt l'*Été*, tantôt l'*Automne*, tantôt l'*Hiver*, qui, personnifié dans une jolie femme, paraissait revêtu des atours que toute dame de la *fashion* du temps devrait porter pendant la durée de la saison[2], depuis la coiffure jusqu'à la chaus-

[1] Déjà en 1608, dans un petit volume publié à Rouen sous le titre de la *Gazette en vers*, pareille idée avait été émise. (*Biblioth. poétique* de M. Viollet-le-Duc, 1re part., p. 349, 350.) Furetière aussi l'avait proposée comme excellente dans son *Roman bourgeois* (v. notre édit. p. 74, 75) ; et enfin, en 1733, le *Ladies Journal* la réalisait à Londres au grand étonnement de l'abbé Prévost, surpris de ce qu'une pareille invention n'était pas née à Paris. (*Le Pour et le Contre*, t. I, p. 161.)

[2] Nous pourrions parler longuement ici de diverses espèces de gants qui furent en usage autrefois, surtout au commencement du XVIIe siècle, mais nous nous contenterons de renvoyer à une pièce de nos *Variétés historiques et littéraires*, t. V, p. 174-187, *le Gan* (sic) *de Jean Godard* (1588), et aux notes que nous y avons mises. Il y est parlé des gants brodés de perles, des gants de senteur, dont les plus renommés

sure, depuis la chaussure jusqu'aux gants[1].

Dans un certain monde, celui des *précieuses*, qui n'étaient pas raffinées seulement pour le langage, mais aussi pour la coquetterie, on fit mieux encore. On attifait dans le dernier goût de la mode courante deux grandes poupées[2], dont l'une, la *Grande Pandore*, donnait le ton pour la tenue d'apparat,

s'achetaient à Rome; des gants faits du cuir le plus souple, qui venaient d'Espagne, et aussi des gants de France, déjà fameux : ceux de Vendôme, de Blois, de Grenoble, de Niort. La France a maintenant une supériorité exclusive dans cette industrie. En 1846, elle exploitait pour 29 millions de gants, tandis que toute la production de l'Angleterre ne montait pas à plus de 12 millions. (Natalis Rondot, *Rapport sur l'Exposition de* 1849, t. III, p. 767-769.) Les Anglais avouent eux-mêmes leur infériorité. Lors de l'enquête parlementaire faite en 1837, et dont l'établissement de l'*Art-Union* à Londres fut le résultat, MM. Smith et Spalding reconnurent combien nos gantiers sont supérieurs, « sans doute, dirent-ils, parce qu'ils étudient avec plus de soin la forme de la main. » Lors de la même enquête, l'excellence de nos produits, dans l'industrie des papiers peints, des bronzes, des soieries, des rubans, et l'infériorité de l'Angleterre fut aussi très-franchement constatée. (V. la *Revue universelle*, 30 sept. 1837, p. 383.)

[1] V. notre article *Modes*. (Encyclop. du XIXe siècle.)

[2] Il en est parlé dans le *Roman bourgeois*. (V. notre édition, p. 76-77, note.)

et l'autre, la *Petite Pandore*, pour le déshabillé du matin.

C'est chez mademoiselle de Scudéry que se faisait la toilette des deux poupées, et de là elles s'en allaient régenter en souveraines le monde des coquettes de la cour et de la ville; elles couraient jusqu'en province, souvent même jusqu'au delà des frontières. Les belles Anglaises, les belles Allemandes étaient leurs humbles tributaires, et pour empêcher leur marche, ne croyez pas qu'il y eût des obstacles possibles. Combats et blocus n'y pouvaient rien : « On assure, lisons-nous dans les *Souvenirs d'un homme du monde* [1], livre aussi curieux que rare, on assure que, pendant la guerre la plus sanglante entre la France et l'Angleterre, du temps d'Addison, qui en fait la remarque, ainsi que M. l'abbé Prévost, par une galanterie qui n'est point indigne de tenir une place dans l'histoire, les ministres des deux cours de Versailles et de Saint-James accordoient, en faveur des dames un passeport inviolable à la grande poupée, qui étoit une figure d'albâtre de trois ou quatre pieds de hauteur, vêtue et coiffée suivant les modes

1. 1789, in-12, t. II, p. 395.

les plus récentes, pour servir de modèles aux dames du pays. Au milieu des hostilités furieuses qui s'exerçoient de part et d'autre, cette poupée étoit la seule chose qui fût respectée par les armes [1]. »

Ainsi, partout où règne la mode, et c'est le

[1] Risbeck, dans son *Voyage en Allemagne et en Hollande* (1780) n'oublie pas (ch. III) cette grande poupée, qu'il avait vue à Vienne ; et le président de Brosses, dans ses *Lettres familières, écrites d'Italie* (édition H. Barbou, t. I, p. 171), parlant des dames de Bologne, nous dit : « On leur envoie journellement de grandes poupées vêtues de pied en cap, à la dernière mode, et elles ne portent point de babioles qu'elles ne les fassent venir de Paris. » En Californie, nos poupées parisiennes ont en ce moment un grand succès, comme messagères des modes. (*Echo du Pacifique*, 4 juillet 1858.) Dès 1666, les rubans, dont on pare ces poupées cosmopolites étaient fabriqués à la mécanique. Il est parlé dans la *Correspondance administrat.* de Louis XIV, t. III, p. 785, d'une machine en activité à Poitiers, en ce temps-là, qui permettait qu'un homme, « fût-il aveugle et impotent, fît à lui seul aller dix métiers. » Vers le même temps, la nourrice du comte de Marsan, madame Dumont, établissait à Paris, faubourg Saint-Antoine, puis rue Saint-Sauveur, puis à l'hôtel Saint-Chaumont, rue Saint-Denis, une fabrique de dentelles qui employait deux cents jeunes filles et dont les produits effaçaient ceux de Bruxelles et de Venise. (*Vie de J.-B. Colbert*, Cologne, 1696, in-12, p. 154.)

monde entier mis sous un même sceptre, il peut y avoir des rivalités, mais des hostilités jamais. *Lions* et *lionnes* ne vont pas en guerre. Si j'emploie ces mots, ne pensez pas que ce soit par anticipation. Eux aussi sont anciens, comme les temps dont nous parlons.

Sous Louis XIII, on n'appelait jamais autrement que *lionne* la toute charmante mademoiselle Paulet, une reine de la mode : « Son courage, dit des Réaux, sa fierté, ses yeux vifs et ses cheveux trop dorés, lui firent donner le nom de *Lionne.* » Sarrasin, lui adressant des vers, l'interpelle ainsi :

> *Reine des animaux, adorable lionne,*
> Dont la douce fureur ne fait mourir personne,
> Si ce n'est que l'amour se serve de vos yeux.

Enfin Voiture, écrivant au cardinal de La Valette touchant mademoiselle de Rambouillet et mademoiselle Paulet, violemment courroucées, dit encore, comme s'il parlait de lionnes véritables : « Mademoiselle de Rambouillet et mademoiselle Paulet s'en hérissèrent toutes et en rugirent horriblement. »

Mais c'en est assez, puisque nous avons prouvé que, même dans le monde frivole, rien n'est nouveau, tout est rajeuni [1].

1. J'aurais pu en dire bien plus long sur toutes ces

mondanités ; j'aurais pu, entre autres choses que j'ai omises, parler de l'*Archéologie de la pipe*, d'après M. Théodore du Moncel et l'abbé Cochet, qui pensent que les Celtes firent usage de pipes à fumer (*Bullet. monumental*, t. VIII, et *Revue de l'Art chrétien*, février, 1857), mais la chose étant loin de m'être prouvée, je me suis abstenu d'en rien dire. — Si les anciens ne fumaient pas, ils agissaient du moins comme devraient faire tous les fumeurs : ils prenaient des pastilles pour chasser la fétidité de l'haleine. On les faisait de myrte et de lentisque pétries dans du vin vieux, avec des baies de lierre, de casse et de myrrhe. (Pline, lib. XXV, cap. XIII. Martial, lib. I, ep. 86.) — Le *Cachou*, dont se servent de trop rares fumeurs pour se parfumer la bouche, était connu des petits-maîtres du temps de la Fronde. (Scarron, l'*Héritier ridicule*, act. II, sc. II.) — Quant au vinaigre de toilette, je ne pense pas qu'on l'ait beaucoup perfectionné depuis le fameux Maille, qui vivait au dernier siècle. Il en vendait de 99 espèces, dont une porte encore son nom. (*L'Improvisat. franç.*, t. XXI, p. 199.) Dans le nombre se trouvait aussi déjà le *vinaigre des quatre voleurs*. (V. *Mémoires secrets*, t. VII, p. 248, et *Œuvres de Piron*, édit. in-12, t. VII, p. 144-145.)

LXXVI

En notre temps de pacotille, sans la dorure pas de bijoux pour bien des gens. Parlons donc, après ce que nous avons dit des modes, parlons de cette sorte de vernis de richesse, et des perfectionnements qu'il devait tout naturellement acquérir à notre époque de faux semblant.

Maintenant on improvise la dorure. En un instant, le plomb, le fer, le cuivre se couvrent d'or ; le précieux métal n'est plus qu'une teinture; on l'applique avec le pinceau comme un badigeon vulgaire. Ce serait certes un progrès, si depuis des siècles les Indiens ne procédaient de même [1].

Ils versent dans une canne de bambou longue d'un pied, et ayant deux ou trois

[1] *Bulletin de la Société d'encouragement*, t. XXI, p. 400; *Archives des découvertes*, t. XV, p. 365; *Revue encyclopédique*, t. XIII, p. 413; *Bulletin de l'alliance des arts*, 1842, p. 149.

pouces de diamètre, une certaine quantité d'étain fondu et parfaitement purifié; après avoir bien fermé l'ouverture par laquelle l'étain a été introduit, ils secouent fortement et vivement le bambou, jusqu'à ce que le métal ait formé, en se refroidissant, une poudre très-fine, dont ils ôtent toutes les molécules moins fines qu'il peut contenir; ils la passent ensuite dans une espèce de petit moulin, en la mêlant avec une colle liquide, qui lui donne la consistance d'une crème un peu épaisse. C'est dans cet état qu'ils l'appliquent comme peinture, à l'aide d'une brosse très-douce; lorsque cette couche est séchée, ils la frottent avec un brunissoir, qui lui donne l'air de l'étain le plus poli ; ils y étendent ensuite un vernis blanc ou jaune, selon qu'ils veulent dorer ou argenter. Cette couche d'étain n'est pas plus coûteuse que la peinture ordinaire ; elle imite aussi bien l'or que l'argent, et est susceptible de maintes applications utiles : ainsi, elle préserve de la rouille les chaînes des ponts suspendus, et, en général, les métaux exposés au grand air.

Voilà donc notre dorure au pinceau connue chez les Indiens de temps immémorial, et appliquée avec une telle solidité qu'elle pourrait presque remplacer notre dorure par la galvanoplastie[1]. Qui sait? celle-ci était peut-être connue depuis longtemps des alchimistes.

Quant à moi, je le croirai presque tant qu'on ne m'aura pas dit quelle était au juste

[1] La dorure *galvanoplastique*, lors même qu'elle ne serait pas aussi anciennement connue que je vais le dire, n'est pas toutefois une invention aussi nouvelle qu'on le pense. Volta et son élève Brugnatelli avaient fait en 1802 des expériences qui étaient un acheminement décisif vers cette grande découverte. Cette année-là, Brugnatelli écrivait à Van Mons, qui publiait la lettre dans son *Journal de Chimie et de Physique* (t. V, p. 80) : « J'ai dernièrement doré d'une manière parfaite deux médailles d'argent en les faisant communiquer à l'aide d'un fil d'acier avec le pôle négatif d'une pile de Volta, et en les tenant l'une après l'autre plongées dans des ammoniums d'or nouvellement faits et bien saturés. » Certes, il faut convenir avec M. Cap que ce passage, précédant de bien des années « la fondation du nouvel art de dorer par la voie humide » est on ne peut plus remarquable. (Cap, *Études biogr. pour servir à l'hist. des sc.*, 1857, in-12, p. 274.)—M. de Ruoltz, à qui l'on doit l'un des principaux perfectionnements de ce procédé qui gardera son nom, commença, comme on sait, par être un compositeur de talent, mais l'étude de la métallurgie était depuis longtemps cultivée dans sa famille; il était donc naturel qu'il y revînt et y fît merveille. En 1750, un M. de Ruoltz était *conseiller à la cour des monnaies de Lyon.*

la teinture d'or dont se servaient quelques-uns d'entre eux ; l'Anglais Alexandre Sidonius le *cosmopolite*, par exemple, et le Polonais Michel Sendivog [1], qui firent tant de dupes en Europe aux premières années du XVIIe siècle. On trempait dans cette prétendue teinture le fer, l'argent ou le cuivre, et tout était dit : on avait de l'or, au moins à la surface. Longtemps cet art de faussaire, devenu une industrie si honorable depuis qu'il est avoué, imposa à bon nombre de gens crédules, et leur fit croire à la pierre philosophale [2]. L'encre imitant l'or, avec laquelle Ratdot imprimait

[1] V. dans l'*Histoire de la folie humaine*, par Adelung, la notice sur Sendivog.

[2] En janvier 1750, on parlait beaucoup à Paris d'un procédé de dorure fort singulier : « Un particulier, lit-on dans les *Mémoires* de d'Argenson (t. III, p. 308), a trouvé le secret de dorer l'argent de façon qu'en le cassant, il paraît aussi doré en dedans qu'en dehors ; il a le secret d'amollir ces deux métaux de façon qu'il les pétrit ensemble comme de la pâte. Voilà de quoi épargner l'or. Tout ce qui diminue le luxe doit réjouir les bons citoyens. » A la même époque fut publiée une traduction en français du livre allemand, *Art de la verrerie*, écrit en 1679 par Nerri-Menet et Künckel (1752, in-4o), où se trouvait décrite, p. 445, la préparation d'une eau pour dorer le fer, et p. 446, la manière de dorer l'argent à froid.

dès 1482 plusieurs exemplaires de son *Euclide*, fit croire de même que ce livre avait été imprimé avec des caractères d'or[1].

Le *chrysocale*, ce faux or dont on a tant abusé à notre époque de fausse richesse, n'est lui-même, je le crois du moins, qu'une vieille invention. C'est ce que les anciens appelaient *auricalchum*, mot qui, par une contraction ordinaire dans notre langue du moyen âge, se métamorphosa en *archal*. A ce propos, nous devons rectifier une erreur : on répète partout qu'Archal est le nom d'un inventeur anglais qui, le premier, aurait su étirer les fils de fer et de cuivre. On voit, par ce que nous venons de dire, toute la sottise de cette étymologie. *Archal* est un nom de métal ou plutôt

[1] *Curios. bibliogr.*, p. 116. — Un ouvrier intelligent, qui avait lu dans *le Siècle* les articles qui, en se développant, sont devenus ce livre, m'a écrit pour me demander comment se faisait autrefois l'application de l'or sur le parchemin des missels. « On l'applique encore, me dit-il, mais il ne tient pas comme celui des ouvriers nos devanciers. » Le procédé était fort simple, on peut en lire la recette dans l'*Essai sur divers arts* du moine Théophile, publié par M. de l'Escalopier, 1843, in-4, p. 52 au chap. XXVI, *comment on pose l'or et l'argent dans les livres*. V. aussi nos *Variétés hist. et littér.* t. V, p. 71, et les *Secrets* d'Alexis Piémontois, 1571, in-8, 2e part., p. 51 verso.

d'alliage métallique, et en aucune sorte le nom d'un inventeur. On n'en doutera plus quand on aura lu dans le *Roman de la Violette*[1], à propos de je ne sais quel objet précieux :

> Ainz estoit d'*archal* ou d'yvoire ;

et dans la *Chronique rimée* de Philippe Mouskes[2] :

> Uns rice moult orloge d'*arkal*.

Voilà qui est précis et qui prouve en même temps qu'un métal employé avec l'ivoire et servant pour les riches horloges, était au moins aussi précieux que notre chrysocale.

Les horloges, en effet, n'étaient pas alors chose assez commune pour qu'on n'employât à leur fabrication que des métaux vulgaires. On sait avec quel art et quel soin on les travaillait, et nous ne devons pas omettre, à leur sujet, un détail de la description que Froissart a laissée dans sa pièce allégorique *l'Horloge amoureuse* : « Le cadran étoit mobile

[1] Vers 1590.

[2] Vers 2561.—Il est parlé dans le *Livre des mestiers* d'Estienne Boyleau des *batteurs d'archal* (p. 55), de boucliers de *laton* (laiton) et d'*archal* (p. 99), de tréfiliers d'*archal* (p. 62).

et marquoit l'heure par sa direction à un point fixe qui tenoit lieu d'indice ou d'aiguille [1]. » C'est encore là, je crois, une invention soi-disant de nos jours.

[1] Citée par l'abbé Goujet, dans la *Bibliothèque françoise*, t. IX, p. 141. V. aussi *Collect. archéol. du prince Soltykoff* (horlogerie), notice par P. Dubois, 1858, in-4, p. 20.

LXXVII

Nous ne quitterons pas l'histoire de l'horlogerie sans trouver d'autres sujets d'étonnement; ainsi, quoiqu'on ait bien ri de ces grosses montres pendant aux côtés de nos pères, il n'en est pas moins vrai qu'on savait déjà faire des montres si petites qu'on pouvait les enchâsser dans une bague [1], et qu'on était aussi parvenu à loger dans le boîtier de

[1] L. de Laborde, *Glossaire*, p. 414, et *le Palais Mazarin* (notes), p. 198, note 113. L'abbé Arnaud dit dans ses *Mémoires* que sa mère avait vu en 1589, au doigt de la princesse Anne de Danemarck, qui épousa Jacques Ier, « dans un cristal de grosseur ordinaire, au lieu de pierre, une montre avec toutes ses roues, sonnant les heures, non pas à la vérité sur un timbre, mais sur le doigt que le marteau frappoit doucement par de legères piqûres. » Mirmécide, suivant Panciroli, aurait fait, sous François Ier, des montres n'ayant que la grosseur d'une amande. (Labarte, *Introduct. au catal. Debruges-Duménil*, p. 371.) En 1542, une montre à sonnerie, contenue dans une bague, fut offerte au duc d'Urbin, Guid'Ublado de la Rovère.

quelques autres du plus grand prix, non-seulement une excellente sonnerie, mais toute une musique. Une lettre de Henri Justel à Robert Southwell, datée du 11 décembre 1684, nous parle d'une montre destinée à Louis XIV « et qui joue à chaque heure un air d'opéra des concerts de mademoiselle de Guise[1]. »

(P. Dubois, *Collect. archéol. du prince Soltykoff* (horlogerie), p. 72.) Mirmécide excellait pour les petites montres en forme de croix. (*Id.*, p. 89.)

[1] *Catalogue d'autographes*, 4 novemb. 1844, p. 18.— Les horloges à réveil furent connues sous François Ier. (P. Dubois, *ib.* p. 108.) Le matin de l'assassinat du duc de Guise à Blois, c'est grâce au *réveil* de du Hâlde, que le roi et tout son monde purent être sur pied à quatre heures du matin. A cette même époque on faisait déjà des réveils *pyrophores* dans le genre de celui pour lequel Robert-Houdin se fit donner, il y a vingt ans, un brevet d'invention. Ainsi, selon Duverdier, Carovagius avait fabriqué pour Alciat, son ami, une horloge-réveil « disposée de manière que le marteau frappant contre la cloche faisoit sortir d'une pierre qu'il touchoit une étincelle de feu, laquelle venant à tomber sur du soufre ou d'autres matières inflammables mettoit le feu à une mèche qui ensuite allumoit une lampe. » (*Dict. des artistes*, 1776. in-8, t. I, p. 314, et P. Dubois, p. 72.)— Faust Veranzio donne aussi dans son livre, cité plus haut, t. I, p. 12, la description d'un réveil-pyrophore, mais beaucoup plus simple. On peut en voir la figure dans le *Magasin pittoresque*, 1850, p. 112. — Du temps de

Nous parlions tout à l'heure des divers procédés de dorure; nous ne devons pas oublier davantage ceux qu'on emploie pour argenter. Nous remonterons bien haut pour trouver l'origine des plus anciens, restés aussi peut-être les meilleurs. Les Gaulois, nos aïeux, qui, tout barbares qu'ils étaient, dotèrent l'art antique d'excellentes innovations, en particulier de celle de l'émail [1], avaient aussi trouvé non-seulement la manière d'étamer, mais celle d'argenter. Pline [2] nous l'atteste, ainsi que Florus [3]. Tous deux racontent, avec une certaine admiration, qui ne leur est pas ordinaire quand il s'agit des barbares, com-

Charles IX, le boîtier des montres était le plus souvent en cristal de roche. (P. Dubois, p. 110, 118, 123.) Le prince Soltykoff en possède un de Cl. Jolly, horloger de ce temps, qui a la forme d'une petite tulipe. (*Id.*, p. 112); et un autre de Rugend, horloger d'Auch, dont la forme est pareille : fermée, c'est le bouton; ouverte, c'est la fleur épanouie. (*Id.*, p. 106.) —Voici maintenant quelque chose de plus sérieux, c'est une montre marine qu'un *horlogeur* de Dantzick offrit au régent en 1716. « Elle n'étoit pas sujette au roulis des navires, et servoit à découvrir les longitudes. »

[1] Pline, lib. XXXIV, cap. XVII.—Philostrate, *Icon.*, lib. I, cap. XXVIII.

[2] Pline, lib. XXXIV, cap. XVII.

[3] Lib. III, cap. II.

ment les Gaulois d'Alesia savaient donner aux freins de leurs chevaux l'apparence du plus bel argent. On a cru qu'il s'agissait du plaqué. Nous ne le pensons pas. Ce devait être tout simplement une façon d'étamage perfectionné, que les Berrichons, les Auvergnats, les Francs-Comtois, héritiers de ces Gaulois d'Alesia, ont désapprise pour ne garder mémoire que de la plus vulgaire.

Quant au plaqué, il est à peu près certain que son invention ne doit pas remonter au-delà, non point de 1785, comme le disent tous les *dictionnaires*, mais de 1759, année où Vincent Huguet présenta à l'Académie des sciences[1] son mémoire sur la vaisselle plate de cuivre, doublée d'argent.

La révolution, en détruisant tout ce qui sentait le luxe, même le plus économique, nous fit perdre cette industrie ; elle passa le détroit, où, il faut en convenir, elle ne laissa pas que de se perfectionner : elle nous revint en 1810 avec l'estampille anglaise, si néces-

[1] *Hist. de l'Acad. des sciences* (année 1759), p. 133. — En 1774, « une manufacture royale de vaisselle de cuivre doublé d'argent fin, par adhésion parfaite et sans soudure » était établie rue Beaubourg, à l'hôtel de la Fère. (*Recueil de découvertes et invent. nouvelles.* 1774, in-12, p. 97-100.)

saire, comme passe-port en France, à toute invention française[1].

[1] C'est au profit des choses utiles que la Révolution anéantit le luxe. Le besoin fut alors pour l'industrie et la science, le grand inspirateur, le *largitor ingenii*, comme dirait Perse. Il fallait de la poudre ; on en fit : le salpêtre, que jusqu'alors on avait à grande peine exporté de l'Inde, fut trouvé partout ; il sortit du sol comme par miracle. La potasse ne fut plus une production exotique, on apprit à l'extraire des cendres des végétaux. La guerre avec l'Angleterre nous privait des alcalis d'Amérique, et verreries, papeteries allaient périr : en quinze jours, la fabrication de la soude fut créée, complète du premier coup ; cinquante millions de kilogrammes de *soude indigène* remplacèrent à moitié prix les alcalis américains. Le soufre, pour lequel on était tributaire de la Sicile, fut tiré des pyrites ; le sel ammoniac ne fut plus demandé à l'ancienne Ammonie, province d'Égypte ; on le tira des os. En même temps fut découvert le *charbon animal*, déjà signalé par un navigateur russe. Il fut l'une des causes du succès du sucre de betterave, dont la première exploitation date de cette époque. Les industriels de la Révolution eurent la gloire, sinon d'inventer toujours, du moins de mettre en œuvre et d'étendre les inventions déjà faites. La nécessité les empêchant de s'amuser aux théories, ils passaient immédiatement à l'application, et cet élan, une fois qu'ils l'eurent donné, ne s'est plus arrêté. *V.*, à ce sujet, un excellent article de M. A. Payen, *France littéraire*, juin 1832, p. 491 500, et Cantu, *Hist. de cent ans*, traduct. A. Renée, t. I, p. 392-394.

LXXVIII

Du temps que notre luxe bourgeois se créait un or de pacotille en faisant la vogue du *chrysocale*, on voulut avoir aussi son pareil : le faux argent, le *maillechiort* fut inventé. Maintenant qu'il est passé de mode, nous pouvons dire sans lui faire tort qu'il n'était qu'une imitation incomplète du cuivre blanc des Chinois, dont la composition a toujours échappé à la sagacité de nos chimistes[1].

[1] Le *tombac* blanc dont on fit tant usage au siècle dernier n'était pas autre chose. On y avait toutefois mis plus de franchise : en dérobant à l'Orient cet alliage économique, on lui avait laissé son nom oriental. On eut beau faire, le *tombac* européen ne valut jamais celui des Chinois. Abel Rémusat le prouve dans son *Hist. naturelle* du Japon, restée manuscrite; et ce qu'on lit dans l'excellent livre de M. Natalis Rondot, *Étude pratique du commerce d'exportation de la Chine,* p. 142, démontre aussi que nous sommes loin, non-seulement de pouvoir égaler les Chinois dans la fabrication du *cuivre blanc,* mais même de connaître d'une façon positive la compo-

Pour nous dédommager de tous ces métaux de contrebande, le platine est venu ; or, celui-là, dit-on, est bien vraiment une conquête moderne. Quelques savants l'ont contesté pourtant. Les uns, tels que Cortinovis, ont prétendu que c'était l'*électrum* des anciens — c'est l'ambre qu'ils prenaient pour du platine [1] ! — les autres ont dit que c'était le *cassiterum* de Strabon [2], mais ainsi ils donnaient tout bonnement au précieux métal le nom antique d'un autre assez vulgaire, l'étain. La vérité est qu'avant 1748 le platine ne semble pas avoir été connu en Europe [3] ; et qu'à la

sition de cet alliage.—N'oublions pas de dire qu'en 1737 un homme dont je n'ai pu trouver le nom avait le moyen de filer le tombac pour en faire des étoffes ; Voltaire que tout intéressait s'en préoccupa. Il voulut faire venir l'inventeur à Cirey, et le faire travailler moyennant cent écus de pension, le logement et la table. (*Lettre* à l'abbé Moussinot, mai 1737.)

[1] Palcani fit à ce sujet en 1802, un mémoire qu'il présenta à l'Institut de Bologne, et dont la *Gazette littéraire* (30 décembre 1830, p. 74), a donné un curieux résumé. Il conclut que le platine est un métal essentiellement américain « et que les anciens n'ont pas dû en avoir la moindre connaissance. »

[2] C'était notamment l'opinion de Gaëtan-Monti ; Palcani la mit à néant comme l'autre.

[3] Nous devons dire cependant que le métal blanc

Jamaïque même, d'où le métallurgiste anglais Charles Wood l'apporta en Angleterre [1], on ne l'appréciait pas encore ce qu'il valait. Son importance, comme métal pur, aussi inaltérable que l'or, aussi dur que l'acier, ne tarda pas à être reconnue; les usages qu'on en pouvait tirer furent plus longs à trouver. On n'en fit d'abord que des bijoux ; enfin, en 1788, il fut appliqué à la mécanique.

Dans une montre qu'on offrit à Louis XVI, les axes et les palettes de la roue de rencontre étaient en platine [2]. Depuis, on a bien su voir qu'on pouvait en faire autre chose. Janety donna l'élan en 1802, par les ustensiles en platine qu'il mit dans le commerce [3], et qui furent bientôt suivis par d'autres plus en

aussi pesant que l'or, dont parle Pline, lib. XXXIV, cap. xvi, pourrait bien être le platine, et que l'*auricalchum album* nommé par Virgile paraît aussi ne pas être autre chose. Notez que Platon en parle comme d'un produit de l'Atlantide. Or, qu'était-ce que l'Atlantide? l'Amérique, comme on sait. V. *Chemycal Essays* du Dr R. Watson, 1786, in-4, t. IV, 2e essai.)

[1] *Philosophical Transactions*, 1749-1750.

[2] *Mémorial de chronologie*, p. 552-553.

[3] *Bulletin de la Société d'encouragement*, t. IX, p. 54 et t. XI, p. 207; *Archives des découvertes*, t. III, p. 217, et t. V, p. 301; *Annales des arts et manufactures*, t. XLVIII, p. 71.

rapport avec l'utilité réelle du platine, si excellent dans les opérations chimiques, grâce à sa propriété de résister au plus grand feu.

Le nom de ce métal avait tout d'abord été trouvé. Dans le voyage d'Antonio d'Ulloa, publié en 1748, où il est nommé pour la première fois, il s'appelle déjà *platina* (platine). Nous ne réveillerons pas à propos de ce substantif resté masculin, en dépit de sa terminaison féminine, la discussion de puriste soulevée par Domergue [1]. Nous constaterons seulement qu'il est le diminutif de l'espagnol *plata*, qui signifie argent, et nous en prendrons occasion d'une petite digression étymologique à propos de ce dernier mot.

On a reproché au *Dictionnaire de l'Académie* d'avoir défini ainsi la VAISSELLE PLATE : *celle où il n'y a pas de soudure*; et de n'avoir pas ajouté que le mot *plate* venait de l'espagnol *plata*, argent [2]. C'est, je crois, une double erreur. Ici, en effet, comme il s'agit exclusivement de vaisselle massive, il était bon de dire : *sans soudure*; et, d'un autre côté, je crois que pour cette expression, en dépit de

[1] *Manuel des étrangers*, p. 95.

[2] *Curiosités littéraires*, Paris, Paulin, 1845, in-18, p. 311.

l'apparence, le français ne doit rien à l'espagnol. Voici comment : dans les langues du Nord, le mot *plata* signifiait *lingot*, *métal massif*[1]. Il passa, un peu altéré à la désinence, dans notre vieux français. Pour de l'argent massif, on disait de *l'argent en plate*[2], comme en ce vers du roman de *Berthe au grand pié*[3] :

Argent et or en-*plate* sur les sommiers troussons.

D'après cela, n'est-il pas facile de voir comment la vaisselle massive, « sans soudure, » selon l'expression fort juste de l'Académie, dut s'appeler *vaisselle en plate*, puis *vaisselle plate*, d'autant mieux que pour l'esprit français, toujours porté à l'équivoque, ce dernier mot rappelait celui de *plat*, *plateau*, et s'accordait bien avec vaisselle.

[1] Edel. Dumeril, *Essai philosoph. sur la formation de la langue française*, p. 233, note 8.

[2] *Notice des Mss.*, t. V, p. 618. — On disait « *mettre en plates* » pour mettre en lingot (L. de Laborde, *Glossaire*, au mot *orbateur*).

[3] Strophe LXXVII, v. 9.

LXXIX

On me pardonnera, j'espère, cette petite excursion philologique. Pourquoi, en effet, dans un travail tout de revendication, n'aurions-nous pas, en passant, réclamé quelque chose au nom de notre langue française, cette gueuse fière?

Nous disons cela d'autant mieux que, suivant toujours notre thèse, nous pourrions consacrer ici un petit chapitre à l'histoire des mots soi-disant neufs, et qui ne le sont pas; à ces prétendus *néologismes* qui ne sont que de vieux termes rajeunis.

Camaraderie, par exemple, est une expression dont on a fait trop souvent honneur à Hyacinthe de Latouche. Toutes ses œuvres, y compris *Fragoletta,* ne lui ont pas valu autant de renommée que ce simple mot, qu'il arbora comme titre néologique en tête d'un article de l'ancienne *Revue de Paris*[1]. Il n'était pourtant pas de lui, ce mot. C'est au vocabulaire de Mme de Sévigné et de Chamfort qu'il l'empruntait.

Dans sa lettre du 26 juillet 1671, Mme de Sévigné avait employé, avec son acceptation la plus frivole, la plus enfantine, la plus innocente, cette expression qui devait être la devise d'une nouvelle école, le *mot d'ordre* de la littérature en commandite ou par association, et qui pis est, le titre même d'une grosse comédie due à l'homme qui comprit le mieux peut-être l'avantage de l'inspiration par acte de société[2].

Plus près de notre temps et comprenant mieux le sens moderne que la locution pourrait prendre, Chamfort avait dit, un demi-siècle avant H. de Latouche : « La plupart des liaisons de société, la *camaraderie*, etc., tout cela est à l'amitié ce que le sigisbéisme est à l'amour. »

[1] Octobre 1827.

[2] Si M. Scribe ne créa que de quatrième main le mot *camaraderie* dont il avait pourtant toutes sortes de droits à être le père, il n'eut pas non plus l'*honneur* d'inventer l'adjectif *mercantile* que n'a pas renié sa littérature. Le mot courait déjà en 1769, comme on le voit dans une bluette de cette année-là : *Zinzolin, jeu frivole et moral*, in-12, p. 25, note.

Ne trouvez-vous pas, le mot même mis à part, que la réflexion est juste? Mais ne nous y arrêtons pas; beaucoup d'autres néologismes nous réclament. Il en est qui sont nés à une époque où ils n'avaient que faire de naître; aussi n'ont-ils vécu qu'après leur résurrection. Le mot *démagogue* est dans ce cas. Qui croirait que Bossuet en est le créateur? La chose est réelle pourtant. Mais qu'avait à faire un mot pareil dans la langue du grand orateur sacré, et pendant le règne du grand roi? C'est ce que M. Villemain s'était demandé avant nous : « Terme peu nécessaire sous Louis XIV, avait-il dit; il était hasardé par Bossuet et resta longtemps sans usage [1]. »

Patriote et Popularité, deux mots que les temps de royauté absolue devaient aussi laisser à peu près sans emploi, eurent un sort pareil. Le premier était trouvé dès le temps de Henri IV; un ambassadeur de France à Venise, Ph. Canaye, l'employait dans une lettre de l'année 1606 : « C'est aux princes et aux *patriotes*, disait-il, à ouvrir les

[1] *Préface* de la dernière édition du Dictionnaire de l'Académie.

yeux. » Malgré cet usage tout diplomatique, le mot ne fit pas fortune et fut oublié. La révolution de 1789 le retrouvant, crut l'inventer.

Popularité est un mot du temps de la Régence; le P. de La Rue l'avait prononcé le premier dans je ne sais quelle *oraison funèbre*; mais qu'avait à faire à cette époque une pareille expression? Celui qui l'employait avait tort; l'abbé Desfontaines, qui la condamnait comme *hasardée* — il aurait dû dire prématurée — dans son *Dictionnaire néologique*[1], avait seul raison.

Le mot *perfectibilité*, que notre époque toute perfectible aurait dû au moins créer, afin que l'expression fût contemporaine de la chose exprimée, n'est pas plus neuf que les autres. C'est un néologisme de 1760. Lefebvre de Beuvray disait alors déjà dans son *Dictionnaire social et patriotique*[2] : « Croire les hommes naturellement bons, rien n'est plus consolant; mais le seroit-il moins de penser que leur *perfectibilité*, c'est-à dire leur tendance naturelle à devenir tout ce qu'ils peuvent ou doi-

[1] 1731, in-8, p. 132.
[2] Page 65.

vent être, les rend susceptibles d'amélioration dans l'*État social*[1] ? »

[1] Rabelais fourmille de mots que l'on croit modernes. Le fameux adjectif romantique *supercoquelicantieux* est de lui (édit. 1732, t. III, p. 247), *tohu-bohu* de même (t. IV, p. 94). *Humoriste* est un mot d'Henri Estienne retrouvé par Voiture (voyez *Extraits de ses lettres*, p. 329) ; *Excentrique* se trouve dans un pamphlet de la Fronde (*Bibliogr. des Mazarinades*, t. III, p. 202) ; *Exhibition*, qui semble être un anglicanisme de fraîche date, se trouve dans le *Francion* de Sorel (1663, in-8, p. 426) ; *Topographie* est dans une lettre de Gui-Patin à Spon (t. I, p. 338) ; *Anormal*, adjectif qui semble flambant neuf, date du XVIe siècle ; Jean Boucher dit dans son *Panégyric du chevalier sans reproche* :

> Tu sais combien en France fait de mal
> Charles, le roy de Navarre *anormal*.

Si nous passons au langage trivial, nous trouvons *entendre le chic* dans une satire du temps de Louis XIII (*Satyres* du sieur Du Lorens, p. 97) ; *indécrottable* dans la *Comédie des proverbes* (édit. A. Vlacq, p. 17) ; le nom de *Chicart*, le héros carnavalesque dans une phrase de G. Bouchet où on lit : *brave comme Chicart* (24e sérée) ; enfin le nom de *Mayeux*, signifiant un petit homme contrefait, dans une vieille chanson bretonne dont Coulanges emprunta l'air. (*Recueil des chansons choisies*, 1694, in-8, p. 169.)

LXXX

Croirait-on que le *choléra* lui-même n'est pas nouveau? C'est une vieille maladie, c'est un vieux mot que notre siècle se serait certainement bien passé de rajeunir. Sous Louis XIV, toute contagion qui venait s'abattre sur Paris s'appelait déjà *choléra-morbus*; mais on désignait surtout ainsi une maladie présentant les mêmes symptômes que celle qui a si cruellement sévi en 1832 et en 1849. Le corps devenait noir et se crispait tout à coup sous des spasmes violents; ce ne sont pas les médecins du temps qui nous l'apprennent, ils avaient bien autre chose à faire qu'à étudier les maladies : c'est une comédie du Théâtre-Italien, *Arlequin Phaéton*, qui nous édifie tout en riant sur le caractère du cruel fléau [1]. Les *Dialogues de la santé* [2] en disent aussi quelque chose.

Quant à Gui-Patin, qui savait aussi les ravages du mal, il n'en parle qu'avec l'insouciance d'un médecin habitué à voir tomber ses clients, tantôt de cette maladie, tantôt d'une autre. Pour lui, le *choléra-morbus* n'est qu'un mal plus expéditif, un *trousse-galant*, comme il l'appelle, et qui n'épargne pas même les médecins, voilà tout : « Nous avons ici, dit-il [3], un médecin fort malade, âgé de 72 ans : c'est M. Jacques Thévart, dit Le Camus. Il est un des médecins qui servent, à l'Hôtel-Dieu, à un *choléra-morbus*, autrement *trousse-galant*, dont il faillit hier mourir, et, quoi qu'il en arrive, il est fort aisé de voir qu'il n'ira pas loin. »

Ce maudit *choléra* s'attaquait à tout le monde, voire aux plus grandes dames : « Dans le même temps, lit-on dans les *Mémoires du marquis de Sourches* [4], madame la duchesse d'Arpajon fut assez malade d'un *choléra-morbus*. » Déjà alors on le considérait comme

[1] Act. II, sc. VIII.
[2] Paris, 1683, in-8, *Dialog.* I.
[3] *Lettre à Spon*, du 10 septembre 1670.
[4] Tome II, p. 39.

mortel; mais, toutefois, on pouvait en réchapper. Nous venons de voir que madame d'Arpajon n'en fut qu'assez malade; un directeur des Carmélites, nommé Coquerel, fut plus gravement atteint et pourtant se sauva de même. Nous l'apprenons par la *Muze historique* de Loret[1], qui interrompt la description qu'il fait des fêtes d'octobre 1656, pour nous instruire de cette guérison[2]:

> Et quoique ce mal fut mortel,
> Son bonheur cependant fut tel.

qu'il en réchappa. Soit, mais ce bulletin rimé est trop triomphant pour que les cures pareilles à celle qu'il annonce ne fussent pas rares.

La *grippe* est une maladie tout aussi ancienne. Nous pourrions faire ici son histoire

[1] Ancienne édit., t. II, p. 159.

[2] On a beaucoup cherché l'étymologie de *choléra*, et on a fini par la trouver.... dans la Bible. C'est un mot formé de la réunion de *choli* et de *râ* qui signifie l'un *souffrance*, *maladie*, l'autre *mauvais*, *malfaisant*, *destructif*. Ainsi vous lisez dans l'*Ecclésiaste* (ch. VI, vers 2): « Ceci est vanité, et une maladie très-affligeante (*choli-râ*). » Et dans le chapitre précédent verset 12: « Il y a une très-fâcheuse maladie (*raâ chola*). »

depuis le XVIIe siècle jusqu'à notre temps. Par malheur, elle serait trop longue ; nous nous en tiendrons à vous citer l'année 1776, qui la vit sévir avec le plus de violence, du mois de mai au mois de juin, et pour documents justificatifs nous vous indiquerons, non pas encore les œuvres médicales du temps, mais des vers publiés dans *l'Esprit des journaux*[1], et une comédie jouée sous le titre même de *la Grippe*, au mois de juin de la même année[2].

[1] Mai 1776, p. 43.

[2] *Esprit des Journaux*, juin 1776, p. 168. — Sur d'autres *grippes* et sur celle de 1733, par exemple, voyez le *Journal* de Barbier, 1re édit., t. II, p. 2, 3, 5 ; et pour celle de 1743, *idem*, p. 358. V. aussi l'article de *l'Artiste* (15 mars 1851, p. 57), où nous avons fait l'archéologie de cette épidémie.

LXXXI

Cela dit, passons aux antipodes mêmes de ces maladies ; parlons de l'art des gens bien portants, des sciences culinaires et gastronomiques, qui, elles aussi, ne sont pas sans avoir leurs petites contrefaçons. Nous n'irons même pas loin pour en trouver de flagrantes. C'est en l'honneur de la cuisine grecque, tant moquée, trop moquée, que nous constaterons la première ; et, cette fois encore, c'est l'Angleterre qui se donnera les bénéfices du plagiat. Son fameux *plum-pudding*, son mets national, est un plat grec. Comme nous nous attendons ici à toutes sortes de récriminations sceptiques, nous commencerons par les preuves de ce que nous avançons, par la description, d'après Pollux, en son *Onomasticon* [1], du fameux *thrion*, qui n'était, ou peu s'en faut, qu'un *plum-pudding* athénien.

[1] Liv. VI, chap. LVII.

« On prenait de la graisse de porc fondue, avec du lait, de manière à en former un mélange épais; on y ajoutait du fromage frais, des jaunes d'œuf et des cervelles, et, après avoir enveloppé le tout dans une feuille de figuier odorante, on le faisait cuire dans du jus de volaille ou de chevreau. Ensuite, on le retirait du feu, et après avoir enlevé la feuille, on le jetait dans un vase contenant du miel bouillant. Tous les ingrédiens étaient mis en proportions égales, si ce n'est les jaunes d'œuf, qui devaient y être en plus grande quantité. On laissait coaguler le mélange, et on le servait ainsi. »

N'est-ce pas, encore une fois, tout à fait le mets anglais, sauf le nom? Ajoutons au mélange, les raisins de Corinthe, et cela d'autant mieux que nous sommes dans le pays. Otons le mot grec *thrion*, qui avait son origine dans le nom de la feuille du figuier, servant d'enveloppe au fameux gâteau; et mettons à sa place le mot *plum-pudding* : nous aurons ainsi tout entière et toute nommée la friandise britannique [1].

[1] Il n'y a pas jusqu'au fameux bifteack d'ours de M. A. Dumas, qui n'ait été connu des anciens. A Rome, à la sortie du cirque, on se faisait un régal

Dans les académies culinaires de Sybaris, il n'en eût pas fallu davantage pour soulever un grave débat et donner matière à un procès en contrefaçon. Là, en effet, chaque invention gastronomique était la propriété de son inventeur. Si son plat était bon, on l'acclamait en public, on lui décernait une récompense nationale, et une loi défendait expressément aux autres cuisiniers de préparer ce même plat, afin que l'inventeur en eût le monopole pendant au moins une année. C'est peut-être là l'origine des brevets d'invention [1].

Nous ne nous en tiendrons pas là pour la gastronomie anglaise; nous lui avons contesté la propriété de son *plum-pudding* renouvelé des Grecs; en revanche, nous ne lui ferons pas de procès pour son fameux *bishop*, boisson aujourd'hui francisée et vulgarisée dans nos estaminets. Par la singularité de son origine, elle mérite bien deux mots d'histoire. Au moyen âge il n'y avait pas de bon breuvage sans mélange. Tous les vins étaient re-

des membres des ours qu'on y avait tués. (Tertulien, *Opera*, 1634, in-fol., p. 10.)

1 Sur ces académies culinaires de la Sicile, voyez un travail du chanoine Ign. Avolio dans le *Giorn. di scienz., lettr. et arti per la Sicilia.* (Août 1824, p. 177.)

haussés d'épices ou édulcorés avec le miel[1]. L'*hypocras* était ainsi obtenu. Il comptait parmi les meilleures boissons rafraîchissantes; mais, suivant le vin plus ou moins fin qui lui servait de base, il avait en Angleterre un nom différent. S'il était le produit d'une infusion de jus d'orange et de sucre dans un vin léger, on l'appelait la *liqueur d'évêque*, ou tout simplement *bishop*, vocable anglais qui a le sens de ce dernier mot; s'il était formé d'un mélange de sucre, d'orange et de vin du Rhin, il devenait la *liqueur de cardinal*; mais si l'on y employait le nectar plus précieux de

[1] La fabrication des vins était au moyen âge et surtout au XVIIIe siècle un art très-avancé. Le vin de Champagne, qui n'est qu'un prodige de manipulation, date de cette dernière époque. C'est Dom Pérignon qui l'*inventa*. Sur ce bénédictin et sur le soin industrieux qu'il prit des vignes et des vendanges de la terre d'Hautvilliers qui appartenait à son abbaye V. l'introduction au *Théâtre d'agriculture* d'Ol. de Serres, éd. in-4.—C'est vers le même temps que le vin de Sillery commença sa réputation, grâce à la maréchale d'Estrées, qui prit soin de ce vignoble et qui en fit la réputation. Le Sillery s'appela longtemps, à cause d'elle, *vin de la maréchale*. Dans certaines parties de l'Allemagne, pour se dédommager de n'avoir pas de vignes, on se fabriquait des vins du Rhin, de Frontignan, avec de l'hydromel. Voyez *Bromwich ulter bienenwaerter*, Leipzig, 1787, in-8.

Tokay, c'était alors la *liqueur du pape*[1]. Le *bishop*, qui se contentait d'un léger vin de Bordeaux, fut le plus populaire, au point qu'il a survécu seul à toutes les autres espèces d'hypocras, mêlant aujourd'hui sans vergogne à nos orgies d'estaminet son nom d'origine épiscopale.

D'un évêque à une boisson de café, il n'y a pas plus loin, du reste, que de Bacon à une marmite. Or, si j'en crois un de mes savants et ingénieux amis, Léon Kreutzer, la marmite à vapeur se trouverait décrite dans le *Novum Organum*[2] !

[1] *Revue britann.*, Collection décennale, t. I, p. 447.

[2] *V.* feuilleton de *l'Union*, 28 juin 1852.—La première machine de Papin ne fut d'abord, comme on sait, qu'une marmite ou *digesteur*, pour faire cuire les os à la vapeur. Afin que celle-ci ne fût pas poussée au delà du point nécessaire pour la *coction*, Papin y avait adapté une soupape de sûreté peu différente de celles qu'on emploie aujourd'hui. *V.* son petit livre, *la Manière d'amollir les os*, Paris, 1682, in-16. Vers 1828, la marmite de Papin, perfectionnée par M. Lamare, devint la *marmite autoclave*. (*Arch. des découv.*, t. XIII, p. 398.)—La marmite dite *américaine*, à l'aide de laquelle on fait cuire les pommes de terre, fut importée chez nous en 1786, puis aussitôt perfectionnée par Parmentier. (*Espr. des journ.*, sept. 1787, p. 348-351.

LXXXII

La manière de faire les sirops concentrés, dont une seule goutte épanchée métamorphose soudain un verre d'eau en un verre de liqueur, ne fut pas connue avant ces derniers temps, mais elle fut du moins pressentie [1]. Ce Tiphaigne, dont nous avons cité la bizarre *Giphantie* à propos de je ne sais quel *daguerréotype* imaginaire, s'ingénia d'une idée pareille, et même beaucoup plus étendue. Pour lui, chaque chose savoureuse devait pouvoir se concentrer dans son sel propre, et, bien que répandue en parcelles infiniment petites, communiquer aux substances plus insipides

[1] Certaine quintessence de punch, que nous voyons encore partout glorifiée sur d'immenses affiches, me semble bien être une imitation de l'essence de punch qu'un limonadier de l'île de France distillait il y a près d'un siècle. (Voyez Cossigny, *Moyens d'amélioration des Colonies*, cité dans le *Théâtre d'agriculture*, édit. de Franç. de Neufchâteau, t. II, p. 796.)

son goût et sa saveur. On avait ainsi du sel d'ananas, du sel d'orange et de bécasse, du sel de raie ou de tout autre poisson. Si bien que grâce à ce procédé, et à la *pisciculture*, déjà connue alors, le *genre poisson* partirait d'une graine pour aboutir à n'être qu'un grain de sel [1].

Tiphaigne faisait aussi du sel de vin de Champagne, de vin de Bourgogne, etc. Voulait-on tâter de ces choses délicieuses, on n'avait qu'à puiser aux salières qui contenaient leur sève concrète et solide.

Tiphaigne fait parler ainsi le convive émerveillé admis à l'un des repas dont ses prodiges font les frais [2]. « Ayant repris le fruit, sur une petite tranche je répandis un grain de l'une de ces matières salines, et, l'ayant goûtée, je la pris pour une aile d'ortolan. Je regardai la

[1] On a longuement prouvé ailleurs que la pisciculture fut de tout temps connue en Chine (Huc, *l'Empire chinois*, t. II, p. 433-434 ; *Revue britannique*, avril 1826, p. 377) ; qu'en 1420, elle était déjà pratiquée en France (*Revue des Deux Mondes*, juin 1854, p. 1013) ; et qu'enfin il ne tint pas à Duhamel du Monceau que ce système de semis pour l'élève des poissons ne fût établi au XVIIIe siècle dans des proportions considérables. (*Moniteur*, 5 mai 1853.)

[2] *Giphantie*, 2e partie, p. 6.

salière qui m'avoit fourni le sel : son étiquette m'annonçoit cette saveur. Étonné de ce phénomène, sur une autre tranche je répandis du sel de turbot, et je crus savourer un des meilleurs turbots que la Manche fournisse. Je voulus faire la même épreuve sur ma boisson aqueuse et peu attrayante ; selon le sel que j'y dissolvois, je bus du vin de Beaune, de Nuits, de Chambertin... »

Tiphaigne explique plus loin comment opèrent les sels magiques ; par malheur, il oublie de dire aussi par quel procédé de distillation on pourrait les obtenir. « De tant de fruits qui se perdent, dit-il, de tant de plantes de nul usage, de l'herbe même des champs, en un mot, d'un corps quelconque j'extrais toutes les parties savoureuses qu'il contient ; j'analyse ces parties ; je les réduis à leurs parcelles primitives, et, les réunissant ensuite dans toutes les proportions imaginables, je forme des poudres salines qui présentent tel goût que l'on souhaite [1]. Je puis renfermer

[1] On fait aujourd'hui, pour donner de la saveur aux glaces, des essences de fruits qui, j'en suis sûr, satisferaient Tiphaigne. Au XVIe siècle on n'en était pas encore à ce raffinement, mais toutefois on connaissait déjà les fruits glacés. (Barclay, *L'Argenis*, 1703,

dans la plus petite tabatière de quoi dresser à l'instant un repas complet : entrées, hors-d'œuvre, rôti, entremets, dessert, vins, café, liqueur, et cela de telles qualités que bon semblera[1]. »

in-12, p. 581, lib. V, cap. v). Au XVIIe siècle, les liqueurs glacées étaient en vogue. (La Quintinie, *Instr. pour les jardins*, 1730, in-4, p. 263). On savait aussi produire, avec du sel, de la glace artificielle; voyez à ce sujet le 102e des *Problematâ* de Marc-Antoine Zimara. Enfin, du temps de Brantôme, comme un passage de sa *Vie des Capitaines* en fait foi, l'on connaissait la propriété de ces *alcarazas*, vases de l'Alentejo, qui conservent à l'eau leur fraîcheur en tout temps. (V. aussi Beckmann, *History of Inventions*, t. III, p. 335.)

[1] Avec de pareilles essences il n'eût pas été difficile d'avoir toujours « cuisine en poche, » comme certain docteur vanté par Regnard dans *le Joueur*. Voltaire (édit. Beuchot, t. XI, p. 74), parle aussi de cette *cuisine de poche*, et il en est encore question dans un volume de 1696, *le Livre à la mode*, p. 185. Le tout au reste ne consistait qu'en une boîte d'épices à compartiments. Quant à des cuisines portatives, où en trouver? A Pompéi peut-être. Le fait est qu'en 1846 on découvrit un meuble domestique qui pouvait presque mériter ce nom, et on le lui donna. (*Revue archéolog.*, 15 août 1846.) Les anciens étaient fort ingénieux pour ces sortes d'ustensiles. Il existe au Musée de Portici un modèle de ces *bouilloires* si commodes pour le thé qui,

Ces raffinements gastronomiques ne nous étonnent pas au temps où écrivait Tiphaigne, 1760 environ; Grimod de la Reynière allait venir; l'abbé de Voisenon, Barthe et les autres gourmands de la littérature étaient alors en pleine digestion, et trente ans déjà aupa-

à l'aide d'un tube placé à l'intérieur et rempli de charbon, peuvent chauffer l'eau sur la table. On l'a trouvé à Herculanum et de là bien vite il passa dans les cabinets de toilette et dans les grandes cuisines françaises. (Fougeroux de Bondaroy, *Recherches sur les ruines d'Herculanum*, 1770, in-12, p. 78.) Plus tard un Anglais se fit breveter pour cette invention antique. (*Le Siècle*, 30 novembre 1856.) — Quand un Romain partait pour des *eaux* lointaines, il portait avec lui un gobelet d'argent sur lequel se trouvaient indiqués les relais de poste, depuis le lieu de son départ jusqu'à celui de sa destination ; avec toutes les distances exprimées en *milles*. On a trouvé, à Vicarello (*Aquæ Appolinares* des anciens) trois de ces vases qui avaient appartenu à des buveurs venus d'Espagne, car on y voit inscrits les relais de Cadix jusqu'à Rome ; au départ, les malades, mieux portants, les auront jetés dans la source comme un hommage (*stipes*) à la nymphe des eaux. Ce sont de précieux monuments : les voies d'Espagne ne figurent pas, en effet, sur la *Table de Peutinger*, et toute une section de la route qu'ils indiquent n'est point mentionnée dans la *Table Antonine*. (Ern. Desjardins, *Compte rendu des séances de l'Acad. des inscript.*, en l'année 1857, in-8°, p. 305-306.)

ravant, tant le progrès marchait dans cette branche de l'art sensuel, on avait eu le premier *Almanach des gourmands*. Il s'appelait l'*Almanach de table*, et c'est en 1726 qu'il parut : « Il étoit, lisons-nous dans les *Mélanges historiques* de M. de Boisjourdain [1]; il étoit de la fabrication de l'abbé Chérier, examinateur des feuilles qui ont besoin de la permission de la police. » Il prit bien à l'abbé Chérier d'avoir un pareil emploi pour mettre à couvert son *Almanach*, car il ne tarda guère à être assailli par tous les marchands de fournitures de bouche dont il ne parlait pas, se réservant de citer seulement ceux qui lui payaient bien ses annonces en denrées de choix ou en bel argent. Les clabauderies allèrent jusqu'à M. Hérault, lieutenant de police ; mais, l'abbé étant son homme, il ne dit mot, et l'*Almanach* vivait encore en 1729 [2].

[1] Tome III, p. 60-61.

[2] Sur l'abbé Chérier, qui signait du nom de Passart, son laquais, ses rapports de censeur, et de son propre nom ses publications gastronomiques ou libertines, *V.* un curieux article de M. Guessard dans la *Correspondance littéraire*, 5 février 1858, p. 74, et nos *Variétés histor. et littér.* t. VI, p. 170-172, note.— En 1760, un autre *Almanach des gourmands* était publié (*le Censeur hebdomadaire*, t. V, p. 141) et en

Faute de cette réclame, les marchands de friandises savaient bien s'en créer d'autres; ils avaient déjà, entre autres publicités, la publicité chantante. En 1723, un marchand de chocolat faisait chanter par tout Paris des couplets dans lesquels il vantait, entre autres, son chocolat à la vanille.

Voulez-vous entre les liqueurs
Que le chocolat brille,
Mettez-y parmi ces odeurs
Des gousses de vanille :
Souvenez-vous que l'ambre gris
Entre dans cette masse,
Que c'est ce parfum de grand prix
Qui lui donne la grâce.

Il donne ensuite son adresse :

Mais sans tant vous inquiéter,
Pour l'avoir agréable,
Allez chez Renaud l'acheter,
On l'y trouve admirable.
C'est chez lui du vrai chocolat
Que se tient la fabrique :
Le voulez-vous bien délicat :
Ce marchand est l'unique.

Rien ne manque ici à la réclame, qu'un éloge du bon marché de l'excellente marchandise! On ne l'eût certes pas oublié aujour-

1777 commençait à paraître *le Gazette des comestibles.* (Mémoires secrets, t. X, p. 119.)

d'hui, mais c'était alors une préoccupation très-accessoire. Faire bon était la grande affaire. Maintenant faire beaucoup et à bon compte, voilà le principal. Aussi a-t-on pu dire bien souvent devant nos inventions de camelotte : Le progrès, c'est la pacotille! mot sévère, mais juste en bien des cas. Je suis, quant à moi, de l'avis de Sauvage, l'inventeur de l'*hélice* : « Jamais, lit-on dans une des notes qu'il a laissées, jamais je n'ai dit : A qui fera le meilleur marché! L'ambition de bien faire pousse au progrès, tandis que le bon marché oblige au mauvais [1]. »

[1] Frédéric Sauvage, par M. Urbain Fages, *Revue française*, 1er août 1858, p. 34.

LXXXIII

Le chocolat était déjà, sous Louis XIV, l'objet d'un très-important commerce; depuis trois quarts de siècle il était entré dans la consommation, et c'était à qui, sûr de s'enrichir par là, se ferait privilégier du roi pour en fabriquer ou pour en vendre. David Chaliou avait été l'un des plus heureux : dès 1659, il avait obtenu un privilége très-étendu pour la fabrication et le débit du chocolat « dans toutes les villes et autres lieux du royaume. » Sur l'expédition du privilége, le parlement avait ordonné qu'il serait exécuté *selon sa forme et teneur*. Et le roi avait signé. Qu'on ne s'étonne pas de voir le seing royal en pareille affaire : Louis XIV en signa bien d'autres [1] !

[1] Ainsi, et cela nous fait revenir aux choses dont nous venons de parler, Louis XIV donna brevet à un médecin de Dijon pour qu'il établît à Paris un débit d'hypocras, de limonade et d'orangeade ; et un

M. Depping[1] a donné le détail de quelques-uns des *brevets* industriels qui furent alors accordés, et je vous assure que celui de David Chaliou et de son chocolat n'est pas le moins sérieux. On en trouve un, par exemple, au nom du duc de Bouillon, qui se fait *breveter* pour des sachets contre la vermine[2]. « Quelle étrange chose, dit à ce propos M. Depping, qu'un procédé colporté ordinairement dans

autre en 1701 à Louis de Beaumont pour la vente de la glace et de la neige, par tout le royaume au taux de 18 deniers la livre. Comment conservait-il sa fondante marchandise? Je ne sais. Les anciens en tout cas auraient pu lui donner leçon (V. Pline, lib. XIX, cap. IV; Sénèque, *Quæst. natural.*, lib. IV, cap. XIII): « Atheneus, dit P. de la Noue dans sa traduction du *Livre I*er *des Antiquités perdues* de Pancirole (Lyon, 1617, in-12, p. 157); Atheneus escrit qu'il y avoit jadis des boutiques à Rome, où l'on contregardoit de la neige toute l'année. Ils la mettoient en terre dans de la paille, et se vendoit à qui en vouloit, et par elle le vin se rendoit fort frais. »

[1] *Correspond. administrat.* de Louis XIV, t. III, *Introduction.*

[2] Et quelle vermine encore! La mention de l'expédition de ce brevet se trouvait, dit M. Depping, sur le registre du secrétariat de la maison du roi; mais ce qu'il n'ajoute pas c'est qu'on le voyait partout affiché dans Paris; nous le savons par le *Journal* de Locke (Revue de Paris, t. XIV, p. 78). « Voici,

les foires de village soit breveté par Louis XIV au profit d'un homme de la cour issu d'une des premières familles du royaume. »

Ici encore nous retrouvons Dufresny, non plus pour les jardins anglais, non pas même pour cette fabrication des glaces qui lui valut aussi un privilége, mais pour « une chaise roulante suspendue sur un ressort de fer. » Cette première voiture sur ressort, dont le brevet date de 1686, est peut-être la même à laquelle Regnard, l'ami de Dufresny et son

dit-il, une étrange affiche que je viens de copier sur un des murs de Paris :

« PAR PERMISSION ET PRIVILEGE DU ROI

« Accordé à perpétuité à M. le duc de Bouillon, « grand chambellan de France, par lettres patentes « du 7 septembre 1667, vérifiées en Parlement, par « arrêt du 13 décembre audit an, le public sera « averti :

« Que l'on vend à Paris un petit sachet de la gran- « deur d'une pièce de 15 sols pour garantir toutes « sortes de personnes de la vermine et en retirer « ceux qui en sont incommodés, sans mercure.

« Il est fait défense à toutes personnes de le con- « trefaire, à peine de trois mille francs d'amende. »

Avez-vous lu ? *Sans mercure !* c'est encore une des prétentions de nos empiriques. En cette affaire, M. le grand chambellan était vraiment le successeur du *roi des Ribauds*.

confrère en comédie, fait allusion dans sa pièce du *Joueur*[1], quand il fait vanter par Hector les *voitures à ressorts bien liants*; et la même aussi qu'on appelait *phaéton* en 1715, selon *le Voyageur fidèle dans Paris*, de Liger[2].

Les brevets de Louis XIV, accordés souvent à la faveur, consacrent plus d'une contrefaçon. Ainsi celui qui fut donné à Huyghens, en 1675, pour ses montres et horloges d'une nouvelle invention, donnait malheureuse-

[1] Act. I, sc. I.

[2] Chap. des *Équipages*. — Les voitures françaises avaient alors une grande supériorité, notamment sur celles qui se fabriquaient à Londres. On trouve dans les œuvres de Davenant, publiées en 1673, un dialogue entre un Parisien et un Anglais sur les mœurs des deux villes, et c'est au sujet des voitures lourdes et mal construites de son pays que le Parisien raille surtout l'Anglais. (V. un article de M. Markland sur l'ancien usage des voitures en Angleterre dans l'*Archéologie, or Miscellaneous tracts*, 1823, in-8, t. XX.) — Je ne veux pas oublier de dire, à propos des voitures, que le peintre Boze avait trouvé le moyen de dételer instantanément les chevaux qui prendraient le mors aux dents, et celui d'enrayer facilement toute voiture sur une pente trop rapide; et cela plus de soixante ans avant que la mort du duc d'Orléans n'eût fatalement prouvé l'utilité d'une invention de ce genre. (*Biog. univers.* (supplém.), t. LIX, p. 179.)

ment raison à un plagiat. Il accordait au contrefacteur ce que méritait seulement le véritable inventeur, le modeste abbé Hautefeuille, dont le travail complet sur le même procédé avait été publiquement approuvé un an auparavant par l'Académie des sciences[1]. L'abbé réclama, mais vainement : il avait pour lui la justice, et Huyghens avait le brevet royal.

L'Orléanais Bernard Perrot, en 1666, obtint un brevet pour la confection d'un combustible moins cher que le charbon, « et fait d'une terre qui abonde en France, » sans doute la houille, ce qui ajoute un fait de plus à ce que nous en avons dit déjà. A vingt ans de là, en 1688, un autre brevet lui est accordé comme maître de la verrerie d'Orléans, pour « fabrication de verre, soit colorié, soit en relief, » et « pour le coulage des métaux à table creuse, avec des figures, » industrie que nous n'aurions pas cru si perfectionnée à cette époque[2].

Nous passerons vite sur d'autres brevets, sur celui qui fut octroyé en 1682 à Picot pour

[1] V. Le *Dictionnaire des artistes* au mot *Hautefeuille*.

[2] Monteil possédait le registre du secrétariat où se trouvait la mention de ce privilége. (*Histoire des Français*, etc., gr. in-8, XVIIe siècle, p. 535.)

une machine capable d'élever les eaux sans pompe, ressort ni soufflet, et dont l'invention qu'il consacre semble être devenue un problème; sur celui qu'obtient Lagarouste pour sa machine à mouvoir et élever les plus lourds fardeaux [1]; enfin sur celui même accordé à Teinturier et à Vivien en 1675 pour leur procédé d'impression des gravures coloriées, ce qui les pose avec avantage en précurseurs de Le Blon. Nous avons hâte d'arriver au plus curieux, au plus imprévu de tous ces brevets.

Celle qui le postule, celle qui l'obtient n'est pas autre que la veuve Scarron qui, avant qu'il soit peu, s'appellera la marquise de Maintenon. Elle est déjà grande dame, ne vit plus d'industrie, mais elle n'est ainsi que mieux à même de tirer profit de celle des autres. Deux sujets du roi ont, « par une longue recherche, grande dépense et beaucoup de travail [2], »

[1] C'était sans doute une machine du même genre que celle qui se voyait dans l'excellent cabinet de François de Candalle, quand Henri IV le visita. Grâce à cet engin, selon d'Aubigné, l'on pouvait « faire lever la pesanteur d'un canon entre les mains d'un enfant de six ans. » (*Mémoires* d'Agrippa d'Aubigné, édit. Lalanne, p. 62.)

[2] Ce sont les propres expressions qui se trouvent dans la *Permission* qui suivit de quelques mois le

trouvé « un secret qui s'appliquera aux fours des boulangers et autres...; et des foyers de cheminées aussi d'une nouvelle invention..., dans lesquels, par le moyen d'un secret appliqué, il se consomme beaucoup moins de bois, charbon et autres matières à brûler[1]. »

privilége et dont le texte fait partie des *Ordonnances de Louis XIV*, aux Arch. impér., vol. XXXVII; Dépôt civil du Parlement, fol. 281.

[1] Je croirais volontiers que dès la campagne de 1673, le roi fit par lui-même bon usage de la nouvelle invention, et fut d'autant mieux disposé à en accorder le privilége à la favorite, qu'il avait reconnu quelle en était l'excellence. On lit dans ses *Mémoires militaires*, 1806, in-8, 2e part., p. 121 (année 1673) : « Je portois avec moi mes vivres en pain et en farine, et des fours faits d'une manière, qu'en un jour de séjour, je faisois cuire ce qui m'étoit nécessaire pour plusieurs. Ils étoient montés en six heures, et si l'on s'étoit avisé plus tost de cette invention, j'aurois fait des choses l'année précédente, en Hollande, que le manque de pain (qui ne pouvoit aller si vite que moi) m'empêcha d'entreprendre. » Ces bienheureux fours, encore une fois, sont peut-être ceux dont madame de Maintenon obtint le brevet. — Sous Louis XV on inventa une *charrette moulin* « composée de façon qu'elle agissoit en roulant, ainsi que quand elle étoit fixe et à demeure. » Bonnier de la Mosson en possédait le modèle dans son cabinet. V. le *Catalogue*, p. 110.

Ces braves gens, par malheur, n'ont que le talent de leur métier, mais pas la plus petite influence. Madame Scarron, qu'ils parviennent à connaître je ne sais comment, en aura pour eux, mais plus à son propre profit qu'au leur. Elle qui devra dire plus tard : « Il faudroit des récompenses pour ceux qui s'avisent de quelque chose[1]; » commence par se faire attribuer la plus belle part dans le privilége si bien mérité par le travail des deux artisans[2]. C'est en son nom qu'il fut accordé : « Aujourd'huy, dernier septembre 1674, le roy estant à Versailles, voulant gratifier et traiter favorablement dame Françoise d'Aubigny (*sic*), veuve du feu sieur Scarron, S. M. lui a accordé et fait don du privilége et faculté de faire faire des astres (*âtres*) et des fourneaux, fours et cheminées d'une nouvelle invention, sans pouvoir néanmoins obliger les particuliers à s'en servir et prendre plus grande somme que celle dont il aura esté convenu, ny prétendre aucun droit de visite. — Fait

[1] *Conseils aux demoiselles*, par madame de Maintenon, 1857, in-18, t. I, p. 337.

[2] Elle aurait déjà pu dire ce qu'elle écrivit deux ans plus tard à l'abbé Gobelin : « Je deviens la plus intéressée créature du monde. »

S. M. deffenses à toutes personnes de faire ny contrefaire lesdits astres à peine de 1,500 livres d'amende; m'ayant S. M. commandé d'expédier à ladite dame veuve Scarron toutes lettres à ce nécessaires, et cependant le présent brevet qu'elle a signé de sa main, et fait contresigner par moy...

« COLBERT. »

A moins de dix années de là, au lieu de ce vulgaire privilége, madame de Maintenon recevait son brevet de reine anonyme de France[1].

[1] Pour nous distraire par un contraste de ce que nous venons de dire sur ces accaparements des labeurs du pauvre par les nobles, parlons de quelques actes de bienfaisance, où ceux-ci le plus souvent auront le beau rôle. Pendant la Fronde, madame de Bretonvilliers distribue elle-même des soupes aux pauvres gens. (V. Moreau, *Bibliogr. des Mazarinades*, t. II, p. 233, et le n° de janvier 1653, du *Magasin charitable*, journal philanthropique créé alors.) — Vers le même temps, un homme plein de zèle pour le bien des pauvres établit des boulangeries à bon marché. (*Bibl. des Mazar.*, t. II, p. 411-412.) Saint Vincent de Paul, madame Legras, les sœurs du Pot organisent le bienfaisant système des soupes économiques (*Vie de madame Legras*, liv. IV, ch. IV). La manière dont se faisaient ces immenses potages se trouve décrite dans le *Recueil des relations contenant ce qui s'est fait*

pour l'assistance des pauvres, de 1650 *à* 1654. M. Feillet en a reproduit la charitable recette dans la *Revue de Paris* (15 août 1856, p. 271-272). C'était à qui des pauvres viendrait pour peu de chose, ou même pour rien se nourrir à la grande marmite. (Helvétius, *Traité des maladies*, 1703, chap. *le bouillon des pauvres*.) Vauban donna aussi un peu plus tard la recette des soupes au blé. (*Esprit des journaux*, octobre 1786, p. 352.) Un curé de Sainte-Marguerite la mit à profit pour nourrir ses paroissiens pendant la disette de 1788 (Pujoulx, *Paris à la fin du* XVIIIe *siècle*, p. 375), et enfin M. de Rumford n'eut qu'à la reprendre et à la perfectionner pour les fameuses soupes qui portent son nom. (*V.* ses *Essais polit., économ. et philosoph.*, t. II, p. 190.)

LXXXIV

Nous en avons assez dit sur tout ce qui regarde la gourmandise. Sortons de table, allons au spectacle.

Pour trouver tous les points de ressemblance qui existent entre ce que nous savons des théâtres de l'ancienne Rome et ce que nous voyons des théâtres de notre Paris, il faudrait écrire l'histoire complète de la scène antique et de la scène moderne, et se décider à faire halte à chaque pas pour établir une comparaison, et surtout pour constater une similitude. Partout la même chose se renouvelle avec les mêmes détails ; disons-le aussi bien vite, avec des abus pareils. Les énormes appointements donnés aux comédiens en renom sont un des premiers et des mieux accrédités. Paris ne suit encore ici qu'une scandaleuse tradition de Rome, et il n'y met de réserves que celles dont ses ressources, si bornées auprès de l'opulence romaine, lui font une loi impérieuse. Nous avons à peine un ou deux artistes millionnaires et nous crions au prodige. A Rome, tous les comédiens l'étaient. Œsopus, après avoir été tout ensemble le plus fameux des acteurs tragiques et le plus prodigue des débauchés, laissait à son fils en héritage 20 millions de sesterces[1], et ce n'était qu'un débris de sa fortune! Roscius, de l'aveu même de Cicéron[2], gagnait, année commune, 500,000 sesterces, et encore jouait-il très-souvent pour rien, afin d'être bien venu du peuple.

On ne s'étonnera pas, après cela, si tout ce qui constitue le système des succès préparés d'avance et payés : les affiches énormes, les noms en vedette, et surtout les *claques* bien disciplinées et bien stylées, étaient choses merveilleusement organisées à Rome.

Non-seulement le nom de l'acteur fameux était mis en lettres gigantesques sur l'affiche[3], mais encore on avait soin d'y peindre, en couleurs voyantes, la scène de la pièce où il se

1 C'est-à-dire de notre monnaie 4,091,666 fr. V. Pline, lib. X, et G. Budé, *Epitome de Asse*.

2 *Pro Roscio*, chap. VIII.

3 Donat, *de Tragœd et Comœd*.

montrait avec le plus d'avantages. Un certain Callades excellait dans ces sortes de tableaux, au point que Pline [1] ne dédaigne pas de citer ses *tabellæ comicæ* parmi les plus curieux restes de l'ancienne peinture.

Quand, après le succès des premières représentations, la pièce publiée était livrée à la lecture, on lui donnait souvent pour frontispice la reproduction du tableau-affiche. Dans le curieux manuscrit du neuvième siècle qui contient le théâtre de Térence [2] et que possède la Bibliothèque impériale, chacune des comédies est illustrée de cette image liminaire [3].

[1] Lib. XXXV, cap. x, § 37. — Quelquefois l'auteur lui-même peignait ses affiches et même ses décors. Ainsi faisait Pacuvius, selon Pline, (lib. XXXV, ch. VII). Le poëte tragique alors devait être un artiste universel : architecte, s'occuper de la construction du théâtre; peintre, des décors; et costumier, de tous les détails de l'habillement. Sophocle, sur ses vieux jours, travaillait à perfectionner la chaussure des danseurs ! (*V.* sa *Vie*, édit. Sinner, p. 2, 3, et notre chronique de *la Patrie* du 16 sept. 1858.)

[2] N° 7,879.

[3] Coquelinus a publié un *Recueil* de ces peintures. (Rome, 1767, in-fol.)

LXXXV

Les spectacles de gladiateurs, les combats de bêtes fauves dans les arènes s'annonçaient avec le même luxe pittoresque. Horace [1] nous parle des grossiers tableaux qui leur servaient d'affiche, et M. de Caylus [2], ainsi que M. Ch. Magnin [3], remarquent avec raison que cet usage-là est loin de s'être perdu en Italie : « On suspend, dit ce dernier, dès le matin, à la porte des petits théâtres, les scènes les plus frappantes de la pièce qu'on doit jouer le soir, peintes sur des bandes de papier par un des acteurs de la troupe, qui s'acquitte presque toujours de cette tâche avec esprit et originalité. Les directeurs de nos spectacles en plein vent n'ont pas perdu non plus l'habitude de ces tableaux-annonces, comme on peut s'en convaincre en parcourant nos boulevards et nos foires. »

1 Lib. II, *Sat.* VII, v. 95.

2 *Mém. de l'Acad. des inscript.* t. XXV, p. 182.

3 *Revue des Deux-Mondes*, 1er nov. 1840, p. 430-431.

Le public, qu'ont alléché ces réclames en peinture, est-il entré dans l'amphithéâtre, après avoir remis à la porte sa *tessere*, — nous dirions son billet d'entrée ou sa contremarque, — il retrouve dans l'enceinte la réclame active, la réclame bruyante, la *claque*. Et combien elle est là mieux organisée et plus unanimement agissante que chez nous, qui nous vantons pourtant de l'avoir sinon créée, du moins perfectionnée ! Les claqueurs ont bien raison de s'appeler *Romains* : c'est à Rome qu'ils étaient beaux à voir, suivant la tradition de Licinius, leur illustre créateur [1]; pratiquant le bravo sous toutes les formes; le variant selon toutes ses nuances; le mesurant selon tous les rhythmes divers de l'approbation. D'abord, c'est le *bombus*, imposant prélude. Il est moins un applaudissement net qu'un long bourdonnement sourd. On l'ob-

[1] Pline le jeune, *Lettres* 11 et 14.—Les acteurs au reste ne se faisaient point faute de quêter les bravos : *Applaudissez*, criaient-ils au public (Plaute, *Pœnulus*, prolog. v. 36); et c'étaient les claqueurs stipendiés qui le plus souvent répondaient à l'appel. En revanche, il arrivait que le vrai public sifflait. c'était déjà, au théâtre, pour les acteurs, comme au forum, pour les orateurs, sa façon de témoigner son mécontentement. (Cicéron, *Epistol.* lib. VIII, epist. 2.)

tient en frappant l'une contre l'autre les mains arrondies et formant un creux. Les *testæ* procèdent avec un bruit plus clair. C'est celui de la vaisselle qu'on brise ; quand éclate ce vif claquement, l'enthousiasme est déjà assez haut monté. Mais il est immense, il est unanime quand on entend le roulement sonore et continu des *imbrices*[1] ; figurez-vous le bruit de la grêle tombant drue et serrée sur une toiture, ou bien encore le bruissement d'une ondée chassée par un vent d'orage et venant fouetter les vitres.

Le *bombus* a été le bravo préparateur ; les *testæ* ont peu à peu échauffé le public ; les *imbrices* sont l'expression du succès à son paroxysme. Néron, quand il se montrait en public, ne voulait pas d'autres applaudissements. Il fallait, lorsqu'il arrivait, que la salle fût suffisamment *allumée* (accensa), suivant l'expression consacrée déjà[2] ; et il eût fait jeter aux bêtes tout claqueur mal appris qui n'eût fait éclater pour lui, comme pour le plus vil histrion, qu'un *bombus* vulgaire.

C'est surtout par ses ordres que la grande

[1] Sénèque, *Quæst. natur.*, II, 28.

[2] Nuntiat *accensus* plena theatra favor.
(Rutilius Numantianus, *Itinerarium*.)

milice de l'admiration salariée s'était organisée à Rome. Les misérables *laudicœni*, qui avant lui se chargeaient d'un succès sous la conduite de quelque maigre entrepreneur (*manceps*), ne lui suffisaient pas [1]. Au lieu de cette tourbe affamée et mal vêtue, ayant à peine, tant elle était famélique, la force de filer un bravo, il avait fait enrôler, par des chefs intelligents, auxquels on donnait le nom grec de *mesochoroi* (placés au milieu du chœur), toute une bande d'élite formant masse chorale. Il n'y avait pas là moins de cinq mille plébéiens d'une robuste jeunesse, *robustissimæ juventutis*, comme dit Suétone; et tous, au premier signe du chevalier qui d'ordinaire faisait office de *mesochoros*, tous applaudissaient comme un seul homme. Ce n'étaient point, je l'ai dit, de pauvres diables. Chacun d'eux devait être bien vêtu; il lui fallait, comme s'il était de race patricienne, porter la chevelure longue et avoir un anneau d'or à la main gauche. Je ne sais ce qu'on leur allouait pour frais d'enthousiasme, mais la rétribution était certainement honnête, si l'on en juge d'après ce que recevait le chef:

[1] Suétone, *Nero*, cap. xx.

selon Suétone, il avait d'appointements fixes 40,000 sesterces (6,617 fr.) [1].

Je ne sais dans quelle partie de l'amphithéâtre ou de la *cavea* se plaçaient ces claqueurs antiques; il est probable que c'est dans la partie que remplace notre parterre : peut-être aussi, afin de mieux donner partout l'élan de l'admiration, se disséminaient-ils dans toute l'enceinte, ayant chacun sa place numérotée, car c'était encore là un usage en cours dans les théâtres antiques. Chaque *tessere* ou billet d'entrée portait le numéro, soit du gradin et du siége qu'on devait occuper, soit celui du *cuneus*, sorte de compartiment ou loge dans lequel on avait droit à une place.

Ces *tesseres*, qui n'étaient point, comme les contremarques de nos théâtres, un vulgaire morceau de carton, mais, au contraire, un gracieux jeton d'ivoire ou de métal, servaient

[1] Suétone, *loc. citat.* — Vous venez de voir quelle tenue était exigée de ces claqueurs d'élite. Chaque fête à Rome avait aussi son costume à part. Aux saturnales, par exemple, on revêtait la *synthèsis*, sorte de cafetan du plus fin tissu, et ayant la forme du *domino* de Venise; ce qui donne à ce carnaval romain un point de ressemblance de plus avec le nôtre.

aussi parfois de programme sommaire. Le nom de la pièce représentée s'y trouvait inscrit. Il nous en a été conservé une où se lisent ces deux mots *Casina Plauti*, c'est-à-dire le titre de la pièce et le nom de son auteur [1].

[1] Caylus, *Recueil d'antiquités*, t. III, p. 284.

LXXXVI

De même que nous avons, outre les billets payants, les billets de faveur, il y avait dans les spectacles de Rome et d'Athènes, non-seulement les *tessères* payantes, mais aussi les *tessères* privilégiées donnant droit à l'entrée gratuite[1]. On les appelait *sumbola*, et il fallait les soumettre au contrôle du vérificateur des billets. Elles ne vous autorisaient pas à prendre place sur ces gradins numérotés dont quelques-uns, avec leur chiffre gravé dans la pierre, sont encore intacts en quelques amphithéâtres antiques, notamment dans celui de Pola[2]; porteur d'une *tessère* gratuite, vous n'aviez droit qu'à une place

[1] Théophr. *Caract.*, ch. XI, § 3.

[2] Stancovich. *Anfiteatr. di Pola*, p. 33.

gratuite, *loca gratuita,* comme dit Suétone[1]. Il est vrai qu'il s'en trouvait un grand nombre dans chaque théâtre, mais les spectateurs qui pouvaient se les disputer étaient encore plus nombreux: de là des querelles et des rixes à l'entrée, comme à nos jours de spectacles *gratis;* de là aussi tout un service de gens, appelés *locarii,* qui venaient, moyennant une mince rétribution, attendre à la porte, *faire queue* pour d'autres. Leur commerce n'allait bien que lorsqu'on donnait quelque pièce en vogue ou lorsqu'un gladiateur en renom devait combattre dans l'arène. Martial, ayant à citer l'un des plus fameux de son temps, l'appelle pour cela *divitiæ locariorum,* la fortune des vendeurs de place[2].

[1] *Calig.*, cap. xxxvi.

[2] Lib. V, *epigr.* xxv, v. 9. — Ce n'était pas le seul commerce qui se fît dans les théâtres antiques. Aristote n'a pas dédaigné de nous apprendre que pendant les représentations scéniques données à Athènes, des pâtissiers allaient de gradin en gradin, offrant leurs menues marchandises. Une pièce intéressait-elle vivement le spectateur, la vente était nulle; l'intérêt au contraire languissait-il, l'appétit prenait le dessus, et friandises entraient en jeu. Les mauvaises pièces faisaient ainsi la fortune de la pâtisserie. (*Etich.* lib. X, cap. v.)

Nous ne savons comment étaient disposées les places réservées, si elles étaient rembourrées de coussins et de tapis, ou bien, ce qui est moins probable, si on les laissait, pour le riche comme pour le pauvre, dans leur premier état de siége de marbre ou de banc de pierre[1]. Nous ignorons aussi de quelle forme étaient ces sortes de compartiments ou loges que nous avons désignés tout à l'heure par le nom de *cunei*. Combien pouvait-on y placer de personnes à la fois? Nous ne le savons pas davantage. Ce qui est seulement certain, c'est qu'elles occupaient au moins tout un rang ou tout un côté de l'amphithéâtre. Le nom de la personne à qui la principale était louée servait à désigner toute la rangée où elle se trouvait. Ainsi, on lit encore gravé sur la paroi du *podium* de Syracuse le nom de la reine Philistis du côté où devait être la loge réservée à cette reine, parmi les neuf compartiments principaux (*cunei*), que l'on comptait dans la vaste enceinte[1]. « On disait donc à Syracuse, écrit M. Ch. Magnin, le *coin de la reine Philistis*, comme à Paris, du temps des gluckistes, le *coin du roi*[2]. »

Osann. *De Reginâ Philistide.*

2 *Revue des Deux-Mondes*, 1er nov. 1840, p. 433.

Ces loges devaient être certainement ornées de riches tentures, mais je doute fort qu'on eût déjà inventé à leur usage ces claires-voies mobiles qui se baissent comme un rempart à la fois transparent et impénétrable devant le spectateur timoré qui recherche le mystère des loges grillées, où il peut être invisible et présent [1]. A Rome, où l'excès d'une fausse pudeur n'avait pas encore fait inventer toutes les nuances d'hypocrisie, on n'avait pas besoin de ces subterfuges clandestins, et partant, l'on ne dut pas les connaître.

A Paris, au contraire, on y recourut dès les premiers temps du théâtre. La loge *confortable*, avec rideaux soyeux et fauteuils de velours, n'était pas encore inventée que la loge grillée existait déjà. Le P. Sanlecque, dans sa satire sur *la Fausse direction*, nous montre les prêtres de son temps venant en secret s'y repaître des joies du théâtre, ce fruit défendu :

> Et derrière un treillis, pour n'être pas connu,
> Le moine scrupuleux voit tout et n'est point vu [2].

[1] S'il fallait pourtant en croire Malte-Brun (*Mélanges*, t. III, p. 219), il y aurait eu de ces loges dans les théâtres d'Athènes, afin que les matrones pussent assister aux représentations.

[2] Les salles de spectacle, au XVIIe siècle, étaient

d'une grande magnificence, surtout en Italie. N'est-ce pas alors que fut construit le grand théâtre Farnèse, à Parme, lequel, propre à tous les spectacles, tournois ou comédies, pouvait contenir 50,000 personnes au moins? On sait que ce n'est plus qu'une ruine. V. sur la magnificence et l'immensité de ces salles de l'ancien temps, C. Blaze, *Molière musicien*, t. I, p. 25.— Sous Louis XVI fut construite au château de Versailles, par Arnault, ancien machiniste de l'Opéra, la merveilleuse salle de spectacle qui pouvait, se transformant en un clin-d'œil, servir pour un banquet, puis pour un bal. (C. Blaze, *Hist. de l'Académie impériale de musique*, t. I, p. 274.)— Les anciens avaient eu des théâtres de verdure, dont les coulisses étaient faites de treillis couverts de plantes grimpantes; où l'on jouait en plein jour. (Ovide, *De Arte amandi*, lib. I, v. 106.) On en construisit un semblable aux Tuileries, du côté de la Petite-Provence. (De Graaf, *Aventures secrètes*, 1696, in-12, p. 188.) Il ne fut détruit qu'au commencement du règne de Louis XV. (Ed. et J. de Goncourt, *Portraits intimes du* XVIII*e siècle*, 2e série. Paris, E. Dentu, 1858, in-18, p. 12.)

LXXXVII

Les loges, au XVIIe siècle comme de nos jours, se louaient à l'année ou par représentation. On avait toujours le droit de les retenir d'avance, quoi qu'en ait dit un homme fort compétent en ces sortes de choses, M. Castil-Blaze, qui ne fait remonter qu'à l'année 1790 la location des loges pour une représentation. « Avant cette époque, dit-il [1], les personnes qui n'avaient pas une loge à l'année étaient obligées d'envoyer leurs laquais à la porte du théâtre; ils y restaient en faction jusqu'à l'heure de l'ouverture des bureaux. Leurs maîtres devaient être exacts au rendez-vous, afin d'aller prendre place dans la salle. » Tout cela, par malheur, est en contradiction avec le témoignage des écrivains du temps, et je parle des plus con-

[1] *Mémorial du grand Opéra*, p. 62.

nus, Molière, par exemple, et Mlle Aïssé, qui prouvent que pour cette sorte de location à l'avance tout se passait comme aujourd'hui. Écoutons Molière dans la *Critique de l'École des femmes*[1] :

« LYSIDAS. Je pense, madame, que vous retiendrez aussi une loge pour ce jour-là.

« URANIE. Nous verrons....

« LYSIDAS. Je vous donne avis, madame, qu'elles sont presque toutes retenues. »

Ce que dit Mlle Aïssé dans sa onzième *lettre* est encore plus formel : « Nous avons, écrit-elle, une pièce à la Comédie-Française intitulée *le Philosophe marié*, qui est très-jolie, et qui a eu une réussite prodigieuse ; toutes les loges sont louées pour la onzième représentation. »

Quand il y avait grande solennité dramatique, le prix de ces loges et des autres places était augmenté, et, comme aujourd'hui, souvent porté très-haut. Seulement, le public, celui de province surtout, se montrait moins endurant que nous ne le sommes, à propos de ces spectacles extraordinaires qui le privaient, sans dire gare, d'un plaisir à prix ordinaire. Mlle Dumesnil étant allée donner des

[1] Scène VII.

représentations à Marseille, et ayant fait augmenter les places d'une façon par trop exorbitante, fut cause d'une émeute qui la força de quitter la ville[1].

Le public d'alors connaissait ses droits, et mieux que celui d'à présent, sans aucun doute. Le clerc dont parle Boileau, qui fût allé, pour quinze sous, siffler l'*Attila* de Corneille, représente bien le parterre de 1667. Représenterait-il de même celui de 1858? S'il sifflait en toute indépendance, ce public d'autrefois, il savait aussi en revanche applaudir quand il le fallait, et même redemander acteurs et auteurs, avec toute la sincérité de l'enthousiasme. C'était la plus grande preuve d'un franc succès, de même que les salves de sifflets accueillant le nom de l'auteur quand l'acteur principal venait le jeter au parterre étaient le certificat le plus sûr d'une chute *dans les règles*, selon l'expression du temps.

Combien, et des plus fameux, redoutèrent cette épreuve! Richelieu est du nombre; et quiconque a lu sa *Mirame*, son *Europe*, etc., comprendra de reste la raison de cette terreur. Jamais il n'osa courir le risque d'être

[1] *Journal* de Barbier, t. III, p. 479; Matter, *Lettres et Pièces rares ou inédites*. 1846, in-8o, p. 394-399.

nommé ; c'est Chapelain qui l'affronta pour lui, et il fut bien payé pour ce service, qu'il lui rendit notamment à propos de la comédie des *Tuileries*. Le prologue porte son nom au lieu de celui du ministre-poëte. « Richelieu, lisons-nous quelque part, le fit prier de lui prêter son nom en cette occasion, ajoutant qu'en récompense il lui prêterait sa bourse dans quelque autre. » Chapelain, en acceptant, ne prouva jamais mieux que par cette abnégation littéraire combien il était avare et vénal [1].

[1] Cette pièce des *Thuileries* (*sic*) était d'ailleurs moins de Richelieu, que des cinq auteurs sous ses ordres, Corneille, Rotrou, Lestoile, Boisrobert et Colletet. A ce moment, où tout était à l'espagnole, cette multiple collaboration, devenue si fréquente de nos jours, n'était qu'une mode de plus empruntée à l'Espagne. Après Lope de Véga, on avait vu paraître des pièces dues à deux, trois ou même huit auteurs, *dos o tres*, ou même *ocho ingenios*. « Que les faiseurs modernes en prennent acte, » dit M. de Puibusque. (*Hist. comparée des littératures espagnole et française*, t. I, p. 545. Paris, G. Dentu, 1843.) — On avait voulu, à la fin du XVIe siècle, faire des pièces en sept actes : ainsi, la *Cammate*, qui se trouve à la suite des *Premières Pensées* de Jean Hays. (*Rouen*, Théod. Reinssart, 1598, in-12.) En 1507, on avait fait plus encore : il avait paru à Venise une comédie

La publicité, qui est aujourd'hui l'objet de si vives convoitises, ne soulevait donc alors, au contraire, qu'une véritable terreur. Elle était même poussée si loin, que les auteurs n'osaient faire imprimer leur nom sur les affiches.

Enfin, quelques-uns, moins modestes ou mieux encouragés par le succès, se hasardèrent, et les autres suivirent l'exemple tentateur. « Depuis, dit Sorel [1], que Théophile eut fait jouer sa *Thisbé* et Mairet sa *Sylvie*, M. de Racan ses *Bergeries* et M. de Gombaud son

géographique en douze actes ; et ce n'était pas trop, car tous les peuples de la terre y jouaient un rôle ! (*Catal. Libri*, 1847, in-8, p. 304, nº 1883.) — Il y avait dans les théâtres, au XVIIIe siècle, un arrangeur gagé dont le service consistait à remettre sur pied les pièces boiteuses, à *charpenter* (*sic*) celles dont les parties se tenaient mal, etc. Ce manœuvre, à qui l'on donnait mission *taillandi et rognandi*, comme dirait Molière, s'appelait un *rebouteur*, nom fort bien trouvé, puisqu'il s'agissait de membres à remettre à des pièces estropiées. Anseaume fut longtemps le rebouteur de la Comédie-Italienne. (*Mém. secrets*, t. XXVI, p. 126.) *Le Tableau parlant*, qui était sorti assez mal conformé des mains du duc de Nivernais, fut une des pièces qu'il mit en état de marcher. En récompense on lui accorda le droit d'en être le parrain, si bien qu'il passe pour en être le père.

[1] *Biblioth. franç.*, p. 185.

Amaranthe, le théâtre fut plus célèbre, et plusieurs s'efforcèrent de lui donner un nouvel entretien. Les poëtes ne firent plus de difficulté de laisser mettre leur nom aux affiches des comédiens; car auparavant on n'y en avoit vu aucun. On y mettoit seulement que leur auteur donnoit une comédie d'un tel nom. » Ce premier pas fait, on ne s'y tint pas. Les auteurs ne se contentèrent plus d'avoir leur nom affiché, ils lui voulurent plus de relief; on l'imprima en gros caractères et même en lettres rouges, tandis que le titre de la pièce s'étalait modestement en lettres noires. Fait-on mieux aujourd'hui sur nos affiches bariolées?

LXXXVIII

Pendant que ce charlatanisme du nom *en vedette* faisait des progrès, à la grande gloire de messieurs les auteurs, les comédiens ne perdaient point de temps afin d'en organiser un autre tout aussi productif pour leurs recettes. Ils créaient l'annonce emphatique, la louange préventive en l'honneur des pièces qu'ils avaient à l'étude et au sujet desquelles ils croyaient à propos d'allécher le public par avance. Les *programmes* qu'ils affichaient alors dépassaient de beaucoup, comme éloge anticipé, tout ce qu'on a fait depuis ; et pourtant notre époque est, on peut le dire, l'âge d'or des réclames théâtrales et autres [1]. Pour

[1] « L'affiche, dit Chapuzeau, doit entretenir le lecteur de la nombreuse assemblée du jour précédent, du mérite de la pièce qui doit suivre, et de la nécessité de pourvoir aux loges de bonne heure. »

s'assurer de cette supériorité des directeurs du XVIIe siècle, on n'a qu'à lire ce que nous allons citer d'un *prospectus* des comédiens du Marais en décembre 1648. Un exemplaire, le seul qui survive peut-être, a été trouvé par M. Achille Jubinal dans les *manuscrits* de Guichenon, à la Bibliothèque impériale.

Il s'agit de la pièce d'*Ulysse dans l'isle de Circé*, ou d'*Euriloche foudroyé, qui se représentera sur le théastre du Marais, par les comédiens entretenuz de leurs majestez* [1].

On y parle, ainsi qu'on le ferait sur plus d'une affiche d'aujourd'hui, beaucoup moins de la pièce que des machines qui doivent s'y mouvoir [2].

« Le Théastre-François, depuis quelques

(*Le Théâtre françois*, p. 226.) — Il n'était pas rare de voir alors des affiches de théâtre en vers. (Frères Parfaict. *Hist. du Théâtre franç.*, t. VII, p. 334, et VIII, 255.)

[1] L'auteur de cette pièce tant vantée par la réclame est l'un de ceux qui furent le plus moqués au XVIIe siècle. C'est ce pauvre abbé Boyer, qui doit aux épigrammes de Racine une célébrité que ses œuvres ne lui eussent certainement pas faite.

[2] On fit même, au XVIIe siècle, non pas des décors pour une pièce, mais une pièce pour des décors ; ainsi les *Métamorphoses*, par Saint-Foix, jouées en 1748. (*Anecd. dramat.*, t. I, p. 550, et t. II, p. 36.)

années, y est-il dit, est devenu si fameux par l'excellence des ouvrages qui s'y représentent et par la magnificence du spectacle, qu'il semble que toute l'invention humaine ne sçauroit porter la comédie dans un plus haut point. De sorte que, pour guérir de cette opinion tous ceux qui visitent ordinairement le théastre, il étoit très important de donner au public une peinture des merveilles qui paroistront le 27 décembre, dans la représentation d'*Ulysse dans l'isle de Circé* ou d'*Euriloche foudroyé*, par la troupe des comédiens du Marais, outre que pour la réputation de cette pièce il estoit nécessaire de détromper tous ceux qui confondent *Ulysse dans l'isle de Circé* avec une vieille pièce intitulée les *Travaux d'Ulysse;* la pompe et la nouveauté du spectacle, la connexion ingénieuse et naturelle des machines, avec les incidents de cette merveilleuse tragi-comédie; la beauté de l'intrigue, l'excellence des vers, la réputation du machiniste et le nom de l'auteur, qui s'est signalé par tous ses ouvrages, et surtout par son dernier, le *Grand Tiridate*, en feront bien aisément la différence en faveur du nouvel *Ulysse*... On pourroit encore faire voir la justesse de cet ouvrage par la liaison de toutes les parties qui le composent; mais, de peur qu'une trop grande explication du sujet ne luy dérobe une de ses premières beautés, qui sont celles de la surprise, il suffit d'en avoir une légère connoissance qui serve à découvrir l'usage des machines et à préparer tout le monde à ce merveilleux divertissement. » Suit la description des cinq actes de la pièce, avec un long éloge pour chaque détail. Au premier acte, c'est « la mer environnée de grands et affreux rochers qui occupent toute l'étendue de la scène, où l'agitation des flots est figurée si naïvement qu'elle pourroit contenter la curiosité de ceux qui font de longs voyages pour aller voir des orages sur la mer. » Ce sont aussi « trois agréables monstres, je veux dire des sirènes, » ajoute l'auteur du naïf prospectus.

Au premier acte, c'était le calme et la grâce; au dernier, c'est la terreur : « On voit Circé et Leucosie sur un char volant, traîné par deux effroyables dragons, où, tandis qu'elles conjurent Jupiter de haster leur vengeance, ce dieu, parmy les esclairs et le bruit du tonnerre, descend du fond des cieux, porté sur son aigle, et lance la foudre sur le vaisseau d'Euriloche, qui paroist dans l'esloignement de la perspective, et soudain, par une eslévation aussi prompte que sa venue, se perd dans l'épaisseur des nues, etc. » Le char de Circé est surtout, à ce qu'il paraît, ce qui devait attirer l'admiration. Quand on l'avait vu, il fallait, toujours au dire du prospectus, « avouer en faveur du machiniste que le *vol* d'un char qui porte trois personnes, et qui est d'une grandeur démesurée, est le chef-d'œuvre de son art [1]. »

1 En 1682, quand l'*Andromède* de P. Corneille, pièce à machines s'il en fut, reparut à ce même théâtre du Marais, le Pégase, que montait Persée, était un véritable coursier qui agitait ses ailes emplumées. (*Mercure galant*, juillet 1682, p. 358.)—Il est des pièces de ce temps-là dont la complication de mise en scène est si grande, qu'il semble impossible qu'on les ait représentées; ainsi *Tyr et Sidon* de Jean de Schelandre, *tragédie en deux journées* de cinq actes chacune : « On se demande, dit M. Ch. Asselineau, comment les théâtres du XVIIe siècle devaient être machinés pour qu'un auteur annonçât sérieusement dans sa préface l'intention de faire représenter un drame si compliqué de décors et de changements à vue. » (*Notice sur Jean de Schelandre,* Alençon, 1858, in-18, p. 33.)

LXXXIX

Il est bien entendu que cette *réclame* de 1648 ne nous trompe pas plus que ne nous trompera celle de demain.

Nous ne sommes pas même dupes de ce qui s'y trouve sur l'effrayant tonnerre qui doit faire son bruit à l'arrivée du roi des dieux !

Jusqu'en 1788, ce tonnerre-là était un gros tambour, et le Jupiter chargé de le faire gronder, un soldat aux gardes, enrôlé tout exprès, à tant par soirée, dans la troupe de l'Opéra [1]. Francœur, qui était économe, le réforma pour un autre porte-foudre à prix plus réduit. Voici

[1] Voltaire, consulté par le marquis Albergati, sur des détails de mise en scène, lui donna (lettre du 4 décembre 1758) la recette du tonnerre et des éclairs. « Le tonnerre est parfaitement imité par le bruit d'une ou deux roues dentelées, qu'on fait mouvoir derrière la scène sur des planches ; les éclairs se forment avec un peu d'arcanson. »

la note que nous trouvons dans les registres de l'Opéra, au sujet de ce dieu mis à la retraite. C'est sous la date du 5 mai 1788. « Convenu, écrit Francœur, qu'il sera donné au sieur Alexandre, ouvrier du cintre, 25 livres chaque mois pour se charger à l'avenir de faire aller le deuxième tonnerre, au lieu et place d'un tambour des gardes que l'on prenoit extraordinairement et que l'on payoit. » En 1790, nous retrouverons ce fameux tonnerre, dominant de son bruit une représentation bien autrement solennelle que celles de l'Opéra. Il tonne à l'unisson des canons, à la grande cérémonie de la Fédération, pour laquelle on l'a emprunté. C'est Gossec qui nous l'apprend par une lettre du 27 mai 1791[1], qu'il écrivit afin de réclamer les 24 livres promises pour le port de cette lourde masse[2].

[1] *Catal. d'autographes*, 4 nov. 1844, p. 15, no 102.

[2] Maintenant tout, même la musique, marche par l'électricité. Si les chœurs chantent dans la coulisse, le chef d'orchestre, sans bouger de son siége, leur bat la mesure avec un métronome électrique. Le P. La Borde qui, en 1759, faisait marcher un clavecin et un carillon par l'électricité, avait-il inventé moins? (Lichtenthal, *Dict. de mus.*, trad. par Mondo, t. I, p. 220). — Notre piano droit n'est qu'un perfectionnement du *clavicitherium* déjà cité en 1542, dans

Il ne faudrait pas trop rire cependant de l'ancien Opéra et de ses machines. Il eut de beaux spectacles que nous nous sommes fait une gloire de renouveler. Ses splendeurs sous Louis XIV, et surtout sous l'Empire, valaient bien les nôtres, sauf le goût et la science. L'anachronisme du costume, l'inexactitude du décor y régnaient ; soit, mais toujours rehaussés par l'élégance et la richesse.

la *Musurgia* de Nachtigall ; l'*harmonium* ne manque pas de ressemblance avec le *piano* construit en 1783 par le Liégeois Mercia, et qui imitait de la manière la plus étonnante les trompettes, les timbales, etc. (Cramer, *Magas.*, t. I, p. 552.) Le clavecin notant la musique, au fur et à mesure qu'on la compose, n'est pas non plus une nouveauté. Un instrument de ce genre se trouve décrit dans les *Nouveaux Mémoires de l'Académie de Berlin* (1771, p. 538). Il n'est encore lui-même qu'une imitation de celui qu'en 1747 John Freke avait soumis à la Société royale de Londres. (*Philosophic. Transact.* t. XIV, 2e partie, p. 446 et 483.) —La notation en chiffres date du XVIe siècle. On la trouve employée dans le *Psautier protestant* de Pierre Davanter en 1560. (*Bulletin de la Société de l'histoire du protestantisme français*, mai-juin 1853, p. 12.) Enfin, le *métronome* date réellement de 1698. Ce n'est pas en effet autre chose que le *chronomètre* décrit par Loulié dans son ouvrage publié cette année-là, *Éléments ou Principes de musique.*

XC

Les anciens avaient eu leurs peintres de décorations, l'épitaphe de l'un d'eux (*pictor scenarius*) laisse ce fait hors de doute [1]; ils avaient aussi connu l'art des changements à vue, partiels ou complets, mais instantanés comme sur nos théâtres. Quand le changement se faisait à l'aide de la rotation du décor sur lui-même, on le désignait par l'épithète de *versilis*; s'il s'obtenait en poussant le décor dans la coulisse de droite ou de gauche, on l'appelait *ductilis* [2]; mais tout l'art des

[1] Zell, *Épigraphie romaine*, p. 86, nº 698; Muratori, *Inscript.*, p. 948, 4. — On sait par Vitruve (lib. VIII, *Præfat.*) le nom d'Agatharcus, qui fit les décors pour les tragédies d'Eschyle, ainsi que celui d'Apaturius d'Alabanda, autre artiste du même genre; et par Diogène Laërce (liv. II, § 125), le nom de Métrodore.

[2] Servius, *Georg.*, lib. III, v. 24; Claudien, édition

Romains n'alla pas beaucoup plus loin. Les modernes le reprirent où ils l'avaient laissé pour lui faire faire des progrès rapides.

Il n'était pas encore bien avancé au temps

Panck., t. I, p. 285. — Par quelle force faisaient-ils mouvoir ainsi les décorations? Je vous étonnerais beaucoup si je vous disais que c'était peut-être par la vapeur. Héron d'Alexandrie, en ses *Spiritalia*, nous montre le plancher d'un théâtre de marionnettes se mouvant à l'aide d'un *eolipyle* à vapeur. Pourquoi n'aurait-on pas fait en grand une application du même système? (Heronis *Spiritalium liber*, Amsterd., 1680, Intr., p. 88, 92, 94.) — Les anciens avaient, comme dit Rabelais (lib. I, ch. 24), « toutes sortes de petits engins automates, c'est-à-dire soy mouvant d'eux-mesmes. » *V.* Léonicen., *Varia historia*, lib. I, cap. VII. Comment obtenaient-ils cette vie artificielle de leurs automates? A l'aide du mercure le plus souvent. Aristote (*De anima*, lib. I, cap. III), parle de la Vénus de bois de Dédale, qui se mouvait au moyen du vif-argent versé dans l'intérieur, et chauffé sans doute par une lampe invisible. Kircher fabriqua par un procédé semblable de petits chariots roulant tout seuls. V. sa *Physiologia*, p. 69. Les anciens savaient déjà se procurer le mercure par la distillation du cinabre (V. Dioscoride, liv. V, chap. XC, et Pline, liv. XXXIII, chap. VIII.) Les alchimistes en firent grand usage. (*Variétés histor. et littér.*, t. VI, p. 289.) — Au XVIe siècle, dans les pièces à machines, on peignait les décors sur des pentagones. « Chascun rendant cinq faces diverses, » on n'avait qu'à les faire tourner sur leur axe pour changer le tableau. *V.* l'*Ari-*

où le malheureux Jodelle eut certaine déconvenue très-souvent racontée, mais nulle part mieux que par le pauvret lui-même dans le *Recueil des inscriptions, figures, devises et mascarades, ordonnées en l'Hôtel-de-Ville de Paris*, 1558. Il s'agissait d'une fête à donner au duc de Guise, qui venait de prendre Calais. Jodelle avait tout préparé, tout improvisé en quatre jours, vers, musique, machines ; de plus, il devait jouer lui-même les principaux rôles dans les mascarades. La première était la représentation du *Navire des Argonautes*, allusion galante au navire de la ville de Paris. Jodelle jouait le personnage de Jason, et auprès de lui était Orphée, *sonnant et chantant, à la louange du roy, une petite chanson en vers françois*. La musique, je l'ai dit, était de Jodelle, mais il fallait qu'elle produisît les mêmes effets que si elle eût été d'Orphée lui-même. C'était chose convenue ; des rochers étaient dans la coulisse, tout prêts à se laisser entraîner par la douce mélodie, et n'attendant pour cela qu'un ordre de Jo-

mène de N. de Montreuil, 1597, in-12, et l'analyse qu'en a faite M. L. Lacour, dans la *Rev. franç.*, 10 fév. 1858, p. 93-94.

delle-Jason. « Faites avancer les *rochers*, » dit-il à mi-voix quand il en fut temps. Les décorateurs obéirent, mais de travers : ce furent des *clochers* qui s'avancèrent!

Des clochers du temps d'Orphée; ce n'était, après tout, qu'un anachronisme. On en faisait bien d'autres sur les théâtres à ce moment; on en fit bien d'autres, même pendant le règne de Louis XIV, qui fut la première époque brillante de l'Opéra et des spectacles à machines; mais la richesse rachetait tout alors, avec l'aide des ingénieuses combinaisons qu'enfantaient le fertile esprit de Toricelli et le génie de cet Houdin, trop oublié, qui *machina* les spectacles des fêtes de Mazarin[1] et des ballets royaux.

[1] L. de Laborde, *le Palais Mazarin*, p. 231, et Walcknaer, *Mém. sur madame de Sévigné*, 2e part. p. 490.—C'est le même qui, comme architecte, présenta des premiers un plan pour la réunion des Tuileries au Louvre (*V.* plus haut p. 111).—Qu'on ne s'étonne pas de voir un architecte se mêler de décorations théâtrales; il ne déroge pas. Servandoni dont nous allons parler, et qui fut le grand *machiniste* de son siècle, a bâti Saint-Sulpice; Pâris, à qui l'on doit l'achèvement des tours de Sainte-Croix d'Orléans, donna des dessins de décorations à l'Opéra. Remontons plus haut, nous trouverons Léonard de Vinci, *machinant* pour une fête en l'honneur de la

Servandoni reprit leurs traditions, et l'on sait à quel point de perfection il fit arriver son art [1]. Nous pourrions prouver qu'il ne laissa presque rien à inventer, et que les machinistes de l'Empire, aussi bien que ceux d'aujourd'hui, n'ont été bien souvent que ses plagiaires habiles [2]. On nous objectera, sans doute, en faveur de nos splendides mises en scène, la magnificence des cortèges interminables, auxquels se mêlent jusqu'à des chars et des chevaux. Vieille chose, dirons-nous encore. Pas de spectacle à Rome où l'on ne vît paraître sur la scène des cohortes entières

duchesse de Milan, le *Paradiso*, pastorale, où l'on voyait entre autres choses les Sept planètes effectuant leur mouvement. V. *Rime del arguto e faceto poeta Bernardo Belinzone*, 1493, in-4.

[1] « Il représentait dans la salle immense des Tuileries (1738) des cathédrales, des incendies, des lunes et des soleils, des camps de Juifs et de Croisés, des mers agitées, des rivières flambantes, des lacs glacés et couverts de neige, des forêts enchantées, etc. » (C. Blaze, *Molière music.*, t. II, p. 47.)

[2] Le vaisseau du *Corsaire* et celui du *Fils de la Nuit* sont-ils plus surprenants que le navire équipé, tout chargé de monde, qui manœuvrait, en 1713, dans le ballet des *Amours déguisés*? Le procurateur Contarini avait fait voir sur son théâtre de Piazzòlo la *nef* de Colomb, voguant à pleines voiles.

de cavaliers [1]. Je jurerais qu'il en fut aussi de même sous Louis XIV, et je puis encore mieux assurer que, sous l'Empire, on vit des chevaux sur la scène de l'Opéra, lors de la représentation du *Triomphe de Trajan* [2].

[1] Marc Contarini, cité tout à l'heure, faisait voir sur son théâtre cinq chars de triomphe traînés chacun par quatre chevaux superbes, cent amazones et cent Maures à pied, cent cavaliers et cent cavalières sur des palefrois; des chasses en pleine forêt; des tournois, des combats, etc., etc. En 1705, l'Empereur Léopold Ier dépensait 700 à 750,000 francs pour chacun des opéras italiens montés à Vienne.

[2] Au XIVe siècle, on exhibait déjà de vrais tableaux vivants. (Edel. Duméril. *Orig. du théâtre*, p. 58, note 1.) — Au XVIIe siècle, en Espagne, sous Philippe IV, on donnait des pièces où les acteurs jouaient moitié sur la scène, moitié dans la salle. « On trouve dans les intermèdes de Luis de Benavente, dit M. H. Ternaux, cité par M. de Puibusque, une petite pièce où l'on voit le bouffon sur la scène, la Juliana dans la *cazuela*, Marie Valcarcel en haut du théâtre, Pedro Real au parterre, et d'autres acteurs dispersés dans la salle. » (*Histoire comparée des littératures espagnole et française*, Paris, G. Dentu, 1843, t. II, p. 400.) — Longtemps auparavant, des pièces du même genre avaient été représentées en Italie; ainsi, *la Veglia villanesca*, de Francesco Fonti (Siena, 1521, in-8°). On lit dans un endroit de la brochure : *Actuellement les acteurs qui jouent hors de la scène doivent dire*, etc. — Veut-on des pièces où, comme dans *la Biche au*

bois, on voie figurer et parler toutes les herbes du potager, en personnes naturelles? le théâtre de Rome nous les fournira. Sous Tibère, Asellius Sabinus fit dialoguer et discuter ensemble le champignon, le becfigue, l'huître et la grive, tous en grand costume. L'Empereur fut si charmé de cette littérature potagère et animale qu'il gratifia l'auteur de 200,000 sesterces! — Sous Louis XIII, le poëte Tristan-l'Ermite eut l'idée d'une *Comédie des fleurs*, où l'on aurait fait entrer tout ce que Grandville a mis dans ses fleurs animées. (*Recueil des plus belles pièces des poëtes françois*, 1752, in-12, t. IV, p. 59.) — Les anciens avaient comme nous des théâtres d'enfants, *pueri comœdi* (Martial, liv. XIV, *épigr.* 202, et Turnèbe, *Advers.* IX, cap. IV). Ils savaient aussi l'art de mettre les chevaux en scène et de les faire danser en mesure. Mais c'est au XVIe siècle que ces danses équestres furent surtout perfectionnées. V. Cæsar Fraski, *Traité de la manière de bien emboucher, manier et ferrer les chevaux*, 1567, liv. II, ch. XI et aussi les ch. XII-XVII, *du maniement appelé galop raccourcy, avec son temps en musique*. N'est-ce pas, si je ne me trompe, un des secrets de Baucher? Veut-on maintenant ceux de Franconi avec ses voltiges? qu'on lise ce que Montaigne dit avoir vu faire à un bateleur italien, aux thermes de Monte-Cavallo (*Voy. en Italie*, édit. in-12, t. II, p. 509). On trouve dans le *Journal de l'Estoile* (collect. Petitot, 1re série, t. XLV, p. 238, 240), de curieux détails sur les exercices d'un autre écuyer italien, dont il est aussi parlé, avec une description circonstanciée de ses danses et voltiges, dans le livre de Simon Goulart, Senlisien: *Trésor d'histoires admirables de notre temps, recueillies de plusieurs auteurs*,

1628, in-8°.—Quelles danses exécutaient ces écuyers et leurs chevaux? Qui sait? la *polka*, peut-être. La *volte*, en effet, alors fort en faveur, ressemblait fort à cette danse soi-disant nouvelle. On le voit par la description qu'en a donnée John Davis, en 1596, dans son poëme sur la danse. La valse est plus ancienne encore. Un livre du XIVe siècle, *Voyage du frère Audric, cordelier*, la nomme et la décrit au chapitre : *La Grande Merveille de la* valse *d'enfer et périlleuse*.

XCI

Ce qui, du moins, est incontestable, c'est notre supériorité artiste, notre soin de l'exactitude, notre science de la perspective, notre habileté dans la distribution et dans le jeu des lumières. En cela le passé nous le cède tout à fait : Daguerre cependant, qui fit faire tant de progrès à plus d'une de ces parties de l'art de la décoration, devait peut-être quelque chose à la connaissance qu'il avait de certains procédés d'autrefois. Ne savait-il point, par exemple, lui, l'ingénieux inventeur du *Diorama,* aux tableaux changeants, qu'il existait, dans l'ancien cloître des Minimes de la place Royale, deux tableaux dus au père Niceron, « l'un des plus savants mathématiciens de son temps, » qui offraient un phénomène de perspective et d'optique dont son invention a renouvelé le prestige? L'un représentait une Madeleine, l'autre un saint Jean l'Évangéliste dans l'île de Patmos. A mesure qu'on s'en approchait, le sujet principal disparaissait et l'on n'apercevait plus qu'un paysage[1]. Dans la même maison se trouvait un autre singulier tableau. Il représentait à l'œil nu tous les portraits des princes qui vivaient sous Louis XIII, et quand on le regardait avec un verre disposé exprès, tous ces portraits se réunissaient pour ne former que celui du roi[2].

Cela, me direz-vous, rentre dans la *lanterne magique*, et ne doit pas nous occuper. Pourquoi non ? La *lanterne magique* n'est pas chose puérile, c'est une invention sérieuse et qu'il ne faut pas rabaisser pour cela seul qu'elle est devenue un jeu. Si, comme on l'a prétendu, Apollonius la connut[3] et la fit servir à ses tours de thaumaturge, il faut avouer que les anciens étaient plus avancés qu'on ne le pense dans les sciences optiques[4].

[1] *Almanach du voyageur à Paris*, par M. T... (Thierry), 1783, in-12, p. 286.

[2] *Id., ibid.*

[3] *Journal de Verdun*, oct. 1728, p. 244.

[4] Il paraît certain que les prêtres d'Egypte connaissaient la *fantasmagorie*, et que c'était un de leurs moyens de faire croire qu'ils évoquaient les morts.

Si l'on doit n'en faire remonter la découverte qu'à l'époque de Roger Bacon [1], il faut convenir de même que le moyen âge était plus savant qu'on ne le croit.

Notre avis est qu'elle date au moins du XVIe siècle; et nous pensons en trouver la

On n'en doute pas, quand Damascius nous a dit, dans un fragment que cite Photius (*Biblioth.*, Codex, 242): « Il apparaît, sur la paroi du temple, une masse de lumière qui semble d'abord très-éloignée; elle se transforme, comme en se resserrant, en un visage évidemment divin et surnaturel. » Pythagore, selon Plutarque (*Des Délais de la justice divine*), enseignait que les ombres des morts ne clignent point les yeux. « La remarque est juste, dit Eusèbe Salverte, ce mouvement serait difficilement communiqué à une apparition fantasmagorique. » (*Des Sciences occultes*, édit. Littré, p. 209.)—L'un des tours les plus surprenants de Robert Houdin, ce qu'il appelait, je crois, la *suspension cataleptique*, est une imitation de ce que faisait le bramine Scheschal, qui semblait se tenir en l'air à l'extrémité d'un bambou : Des barres de fer adroitement cachées sous ses habits lui servaient de soutien. (*Magas. pittor.*, t. I, p. 128.) Un des plus curieux tours de cartes de notre habile prestidigitateur est déjà mentionné par Bacon (*Sylva sylvarum*, p. 946); et Frœmann décrit, comme les ayant vu faire par des escamoteurs de son temps, quelques-uns des prestiges qui nous ont le plus étonnés. (*Tractat. de fascin.*, p. 771.)

1. *Journal de Verdun*, nov. 1730, p. 330.

preuve dans l'extrait suivant d'une chronique longtemps *inédite* [1].

« L'an 1515... En ce temps, lorsque le roy estoit à Paris, y eust un prestre qui se faisoit appeler mons^r Cruche [2], grand fatiste, lequel, parce qu'un peu devant, avec plusieurs autres, avoit joué publiquement, à la place Maubert, sur eschafaulx, certains jeux et novalitez, c'est assavoir, sottye, sermon, moralité et farce, dont la moralité contenoit des seigneurs qui portoient le drap d'or à credo et emportoient leurs terres sur leurs épaules, avec autres choses morales et bonnes remonstrations ; et à la farce fut ledit mons^r et avec ses complices, qui avoit une *lanterne* par laquelle voyoit toutes choses, et entre autres qu'il y avoit une poulle qui se nourrissoit soubz une sallemande ; laquelle poulle por-

[1] C'est le journal d'un *Bourgeois de Paris du temps de François Ier*, publié par M. Ludov. Lalanne, pour la *Société de l'histoire de France*. Ce fragment qui se trouve p. 13-14, a été cité par nous, en 1853, d'après une communication de M. G. Depping, avant la publication du manuscrit.

[2] Sur ce maître Cruche, *V.* nos *Variétés histor. et littér.*, t. VII, p. 166; et l'excellent recueil de M. Anatole de Montaiglon, *Anciennes Poésies françaises*, t. VII, p. 10-11, note.

toit sur elle une chose qui estoit assez pour faire mourir dix hommes : laquelle chose estoit à interpréter que le roy aimoit une femme de Paris, qui estoit fille d'un conseiller à la cour du parlement nommé M. Le Coq. Et icelle estoit mariée à un avocat en parlement, très-habille homme, nommé M. Jacques Dishomme, qui avoit tout plein de biens dont le roy se saisit. Tost après envoya huit ou dix des principaux de ses gentilshommes, qui allèrent soupper en la taverne du *Chasteau*, rue de la Juifverie, et là y fut mandé à faulces enseignes ledit messire Cruche, faignant lui faire jouer ladite farce. Dont luy venu au soir *à torches*, il fut contraint par lesdits gentilshommes jouer ladite farce. Parquoy incontinent et du commencement, iceluy fut despouillé en chemise, battu de sangles merveilleusement, et mis en grande misère. A la fin, il y avoit un sac tout prest pour le mettre dedans, et pour le getter par les fenestres, et finalement pour le porter à la rivière. Et eut ce esté faict, n'eust esté que le pauvre homme cryoit très-fort, leur monstrant sa couronne de prestre qu'il avoit dans la teste. Et furent ces choses faictes, comme advouez de ce faire, du roy. »

Si cette lanterne de M. Cruche qu'on fait voir la nuit, *à torches*, comme dit le chroniqueur anonyme, n'est pas une lanterne magique, nous ne savons ce que ce peut être. Quoi qu'il en soit, ce serait la première fois que l'innocente machine aurait été employée avec cette intention de satire politique et de caricature. Je ne vois guère que les *transparents* de Carmontelle pour lui en disputer le malicieux honneur. Ces transparents étaient, on le sait, une sorte de *curiosité* consistant en longues bandes de papier très-fin couvertes de figures coloriées : paysages, animaux, personnages presque tous en caricature ; on les faisait défiler derrière une vitre. C'était de la satire aussi finement dessinée au crayon que Carmontelle, lorsqu'il l'avait voulu, avait su en tracer à la plume ; c'était de la caricature amusante, restée ce que la caricature devrait toujours être : un jeu [1].

[1] Pour en finir avec ces choses du théâtre, disons qu'au XVIIIe siècle Chateaublanc voulut remplacer par un réverbère immense le lustre et la rampe, dont on reconnaissait déjà l'inconvénient. (C. Blaze, *Hist. de l'Acad. impér. de musique*, t. I, p. 376.) — N'oublions pas, dans un ordre d'idées tout autre, l'espèce de *spectacle nautique* établi sur la scène, en

juillet 1769 (*Mém. secr.*, t. IV, p. 316, 346). — Enfin, puisque de tout temps les rhumes plus ou moins vrais ont été la calamité des chanteurs, constatons qu'au XVIIe siècle, l'*erysimum*, reconnu maintenant pour un remède souverain, était déjà prôné alors, mais par les empiriques. (*Lettre* de Racine à Boileau, 25 juillet 1687.)

XCII

Les Esprits, dans ces derniers temps, ont tant de fois donné partout des représentations, qu'après avoir parlé des spectacles, c'est d'eux que je veux m'occuper à présent. Je remonterai peut-être jusqu'au temps des fables, mais il faudra bien qu'on m'y suive, dussent les incrédules dire que ce sont là les seules époques où ces choses aient pu avoir leur réalité. Un mot d'abord des fameuses *tables tournantes* et des prodiges de l'ancienne magie, dont leur phénomène inexpliqué, quoiqu'en dise M. Faraday, semble être la résurrection.

Comme première remarque, il est bon de poser ce fait que les sorciers de tous les temps et de tous les pays ont procédé, dans leurs prestiges, par la mise en mouvement, par la *rotation* des choses environnantes [1]. Ne vous souvient-il pas de vous être émerveillé lorsque, en lisant certains livres de sorcellerie, vous voyiez tout à coup le magicien druide ou la sorcière romaine qui, à force d'évocations, parvenait à mettre en danse et à entraîner dans une ronde vertigineuse, celui-ci l'énorme *cromlech*, celle-là le mugissant *rhumbus* [2] ou le crible magique? Eh bien! c'était déjà la danse des tables, mais une danse des tables gigantesque, et ne s'arrêtant jamais dans son impulsion tourbillonnante; enfin, la danse des tables avec le mouvement perpétuel. Voyez plutôt ce que dit Gabriel Naudé sur la *danse des géants*, « ou des grands rochers et cailloux » que Merlin fit transporter d'Hibernie en Angleterre. « Un certain Gervais, écrit-il, a tellement glosé, qu'il n'a point eu honte d'assurer que ces gros rochers et montagnes tournent perpétuellement en

1. L'âme est partout, disent les modernes thaumaturges; et qu'est-ce que l'âme, selon Thalès? La puissance de mouvoir. (Arist., *de Animalibus*, lib. II, ch. XXII.).

2. *V.* la dissertation de Ch. Nodier sur le *rhumbus*, à la suite de son *Dictionnaire des Onomatopées*.

l'air et sans être soutenus d'aucune chose[1]. »

De même qu'aujourd'hui on cherche à donner une raison prophétique et à ramener vers un but divinatoire toutes ces rotations des tables, chapeaux, saladiers, etc., on voulait aussi, chez les magiciennes antiques, depuis l'Égérie de Numa, qui n'était autre chose qu'une sorcière, jusqu'à la Canidie d'Horace, trouver un sens mystérieux dans le mouvement du crible ou du *rhumbus* et leur demander des oracles.

La divination par le crible était la plus ancienne, et jusqu'aux époques superstitieuses de notre moyen âge, ce fut aussi la plus employée. Cicéron en a parlé, mais sans la décrire[2]. Lucien, au contraire, entre à son sujet dans quelques détails ; c'est même d'après le mot grec dont il se sert pour désigner le crible mis en mouvement qu'on a donné à cette pratique magique le nom de *coscinomancie*. Gaspar Peucer et le P. Delrio ne l'ont pas oubliée dans leurs livres d'histoire cabalistique ; mais c'est dans la *Démonomanie* de Bodin qu'il

[1] *Apologie des grands hommes qui se sont occupés de magie*, t. II, p. 322.

[2] *De Divinatione*, lib. II, cap. XXVII.

faut aller chercher la description du phénomène.

« J'ai appris, dit-il, de maître Antoine de Laon, lieutenant général de Ribemont, qu'il y eut un sorcier qui découvrit un autre sorcier avec un tamis, après avoir dit quelques paroles, et qu'on nommoit tous ceux qu'on soupçonnoit. Quand on venoit à nommer celui qui étoit capable du crime, alors le tamis se mouvoit sans cesse. » Plus loin, il revient encore sur ce prodige, et c'est heureusement pour en parler avec plus de clarté : « Me suis trouvé, dit-il, il y a vingt ans, en l'une des premières maisons de Paris, où un jeune homme fit mouvoir devant plusieurs gens d'honneur un tamis sans y toucher et sans autre mystère, sinon en disant certains mots françois... et le réitérant plusieurs fois, mais pour montrer que le malin esprit étoit avec celui-là, c'est que un autre, en son absence, le voulut faire en disant les mêmes mots, et ne fit rien [1]. »

[1] *Démonomanie*, liv. II, ch. 1er.—La manière dont *tournait le sas* est aussi décrite dans le troisième livre du *Virgile travesti* de Scarron (édit. V. Fournel, p. 94). Or, l'intervention de ce burlesque ici est presque une épigramme : *Mon père*, dit Énée,

Ceci n'est-il pas, qu'en dites-vous, la danse des tables tout à fait perfectionnée, la vraie rotation magnétique s'obtenant par la seule force de la volonté et sans qu'on ait recours à l'imposition des petits doigts? Pour mon compte, c'est de celle-là que je voudrais voir le prodige, afin d'être tout à fait convaincu. Mais, hélas! quoi qu'on en dise, nous ne sommes plus au temps des bons sorciers.

Ceux du monde romain ne s'en tinrent pas toujours à la mise en mouvement du tamis prophétique; eux aussi, comme nos magiciens de petit comité, ils s'en prirent aux tables, et après les avoir fait tourner, ils s'évertuèrent à les interroger et à tirer d'elles des présages. Ils y réussirent assez pour scandaliser le grave Tertullien. Dans un des élans d'indignation qui rendent son *Apologétique* si éloquent, il frappa d'anathème ces « magi-

Prit un grand sas et des ciseaux,
Puis tourné vers l'un des deux pôles,
Et prononçant quelques paroles
Où personne n'entendit rien,
Quoique chacun écoutât bien,
Et qu'il n'entendoit pas peut-être,
Et nous dit qu'il alloit connoître
Où nous planterions le piquet :
Mais pourtant de son tourniquet
Fort peu de chose nous apprîmes.

ciens qui font paraître des fantômes, » et qui, dit-il encore, « s'appuyant sur le secours des anges et des démons, ont coutume de faire prophétiser les chèvres et les tables, *per quos et capræ et* MENSÆ *divinare consueverunt*[1]. »

[1] *Apologétique*, chap. XXIII, traduct. de l'abbé Félix Allard, p. 269.—Dans l'*Octavius* de Minucius Félix (ch. XXVI, XXVII), il est aussi parlé de la *rotation* imprimée à certains corps pour en obtenir des présages.

XCIII

De quelle manière procédait-on? Tout à fait comme aujourd'hui pour les tables tournantes. On le sait, à ne pas s'y méprendre, par le récit que fait Ammien Marcellin [1] d'une conspiration tentée contre les jours de Valens, et dans laquelle une divination de ce genre joue un rôle très-important.

On s'empara des conjurés, on leur présenta le trépied prophétique dont on savait qu'ils s'étaient servis, et, lisons-nous dans la traduction de l'abbé de Marolles [2], « réduits... à des détresses extrêmes, ils découvrirent tout le secret de l'affaire, qu'ils résumèrent depuis son origine...

« Nous avons construit, juges magnifiques, dit l'un d'eux, nommé Hilaire, cette petite *table* malheureuse que vous voyez devant vous

[1] *Hist. des Empereurs romains*, liv. XXIX, ch. III.
[2] Paris, Cl. Barbin, 1672, in-12.

à la ressemblance du trépied delphique, et nous l'avons fabriquée de branches de laurier, avec de funestes auspices. Nous l'avons *remuée*, après la consécration que nous en avons faite, par des imprécations, des charmes et des vers mystérieux, et par beaucoup d'ornements que nous avons mis tout autour, selon la coutume ; et toutes les fois qu'en la mouvant elle estoit consultée sur les choses cachées, la cérémonie en estoit telle.

« On la mettoit au milieu de la maison purifiée par des odeurs arabiques, et au-dessous un bassin rond fait de divers métaux aussi purifiés portoit tout autour sur l'extrémité du bord les vingt-quatre lettres excellemment gravées, dans une égale distance les unes des autres. Quelqu'un vestu de linge et chaussé de mesme, avec un bourrelet sur la teste et de la verveine à la main, qui est une plante heureuse, après y avoir invoqué par certains vers la divinité qui préside à la science des choses futures, s'arresta par la loy de la cérémonie. Puis on suspendit aux cornes de la table, avec un fil de carpathe fort délié, un petit anneau initié de discipline mystique, lequel tomboit par petit saut, d'espace en espace, sur chaque lettre qui s'y trouvoit marquée, pour faire des vers héroïques qui répondoient convenablement aux interrogations qu'on faisoit, aussi bien qu'aux nombres et aux mesures, comme nous lisons les vers pythiques ou ceux qui sont rendus par les oracles des Branchides. Là, nous enquestant de celui qui succéderoit à l'empire présent, parce qu'on nous disoit que ce devoit estre un personnage poly en toutes manières, et que l'anneau qui estoit suspendu s'estoit arrestée sur deux syllabes Θ E, avec indication d'une lettre qui est la dernière de toutes; quelqu'un de ceux qui estoient présents s'écria que cela présageoit par une fatale nécessité que ce seroit Théodore. On ne fit pas après cela plus ample perquisition; car c'estoit une chose assez constante que c'estoit celui-là mesme que tout le monde demandoit. »

Les autres ne firent que répéter cette révélation. Ils redirent même les vers épelés par la table magique. En récompense de tous ces aveux, on les massacra comme ceux qui, vers le même temps et pour la même cause, avaient obtenu un oracle pareil de l'*alectryomancie*.

C'était une de ces divinations par les animaux dont Tertullien nous parlait tout l'heure, lorsqu'il faisait allusion au rôle prophétique joué de son temps par les chèvres.

Dans l'*alectryomancie*, un coq était le devin. On lui étalait devant les yeux, pêle-mêle, les lettres d'un alphabet grec ou romain. Celles qu'il piquait avec le bec étaient recueillies l'une après l'autre, et mises en réserve, afin qu'il fût possible d'en former ensuite le mot ou la phrase prophétique. Rabelais, tout en s'en moquant, a donné une description exacte de la manière dont on procédait dans l'*alectryomancie*. « Je feray, fait-il dire par Her Trippa[1], son devin, ung cerne (*cercle*) galantement, lequel je partiray toi voyant et considérant en vingt-quatre portions équales. Sus chacune je figureray une lettre de l'alphabet, sus chacune d'elles je poseray ung grain de froment : puis lascheray ung beau cocq vierge à travers. » C'est pour prophétiser à Panurge le sort qui l'attend en ménage que Her Trippa recourt ainsi à l'*alectryomancie* ; or, vous devinez quelles lettres, éléments épars d'un mot ridicule, maitre François fait picoter du bec par son

[1] Pantagruel, liv. III, ch. XXV.

« beau cocq vierge. » Son choix sera infaillible. Il mangera les grains posés sur ces quatre lettres dont la première est C et la dernière U « aussi fatidicquement, dit-il, comme soubs l'empereur Valens, estant en perplexité de savoir le nom de son successeur, le cocq vaticinateur alectryomantic mangea sur les lettres Θ, E, O, Δ. ».

Disons maintenant le dénoûment de cette double histoire de divination par les tables et par les coqs : Valens crut voir dans la réunion des quatre lettres le commencement du nom d'un certain Théodore qui lui portait ombrage, et il le fit mourir. En revanche, Théodose qu'il laissa vivre, bien que les initiales eussent dû le dénoncer aussi, lui succéda. La *table* et l'*alectryomancie* avaient eu raison !

Rabelais n'avait sans doute pas vu pratiquer ces deux genres de divination, mais beaucoup d'autres, dont il nous entretient et dont il nous faut parler aussi, étaient encore connues de son temps. Ainsi la *coscinomancie* citée tout à l'heure, et dont il dit au même chapitre : « Ayons ung crible et des forcettes, tu voyrras diable. » Cette magie-là devait même lui survivre, à lui, comme à Bodin le *démonomane*, et faire empiéter ses sortiléges sur le grave XVIIe siècle. Jusqu'en 1618 et jusqu'en 1673, elle fait rage de prophétie en Bretagne et dans le Midi, si bien que les statuts synodaux de Saint-Malo [1] et d'Agen sont obligés de la condamner, avec une sévérité digne des anathèmes de Tertullien contre les tables tournantes de son temps. Le curé Thiers, qui rappelle ces statuts de 1618 et de 1673, dans son *Traité des superstitions* [2], ne nous laisse aucun doute sur la manière dont procédait le *coscinomane*. Rien n'est changé à la pratique ancienne. C'est toujours un crible ou un sas « que l'on fait tourner pour savoir les choses dont on est en peine [3]. »

[1] Titre XXXIX, art. 21.

[2] Tome I, p. 191.

[3] Je pourrais parler maintenant des esprits frappeurs, et citer plusieurs exemples de leurs apparitions dans les temps passés ; je m'en tiendrai à ce que raconte d'Aubigné, dans son *Histoire universelle*. (t. II, l. IV, ch. XVI.) — Un soir, durant le siége qu'il soutint à Montaigu, en 1580, contre les troupes royales, « étant couché, dit-il, sur la paillasse entre Beauvois de Chastelleraudois et les Ousches de Melle, Aubigné fit la prière selon leur mode, en achevant laquelle, sur ces mots : *Ne nous induis point en tentation*, il reçut trois coups d'une main large, comme il jugeoit au sentiment ; ces trois

L'*hydromancie*, que Rabelais ne fait que nommer, s'est conservée jusqu'à nous. C'est l'une des vieilles pratiques de magie de bonne femme auxquelles la vogue des tables tournantes nous a fait revenir. Le verre d'eau qu'on y emploie lui a fait donner le nom d'*hydromancie*, qui est le plus connu, mais on l'appelait encore *dactylomancie*, à cause de l'anneau qui complète le sortilége et qui rend l'oracle en allant frapper les parois du vase. Quant à nous, nous appelons tout simplement cette divination l'*expérience du verre d'eau*; et quand nous nous en amusons, nous sommes bien éloignés de croire que Pythagore y recourut sérieusement et que le grave Numa ne connaissait pas d'autres oracles. On peut

coups bien distingués, si résonnants que toute la compagnie, à la lueur d'un grand feu, eut les yeux fichés sur lui dès le premier coup. Les Ousches, encore en vie quand j'écris, le pria de recommencer, ce qu'il fit; et sur les mêmes mots, il reçut trois autres coups plus grands que les premiers, aux yeux de tous, quelques-uns s'étant approchés pour voir le prodige. J'eusse supprimé cet accident s'il eût été sans témoin, je garderai les diverses interprétations pour les familières instructions de ma maison : étant la vérité que le même soir le capitaine Aubigné, mon cadet, venoit d'être tué. »

consulter un passage de Varron, reproduit par saint-Augustin dans sa *Cité de Dieu*[1], et l'on verra que le premier législateur de Rome ne procédait pas autrement pour les prophéties, que nous pour notre jeu puéril. « Il mettait dans un verre d'eau, dit G. Peucer[2], complétant le texte de Varron, un anneau suspendu à un fil ; si la chose devait réussir, l'anneau allait de lui-même frapper le vase à diverses reprises. » Et c'est en ces petits jeux que se passaient les conférences si respectées de Numa et d'Égérie ! C'est par ces oracles que le second roi de Rome s'assurait de la grandeur future de sa ville !

1 Liv. III, ch. xxxv.
2 *De Præcipuis divinat. Gener*

XCIV

Au XVIe siècle, quoiqu'on fût bien crédule encore, cette divination de Numa n'était plus bonne que pour les sots ; ce n'est pas dire que les adeptes y manquassent encore. « La *dactylomancie*, avec l'anneau sur le verre d'eau, écrit Bodin, de laquelle usoit une fameuse sorcière italienne à Paris, l'an 1562, en marmottant je ne sais quelles paroles, devinoit parfois ce qu'on demandoit... et la plupart y étoient trompés. » On voit qu'ici notre *démonomane*, si prompt à tout croire cependant, se fait violence et n'est pas tout à fait pris pour dupe. L'auteur d'un vieux livre, nouveau alors, *le Solide Trésor du petit Albert*[1], y va plus franchement, par rivalité de métier, plus que par amour du vrai, sans doute ; il démasque ainsi cette magie, telle qu'on la pratiquait en son temps.

[1] P. 75.

« Comme je passois par Lille en Flandre, dit-il, je fus invité par un de mes amis à l'accompagner chez une vieille femme, qui passoit pour une grande devineresse, et dont je découvris la fourberie. Cette vieille nous conduisit dans un petit cabinet obscur, éclairé seulement d'une lampe, à la lueur de laquelle on voyoit sur une table couverte d'une nappe une espèce de petite statue ou poupée assise sur un trépied, ayant le bras gauche étendu, tenant de la main gauche une petite cordelette de soie fort déliée, au bout de laquelle pendoit une petite mouche de fer bien poli, et dessous il y avoit un verre de fougère, en sorte que la mouche pendoit dans le verre environ la hauteur de deux doigts. Et le mystère de la vieille consistoit à commander à la Mandragore de frapper la mouche contre le verre pour rendre témoignage de ce que l'on vouloit savoir. La vieille disoit par exemple : « Je te commande, Mandragore, au nom de « celui à qui tu dois obéir, que si monsieur un « tel doit être heureux dans le voyage qu'il va « faire, tu fasses frapper la mouche trois fois « contre le verre. » Et en disant ces dernières paroles, elle approchoit sa main à une petite distance, empoignant un petit bâton qui soutenoit sa main élevée à peu près à la hauteur de la mouche suspendue, qui ne manquoit pas de frapper les trois coups contre le verre, quoique la vieille ne touchât en aucune façon, ni à la statue, ni à la cordelette, ni à la mouche, ce qui étonnoit ceux qui ne connaissoient pas la minauderie dont elle usoit, et afin de duper les gens par la diversité de ses oracles, elle défendoit à la Mandragore de faire frapper la mouche contre le verre, si telle ou telle chose devoit ou ne devoit pas arriver. Voici en quoi consistoit tout l'artifice de la vieille. La mouche de fer, qui étoit suspendue dans le verre au bout de la cordelette de soie, étoit fort légère et bien aimantée; quand la vieille vouloit qu'elle frappât contre le verre, elle mettoit à un de ses doigts une bague dans laquelle étoit enchassé un assez gros morceau d'excellent aimant, de manière que la vertu magnétique de la pierre mettoit en mouvement la mouche aimantée et lui faisoit frapper autant de coups qu'elle vouloit contre le verre, et lorsqu'elle vouloit que la mouche ne frappât point, elle ôtoit de son doigt sa bague sans qu'on s'en aperçût. Ceux qui étoient d'intelligence avec elle et qui lui attiroient des pratiques avoient soin de s'informer adroitement des affaires de ceux qu'ils lui amenoient, et ainsi on étoit facilement dupé[1]. »

Cette vieille-là, dont on pourrait dire, jouant sur le nom latin de l'aimant, qu'elle entendait le magnétisme à sa manière, était, avouons-le, fort experte en fait de prophétie... à coup sûr. Toutefois, il n'eût pas mieux valu se fier aux prédictions de sa mouche de fer qu'à celles que tirait de certains anneaux le tyran Excestus, dont parle ainsi Le Loyer, d'après Aristote et Clément d'Alexandrie : « Il portoit deux anneaux en ses mains, lesquels, par collision et son qu'ils faisoient l'un à l'autre, lui prédisoient les choses à venir ou lui conseilloient ce qu'il devoit faire. Il fut toutefois tué en trahison, quoique ses anneaux enchantés le lui eussent prédit auparavant[2]. »

1. Le *Francion* de Sorel se vante d'avoir dupé bien des gens, par ces momeries. V. édit. 1663, in-8°, p. 49.

2. Le Loyer, *Traité des spectres*, 1605, in-4°, p. 319.

XCV

Demander aux phénomènes de l'*hydromancie* des prédictions et des prodiges, c'est s'abuser, ou, comme faisait notre vieille de tout à l'heure, c'est vouloir abuser les autres ; mais de ces phénomènes réels et avérés vérifier l'effet et chercher les causes, c'est faire acte de curiosité intelligente, c'est tenter un effort utile pour ramener dans le domaine de la véritable science un fait de plus, arraché à l'empirisme superstitieux. Cet effort-là, M. Chevreul ne l'a pas jugé indigne de lui.

En 1812, il avait été à même de faire en se jouant quelques expériences de *dactylomancie* ; ce qu'il en obtint le surprit. Il en parla même à des savants, mais il trouva beaucoup d'incrédules. Ampère fut l'un de ceux, très-rares, qui l'écoutèrent avec attention, et qui semblèrent désirer sur ce phénomène quelques détails plus étendus et plus certains que ceux que comporte une simple causerie scientifique. M. Chevreul se rendit à ce désir. Il écrivit à Ampère, qui l'avait le plus vivement exprimé, une lettre, ou plutôt un mémoire, portant ce titre : *Sur une Classe particulière de mouvements musculaires* [1]. On ne croirait pas qu'un travail ainsi étiqueté dût aboutir à une conclusion qui ne fût pas hostile au magnétisme, et qui fût, au contraire, probante en sa faveur. C'est ce qui est pourtant. M. Chevreul, après de longs tâtonnements, il faut le dire, arrive à déclarer qu'il ne faut plus douter de la réalité de ce fait, sur lequel se base la magie des *hydromanciens* : « Un pendule, formé d'un corps lourd et d'un fil flexible, oscille, lorsqu'on le tient à la main au-dessus de certains corps, quoique le bras soit immobile. » Bien plus, cherchant la cause de ce fait étrange, il ne craint pas de la trouver dans l'un des moyens d'action du magnétisme [2]. Le mouvement du pendule, s'a-

[1] *Revue des Deux-Mondes*, mai 1833, p. 258-266.

[2] En 1659, G. Schott, cité par M. Biot, *Mélanges scientif. et littér.*, t. III, p. 74, disait que cet effet a lieu « parce que l'imagination met la main en mouvement. »

gitant au bout du bras immobile, vient, suivant lui, du regard, et ce qui le confirme dans cette pensée, c'est que, les yeux cessant de fixer le pendule, il n'oscille plus [1].

De là, M. Chevreul s'engage dans une foule d'aperçus et de déductions toutes fortifiées d'exemples, et il finit par dire : « Ces faits peuvent jeter un certain jour sur les causes de la *fascination* [2]. »

Cet aveu-là est une révolution. C'est la première porte ouverte pour que la science pénètre dans le magnétisme, et le magnétisme dans la science. Jamais les prévisions de

[1] Je lis dans une lettre de M. X... (Jobard), reproduite par M. Mabru (*Les Magnétiseurs jugés par eux-mêmes*, p. 213.) : « Le célèbre chimiste Van Mons nous a certifié qu'il avait par sa seule présence, et sa volonté, déterminé des combinaisons chimiques qui refusaient de s'opérer sous la main de ses élèves. »

[2] En 1846, M. Desplaces ayant fait de ses expériences l'objet d'un mémoire, M. Chevreul réclama la priorité, dans la séance de l'Académie des sciences du 14 décembre 1846, et depuis lors, quand les tables tournantes remirent à la mode les idées de magie, il compléta son premier travail, dans une brochure dont voici le titre : *De la Baguette divinatoire, du pendule dit* explorateur, *et des tables tournantes au point de vue de l'histoire, de la critique et de la méthode expérimentale*, 1854, in-8°.

G. Naudé et de Cornélius Agrippa, entrevoyant que ce qui était magie et empirisme de leur temps deviendrait un jour science et certitude, n'ont été mieux justifiées. « Tout ce que les plus subtils et les plus ingénieux entre les hommes, dit Naudé [1], peuvent faire en imitant ou aidant la nature, a coustume d'estre compris sous le nom de *magie*, jusques à ce que l'on ait découvert les divers ressorts et moyens qu'ils pratiquent pour venir à bout de ces opérations extraordinaires. »

C. Agrippa parle en termes aussi formels; seulement, comme il est lui-même entaché de sorcellerie, il fait une plus belle part encore à ses confrères. Sous le nom de *mages*, il les donne pour « très-diligents enquesteurs de nature; » qui, « conduisant et addressant bien à propos les choses qu'elle a préparées, et appliquant les actives avec les passives bien souvent font voir des effets extraordinairement et avant le temps, lesquelles le vulgaire juge être miracles, combien que ce ne soyent qu'œuvres naturelles, advancées aucunement de temps [2]. »

[1] *Apologie des grands hommes accusés de magie*, t. I, p. 53.

[2] *De la Vanité des sciences*, anc. trad., ch. XLIV.

Une fois la *fascination* admise comme moyen d'action, non-seulement sur les êtres animés, mais encore sur les choses inertes, la plupart des prestiges de l'ancienne magie se peuvent expliquer. Quant à ceux de la magie du jour, la sorcellerie des tables tournantes, leur explication tient à l'autre, puisqu'en effet il n'y a rien de vraiment nouveau dans leurs phénomènes. Nous l'avons déjà vu à propos de la *coscinomancie* et de la très-antique *hydromancie*.

Une autre sorte de divination non moins ancienne, et qui, de même que les autres, a, dans ces derniers temps, eu sa renaissance, peut nous fournir une nouvelle preuve de cette identité : c'est ce qu'en magie on appelle la *cléidomancie*. A ce mot, vous pensez sans doute qu'il s'agit de quelque sortilége bien compliqué ; point du tout, vous avez tous été pendant huit jours, au moins, des *cléidomanciens*. Nous allons laisser M. Ferdinand Denis, dans son petit livre sur *les Sciences occultes* [1], vous donner le mot de l'*arcane* et vous convaincre que vous êtes tous plus sorciers que vous ne pensez : « La *cléidomancie*, ou *cléidonomancie*, divination par le moyen d'une

1 P. 61.

clef, procède ainsi. On entortille autour d'une clef un morceau de papier contenant le nom de la personne qu'on soupçonne d'un crime ou dont on veut pénétrer le secret ; cette clef est ensuite attachée à une Bible, qu'on remet entre les mains d'une vierge, et la clef doit tourner d'elle-même aux paroles du devin. Plus souvent la clef est attachée au moyen d'une ficelle sur la première page de l'évangile de saint Jean, de manière à ce qu'elle soit suspendue quand le livre est fermé. La personne qui veut découvrir un secret pose le doigt dans l'anneau, et la clef, obéissant à une vertu cachée, tourne tout à coup. »

Les Russes ont beaucoup de foi en la *cléidomancie* ; ils sont persuadés que, par son moyen, on peut découvrir des trésors. Les Perses y recourent aussi, seulement ils ne la pratiquent pas tout à fait de la manière dont elle vient d'être décrite : au lieu d'une clef, ils y emploient une flèche. Chardin, qui, à cause de cette petite modification, l'appelle *bélomancie*, la trouva fort en usage dans tout le royaume du schah. Ce pays-là, d'ailleurs, est comme la mère-patrie de tous les sortiléges. Il les reçut de l'Inde, ainsi que l'Égypte, et c'est lui qui en conserva le plus fidèlement les pratiques. L'*hydromancie*, selon Varron, était une divination persique. Cornélius Agrippa le savait bien, et s'il se plaît à donner le nom de mages à tous les enchanteurs, c'est qu'il pense aux secrets *magiques* venus de cette terre, où les mages étaient prêtres et rois.

Rien n'égalait, suivant lui, la vertu attractive et le don fascinateur de ces devins. Qu'est-ce, auprès d'eux, que nos thaumaturges de salon qui parviennent à peine à mettre en mouvement une table bien roulante ? Orphée lui-même, avec ses rochers mis en danse, n'est en comparaison qu'un écolier.

« Comme si c'étoit hors de doute que les mages, par paroles seules, dit-il, par affections et choses semblables, produisent en eux-mêmes et ailleurs admirables effects, et que, par ces moyens, ils puissent dissiper les vertus et propriétés qui sont ès choses, les attirer à eux ou les repousser, et rejecter ou en quelque autre façon les manier et disposer tout ainsi que l'aymant attire à soy le fer, l'ambre, la paille, ou comme l'ail ou le diamant empeschent la vertu de l'aymant[1]. »

1 *Vanité des sciences*, ch. XLIV.

XCVI

En Égypte, dans l'Inde, chez tous ces peuples aux énergies primitives, la croyance dans la force attractive de la volonté humaine se conserva longtemps et fit des miracles. L'un des hommes qui s'étaient le plus profondément imbus de leurs idées, Fabre d'Olivet, prétendait s'être fait par l'étude, non-seulement l'héritier de leur science, mais celui de leur puissance fascinatrice.

« Il est, dit un de ses biographes, à qui nous laissons toute la responsabilité du fait, il est certain qu'il attachait une si grande foi au pouvoir de la volonté, qu'il assurait avoir souvent fait sortir un volume du rayon de sa bibliothèque, en se mettant en face et en s'imaginant fortement qu'il avait l'auteur devant les yeux. Cela, disait-il, lui arriva souvent avec Diderot [1]. »

[1] Alph. Rabbe, *Biog. portative des contemporains*, t. I, p. 1619.

Depuis Tespesion, prince gymnosophiste « qui, pour montrer qu'il pouvait enchanter les arbres, commanda à un grand orme de saluer Apollonius [1], » je ne connais rien de plus fort que ce volume de Diderot qui sort de lui-même de son rayon à la volonté de Fabre d'Olivet. Encore une fois, que sont, auprès de cela, nos tourneurs de tables et de chapeaux ? Que sont-ils même auprès de ces magiciens du Céleste Empire, dont naguère le *North-China Herald* [2] nous contait les prodiges ? Et que sont-ils surtout auprès de ces prêtres de la Cochinchine qui, s'il faut en croire le P. de La Bisachère, font mouvoir, par le seul effort de leur volonté, une lourde barque sur le rivage [3]; et enfin auprès de ces sorciers chamanes et de ces lamas dont les *Lettres édifiantes* ont depuis longtemps attesté les sortiléges [4], et auxquels il suffit de vouloir pour que les tables, non-seulement tournent, mais volent dans l'espace ?

[1] *L'Incréd. savant*, p. 995.

[2] Cité par la *Gazette d'Augsbourg*, du 11 juin 1854.

[3] Renouard de Sainte-Croix, *Voyage aux Indes orientales*, lettre 64.

[4] Tome X, p. 122. *V.* aussi le *Voyage au Thibet*, du P. d'Andrada.

C'est là un des plus rares secrets de leur fameux *Kaghyour*, gigantesque encyclopédie thibétaine en cent-huit volumes in-folio, dont le premier a mille quatre-vingt huit pages! C'est là le plus beau privilége du *pradjana*, cette manifestation de l'essence des bouddhas, « ce mode, dit Klaproth, suivant lequel la plus haute intelligence de l'existence véritable prend une existence apparente dans l'espace et dans les formes mensongères de la matière. » Non-seulement les lamas du Thibet, mais ceux d'une caste inférieure qui sont les ministres du bouddhisme en Sibérie, connaissent le secret de cette magie des *tables volantes*. Un voyageur russe, qui fut témoin de l'une de leurs expériences, il y a quelques années, a pris occasion de la vogue des tables tournantes pour consigner dans l'*Abeille du Nord*, journal russe de Saint-Pétersbourg, le récit de ce qu'il avait vu. Nous allons en citer une partie.

Notre voyageur commence par parler des diverses espèces de prestiges auxquels ces prêtres recourent, à l'imitation de ceux des anciens Égyptiens, pour maintenir leur influence; puis il ajoute :

« Au nombre des moyens qu'ils emploient,

il en est un plus curieux que les autres. Une petite *table mouvante* est leur baguette magique ; elle leur sert d'indicateur pour découvrir des objets volés, dont on vient leur demander le lieu de recel. Voici comment se pratique leur enchantement. Une personne vient-elle s'adresser au lama et lui porter sa plainte, avec prière de découvrir l'objet qui lui a été volé : il est rare que le lama consente sur-le-champ à acquiescer à la demande. Il la renvoie à quelques jours, sous prétexte de préparation à son acte de divination.

« Quand arrivent le jour et l'heure indiqués, il s'assied par terre, devant une *petite table carrée*, place sa main dessus et commence à voix basse la lecture d'un ouvrage thibétain. Une demi-heure après, le prêtre se soulève, détache la main de la table, élève son bras, tout en lui conservant, par rapport à son corps, la position qu'il avait en se reposant sur la table ; celle-ci s'élève aussi, suivant la direction de la main. Le lama se place alors debout, élève sa main au-dessus de sa tête, et la table se retrouve au niveau de ses yeux. L'enchanteur fait un mouvement en avant, la table exécute le même mouvement ; il court, la table le précède avec une rapidité telle que le lama a peine à la suivre. Après avoir suivi diverses directions, elle oscille un peu dans l'air et finit par tomber. De toutes les directions qu'elle a suivies, il en est une plus marquée; c'est de ce côté que l'on doit chercher les objets volés. Si l'on prêtait foi aux récits des gens du pays, on les retrouverait à l'endroit même où tombe la petite table.

« Le jour où j'assistai à cette expérience, ajoute le voyageur russe, après avoir parcouru dans l'air un trajet de plus de quatre-vingts pieds, elle est tombée dans un endroit où le vol n'a pas été découvert. Toutefois, je dois avouer en toute humilité que le jour même un paysan russe, demeurant dans la direction indiquée, s'est suicidé. Ce suicide a éveillé des soupçons ; on s'est rendu à son domicile, et l'on y a trouvé tous les objets volés.

« Par trois différentes fois, l'expérience échoua en ma présence, et le lama déclara que les objets ne pouvaient être retrouvés. Mais en y assistant pour la quatrième fois, j'ai été témoin du fait que je viens de rapporter. Cela se passait aux environs du bourg Elane, dans la province actuelle de Zabaïkal.

N'osant pas me fier aveuglément à mes yeux, je m'expliquais ce fait par un tour d'adresse employé par le lama prestidigitateur. Je l'accusais de soulever la table au moyen d'un fil invisible aux yeux des spectateurs. Mais, après un examen plus minutieux, je n'ai trouvé aucune trace de supercherie quelconque. De plus, la table mouvante était en bois de pin et pesait une livre et demie. »

Le fait de l'ancienneté, et, pour ainsi dire, de la préexistence du phénomène des *tables mouvantes* étant admis dans la généralité, veut-on pour quelques détails qui s'y rattachent faire une recherche pareille, on aboutira au même résultat. Les tourneurs de table ont remarqué que le meuble mis en mouvement se portait vers le nord. C'est un effet du magnétisme humain, semblable en cela au magnétisme minéral. Le père Kircher, il y a tantôt deux siècles, lui avait déjà reconnu cette propriété. Il prétendait « qu'en plaçant un homme en parfait équilibre sur une barque légère au milieu des flots, cet homme, nouvelle boussole, tendrait naturellement à se diriger la face au pôle ou vers le nord[1]. »

[1] *Revue britannique*, 4e série, t. XV, p. 319.

S'agit-il maintenant de la vertu toute magnétique des doigts de la main, surtout du petit doigt (l'*annulaire*) et de son voisin ? vous trouverez chez les Turcs une vieille superstition qui vous prouvera que depuis longtemps c'est pour eux une idée reçue. « Ces deux doigts sont funestes, disent-ils, le diable s'en sert pour manger son riz. » Aussi tout bon musulman ne mange-t-il qu'avec les trois autres.

L'âme est dans les doigts ; quand on meurt, c'est par là qu'elle s'échappe, telle est la croyance des habitants du pays de Macassar ; aussi, quand un malade agonise, l'*agguys* appelé pour l'aider à mourir se met-il, tout en marmottant des prières, à lui frictionner doucement le doigt du milieu, pour préparer ainsi la voie à l'âme qui va s'échapper.

Les femmes, pour activer la rotation des tables, ont, dit-on, plus de puissance que les hommes ; c'est un reste de la vertu particulière qu'on leur a toujours reconnue pour les enchantements : « Et à la vérité, dit G. Naudé [1], les femmes sont plus adonnées à la magie que

[1] *Apologie des grands hommes qui se sont occupés de magie*, t. II, p. 430.

les hommes... Lesquelles, si on veut adjouter foy à Lucain... ont beaucoup plus de force et d'efficace sur cette passion que non pas sur aucune autre. »

Tout cela dit, si, par une brusque transition, on passe du mouvement des tables à la rotation des astres pour en rechercher aussi les causes, et si l'on adopte cette pensée de M. Audriveau [1] : « Je dis que la rotation du soleil, agissant sur les planètes par la communication des fluides, est la cause probable de leur mouvement diurne, » on se trouvera tombé dans une opinion qu'Aristote émit vaguement, et que Mesmer reprit dans sa première thèse, *De Planctarum Inflexu* [2]. Enfin si, niant la cause merveilleuse de tous les phénomènes précédents, on en cherche seulement la raison matérielle, la cause physique ; si l'on se dit, par exemple, que tout cela ne se meut qu'en raison de la tendance à tourner qu'a tout objet soumis à une pression, on ne fera aussi que reprendre un axiome de Bacon dans son *Novum Organum*. Tant il est vrai qu'il n'y

[1] *La Magie dévoilée*, in-4°, p. 78.

[2] *Rev. Britann.*, 4e série, t. XV, p. 300.

a rien de bien nouveau ni pour la vérité ni pour l'erreur!

Ce qui doit m'étonner en ce temps où l'on fait de la magie avec tant de sans-gêne, où l'on s'improvise sorcier entre deux causeries; tourneur de la table, avant ou après le thé, c'est l'appareil mystérieux et sacré dont les anciens, au contraire, entouraient ces pratiques. Ils faisaient de tout une sorte de sacerdoce. Le magnétisme en particulier restait, comme un rit secret, dans l'ombre de leurs sanctuaires, comme un pieux monopole entre les mains de leurs prêtres. Il ne courait pas le risque de tomber ainsi dans les abus et dans le ridicule qui l'ont discrédité depuis qu'il a été livré à la merci et à l'indiscrétion de tous.

XCVII

L'existence des créations magnétique et somnambulique dans les temples de l'Égypte et de la Grèce nous est prouvée d'une façon plus certaine encore que celle des pratiques dont nous avons parlé tout à l'heure, et qu'on voudrait nous donner comme relevant des mêmes phénomènes, bien qu'elles ne soient en comparaison que des décrépitudes de croyances, et, pour ainsi dire, les ruines d'une foi en décadence qui avant de tomber se prend à tout et se fait superstition.

Bien souvent avant nous on s'est occupé de rechercher dans l'antiquité les traces du magnétisme, et l'on y est parvenu sans peine. Nous pourrions reproduire ici un certain nombre de faits témoignant de son existence et du caractère sérieux et même sacré qu'on lui reconnaissait; mais de peur des redites, nous nous en tiendrons seulement aux plus curieuses de ces preuves.

L'une des plus singulières est celle que nous fournit une lettre d'*Aspasie à Périclès*, lettre supposée sans doute, mais antique certainement, et due, sinon à la maîtresse du dictateur athénien, du moins à un écrivain d'une époque à peu près contemporaine. Voici ce qu'Aspasie y raconte de ses courses lointaines pour chercher une guérison qu'elle ne trouva que dans le temple de Lycère, au sein des songes révélateurs envoyés par Esculape, ou, si vous aimez mieux, grâce au somnambulisme, pour parler d'une manière moins poétique et plus actuelle[1].

« J'ai suivi exactement, dit-elle, le conseil du sage médecin Naucratès. Je me rends d'abord à Memphis, où je visite sans succès le temple d'Isis. J'ai vu la déesse et son fils Orus, assis sur un trône supporté par deux lions ;

[1] Aspasie devait croire aux oracles. Étant enfant, elle leur avait dû la guérison d'une tumeur qui la défigurait, et pour laquelle les médecins l'avaient abandonnée. « Prends les roses dont on fait des guirlandes pour Vénus, lui dit l'oracle, après qu'elles seront desséchées, applique-les sur ta tumeur.» Elle le fit, et le mal disparut (Élien, liv. XII, ch. I).

de brillants fétiches ornaient son autel, où le matin brûlait de l'encens, le jour de la myrrhe, et durant la nuit s'exhalaient des délicieux parfums de Cyphis. Là, j'appris que le jeune Alexandre s'étant endormi dans le sanctuaire, on lui avait révélé dans un songe un remède pour guérir son ami Timoléon, et que son vœu avait été exaucé[1].

« Moi-même je m'endormis dans ce lieu sacré, sans obtenir aucune faveur, et l'on me dit que mon incrédulité était cause de mon malheur. Je partis pour Patras, où je vis la déesse Hygie, non telle que la représente Aristophane, agile, gracieuse, ses robustes flancs ceints d'un léger vêtement, tenant en main la coupe d'une muse, d'où s'élance un serpent; mais je la vis sous une forme mystérieuse à cinq faces. Une fontaine sacrée s'offrit à ma vue; et pendant que je déposais mon offrande aux pieds de la déesse, je devais, suivant le conseil des prêtres, fixer de mes

[1] En Laconie, se trouvait un temple où, selon Pausanias (liv. III, ch. XXVIII), « ceux qui allaient y dormir recevaient ainsi des lumières sur ce qui devait leur arriver. » — Isaïe reprochait aux païens d'aller dormir dans les temples d'idoles (ch. LXV, verset 4).

regards un miroir flottant sur l'onde de la fontaine. Mais je n'obtins rien. J'allai plus loin, et partout où j'arrivais, les dieux me semblaient aussi sourds que ton Aspasie était chagrine. Soudain, j'entends nommer Podalyre; je demande, on me dit que son temple est à Lycère; je m'y rendis aussitôt. A peine suis-je arrivée, que je me baigne dans le fleuve; en sortant de l'eau, je répandis sur moi le baume odorant dont Sozime, notre ami, m'avait fait don le jour que je quittai Athènes.

« Je tâchai par mes prières de me rendre digne de la réponse du dieu. A l'approche de la nuit, je me couchai sur la peau d'une chèvre [1], près de la colonne qui portait sa statue, et je fus plongée dans un doux sommeil. Autour de moi se répandit une clarté suave. Crois-moi, Périclès, oui, crois-moi, dans ce calme de l'âme, le divin Esculape, enveloppé d'un brillant nuage, m'apparut avec ses deux filles et me promit la santé. Mon sommeil fut profond jusqu'au point du

[1] C'était un usage en Égypte, d'aller s'étendre sur des peaux de bélier pour attendre les songes prophétiques. (Sprengel, *Histoire de la médecine*, t. I, p. 151; Pausanias, liv. I, ch. XXXIV.)

jour; à mon réveil, je me trouvai sur le même côté où je m'étais mise la veille. Je vis Cyprine; Cyprine, qui fut aimée de Podalyre, vint elle-même sous la forme d'une colombe; elle vint et me guérit. O vous Podalyre, Cyprine, Esculape, recevez à jamais l'encens des mains d'Aspasie et de Périclès !

« Apprends de plus que le même jour une femme infortunée, affligée d'un engorgement au sein, vit en songe le petit dieu Harpocrate, étendu sur des feuilles de lotus, enveloppé depuis les pieds jusqu'à la tête, et qui lui demanda le lait de ses mamelles; ce qui fut cause qu'on lui donna un remède salutaire.

« Les prêtres désignent ces songes sous divers noms, soit qu'ils les interprètent pour la guérison, soit que la divinité elle-même apparaisse dans le songe et rende la santé. Quels songes? dis-tu, Périclès, et peut-être en ris-tu. Ce qui toutefois n'est pas un rêve, c'est que je suis guérie et que je t'aime. »

Dans ce morceau que le docteur italien Guis. Monte-Santo a si bien fait de remettre en lumière [1] pour les besoins de sa dissertation *sur les rites Asclépiades*, tout est infini-

[1] *Giornal dell' ital. Litter.*, mai et juin 1825, p. 104.

ment curieux, même ce que dit Aspasie sur le rire sceptique avec lequel son amant accueillera sa lettre.

Au temps de Périclès, en effet, le doute pénétrait de toutes parts dans les croyances grecques. Avec Socrate, on commençait à douter des dieux, et à se chercher une morale en dehors d'un polythéisme incestueux et débauché; avec Hippocrate, on s'affranchissait pour la guérison des maladies du monopole des prêtres[1], et l'on demandait aux observations d'une science nouvelle ce que pendant les temps héroïques on était allé demander aux révélations du sommeil dans les temples

Nous donnons cette lettre d'après la traduction qui en a été publiée dans *le Bulletin des sciences histor.*, du baron de Férussac, t. VII, p. 227-228.

[1] Salverte, *Des Sciences occultes*, édit. Littré, p. 320-321.—« Du temps d'Hippocrate, dit fort judicieusement M. A. Gauthier, il y avait abus de la divination, et c'est pour y remédier qu'il posa les bases de la médecine ordinaire, en regard de la médecine occulte. » (*Hist. du somnambulisme*, t. I, p. 139.) Celle-ci d'ailleurs fournit à l'autre ses premières formules, grâce aux tablettes sur lesquelles les malades guéris inscrivaient, avec le nom de leur maladie, celui du remède qui leur avait été salutaire, et qu'ils déposaient ensuite dans les temples. (Sprengel, t. I, p. 162.) *V.* pour quelques-unes de ces inscriptions,

thérapeutiques appelés *Asclépions*[1]. Vainement, les prêtres combattaient pour leurs dieux dépossédés par la science et par la philosophie; vainement Sophocle, dans l'*Œdipe roi* se faisait le champion des oracles et des autres croyances battues en brèche par toutes ces attaques qu'on peut comparer à celles du voltairianisme pendant le siècle dernier; le doute faisait son chemin, et le rire se propageait de compagnie, acolyte redoutable, surtout lorsqu'il circule au milieu d'une population spirituelle, comme l'était celle d'Athènes, comme l'est celle de Paris. Ainsi, bien qu'il eût naguère élevé une statue à Pallas en souvenir d'un de ses esclaves, dont un remède révélé en songe par la déesse avait amené la guérison[2], Périclès se moquait, et en même temps que lui, mais d'une façon plus favorable encore à cette contagion d'incrédulité, Aristophane se moquait aussi.

Gruter, *Inscript. Corpus*, in-fol. p. 70, nº 7, et 271, nº 1.

[1] Plutarque, *Quœst. roman.*, § 94; *Œuvres d'Hippocrate*, traduct. Littré, t. I, introduct.

[2] Leclerc, *Hist. de la médecine*, 1re partie, liv. II, ch. XX.

Sa raillerie n'éclate nulle part mieux que dans le *Plutus*, et elle a cela de bon que tout en se moquant elle instruit; tout en riant, elle initie à des faits qui sans cela nous seraient restés inconnus. Dans le passage suivant, par exemple, où Carion raconte comment son maître Plutus a été guéri de sa cécité dans le temple d'Esculape; on voit se lever un coin du voile, derrière lequel le somnambulisme sacré dérobait ses pratiques.

« Après avoir, dit Carion, consacré sur l'autel les gâteaux et autres offrandes, et avoir livré la fleur de farine à la flamme de Vulcain, nous couchâmes Plutus avec les cérémonies voulues, et chacun de nous s'arrangea un lit de paille.... Après avoir éteint les lampes, le ministre du dieu nous dit de dormir, et nous enjoint, si l'on entend du bruit, de faire silence. Nous nous couchons tous tranquillement : le dieu fit le tour et visita gravement chaque malade; il vint ensuite auprès de Plutus, et d'abord il lui tâta la tête, puis il lui essuya les yeux avec un linge blanc; Panacée lui couvrit la tête et le visage d'un voile de pourpre; le dieu siffla, et deux énormes serpents s'élancèrent aussitôt du fond du temple. Ceux ci s'étant glissés doucement sous le voile de pourpre, léchèrent, je crois, les paupières du malade, et... Plutus recouvre la vue[1]. »

Sous toutes ces momeries antiques, travesties à plaisir, on voit le somnambulisme moderne qui se fait jour, avec ses facultés curatives. Nous le retrouverons bien mieux encore lui et tout son appareil de phénomènes, si nous recourons à des preuves plus sérieuses que celles qui viennent de nous être fournies par la *Lettre d'Aspasie* et par Aristophane. Sur les obélisques égyptiens, par exemple, nous verrons des figures représentées dans l'exercice des pratiques magnétiques, dont la plus ordinaire était l'*imposition des mains*[2], et qui, pour la plupart, sont encore mises en œuvre, mais comme simples rites cérémoniaux dans les épreuves maçonniques, derniers restes des antiques mystères[3]. Strabon, en son livre XVII, viendra

[1] *Aristophane*, traduct. d'Artaud, édit. Charpentier, p. 525.

[2] Sonnerat, *Voyages aux Indes occidentales*. Paris, Dentu, 1806, atlas, pl. 34, 41, 51, 52. — *Congrès historique de* 1848, compte rendu des séances, p. 194. — *Rev. Britann.*, juin 1838, p. 309. — H. Delaage, *Le Monde prophétique*, Paris, Dentu, 1853, p. 49.

[3] Delandine est de mon avis. « Ne serait-ce point,

rendre aussi témoignage en faveur de ces opérations sacrées lorsqu'il nous entretiendra des Égyptiens malades qui, pour recouvrer la santé, s'en allaient dormir dans le temple de Sérapis. Diodore de Sicile[1] et Galien[2] se trouveront d'accord avec lui quand ils nous feront voir les mêmes pratiques en usage, l'un dans le sanctuaire consacré à Isis, l'autre dans un temple de Vulcain, près de Memphis[3]. Dans plusieurs passages de Pausanias[4], dont Sprengel se fait fort pour son *Histoire de la Médecine*[5], nous trouverons les mêmes

dit-il dans sa *Philosophie corpusculaire*, un vestige des anciennes connaissances magnétiques qui, chez les francs-maçons, dans certain grade, fait promener le pouce ou l'index sur les tempes et sur la poitrine des initiés, qui établit une chaîne entre eux en se tenant par la main et en pressant le pouce à plusieurs reprises, entre le pouce et l'index de ses voisins?»

[1] Lib. I.—C'est dans ce même temple de Sérapis, à Alexandrie, que Vespasien accomplit ses miracles de guérison par attouchement. (Tacite, *Hist.*, lib. IV, ch. LXXXI.)

[2] *De Med. sect. genes.*, cap. I.

[3] « De l'Égypte, dit encore Galien, venaient les formules qui enseignaient l'usage des simples dans la médecine, et ces formules étaient magiques.» *De Simpl. medicam. Facult.*, lib. VI, *Proœm.*)

[4] Lib. I, cap. XXIV; lib. X, cap. XXXII.

[5] T. II, p. 157.

faits avec de nouveaux détails. Philostrate [1], Tatien lui-même [2], malgré sa haine contre toutes les pratiques païennes, rendront un témoignage non moins concluant; et enfin Prosper Alpini, dans son *De Medicina Æyptiorum* [3], résumant ces preuves en quelques lignes décisives, arrivera à cette conclusion toute en faveur de l'ancienneté des opérations somnambuliques :

« Les frictions médicales et les frictions mystérieuses étaient les remèdes secrets dont les prêtres se servaient pour les maladies incurables [4]. Après de nombreuses cérémonies, les malades enveloppés de peaux de bélier étaient portés dans le sanctuaire du temple, où le dieu leur apparaissait en songe et leur révélait les remèdes qui devaient les guérir [5].

1 « La divination, dit-il dans la *Vie d'Apollonius* (liv. III, ch. XIII), rend de grands services, dont le plus grand est la médecine. »

2 *Orat. ad Græcos*, édit. d'Oxfort, p. 157.

3 Leyde, 1718, in-4°, lib. I, cap. VIII.

4 « Les prêtres, dit Origène, prétendaient connaître les invocations propres à obtenir de chaque génie la guérison des membres soumis à son influence. » (Origène, *Contra Celsum*, lib. VIII.)

5 En Orient, cette croyance aux songes ne s'est

« Lorsque les malades ne recevaient pas les communications divines, des prêtres, nommés *onéiropôles*, s'endormaient pour eux, et le dieu ne leur refusait pas le bienfait demandé [1]. »

Ici, avec cet *onéiropole* (vendeur de songes), nous tenons une des industries nées du magnétisme moderne, le *somnambulisme* à tant la séance. Des temples égyptiens et grecs, ce magnétisme mercenaire, se faisant objet de curiosité et de spectacle sinon d'utilité, était passé dans les églises chrétiennes. Saint Augustin, en effet, nous parle, dans sa *Cité de Dieu* [2], d'un prêtre de son temps dont on admirait les extases ainsi que l'insensibilité qui en résultait pour tout son corps. Cette dernière particularité, qui est toute du domaine

point perdue. « Après la mort de Tippo-Saëb, on trouva un manuscrit où il avait raconté tous ses rêves. » (Barchou de Penhoën, *Hist. de l'empire anglais dans l'Inde*, t. IV, p. 370.) Maine de Biran a dit : « Il n'y a rien de plus instructif pour l'homme éveillé que l'histoire des songes. » (*Œuvres*, édit. V. Cousin, t. II, p. 256.)

[1] Diodore de Sicile, lib. XVI, cap. 6. — *Alexander ab Alexandro*, lib. VI, cap. II.

[2] Lib. XIV, cap. XXIV.

magnétique telle que nous le connaissons, est certifiée par ces paroles de saint Augustin :

« C'était, dit-il, un prêtre de l'église de Calama, nommé Restitus. Toutes les fois qu'il voulait, et la curiosité venait le solliciter souvent, aux accents imités de certaines voix plaintives, il se dépouillait de toute sensibilité et demeurait gisant. On l'eût cru mort : aiguillon, piqûre, brûlure même, il ne sentait rien qu'au sortir de cette léthargie [1]. »

Le saint évêque décrit ensuite l'état tout extatique du prêtre, et ce qu'il dit est parfaitement conforme à ce que rapporte Jamblique des extases obtenues dans les temples égyptiens [2]. Le prêtre de Calama était donc une sorte de thérapeute égaré sous la voûte d'un sanctuaire chrétien.

Jamblique, dans son livre des *Mystères égyptiens* [3], est fort explicite pour ce qui se

[1] Un cas de catalepsie semblable, accompagné de la plus complète insensibilité, fut signalé en 1742, à Montpellier, par Sauvage, qui le mentionna dans un mémoire à l'Académie des sciences. V. l'excellente thèse du docteur A. Favrot, *Sur la Catalepsie*, etc., 1844, p. 56-57.

[2] J. Simon, *Hist. de l'École d'Alexandrie*, t. II, p. 238.

[3] Édit. de Lyon, 1549, in-fol., p. 45.

rapporte aux rites qui nous occupent : « On reçoit, dit-il, dans le temple d'Esculape, des songes à l'aide desquels les malades sont guéris ; et l'art de la médecine lui-même, ajoute-t-il, ne s'est formé que par ces songes divins [1]. »

Énumérant ensuite, comme pourrait le faire un de nos magnétiseurs, les phénomènes somnambuliques, il arrive à celui qu'on est convenu d'appeler phénomène de *lucidité* ; il dit : « Le moment venu, nous entendons une voix entrecoupée qui nous enseigne ce que nous devons faire. Souvent cette voix frappe notre oreille dans un état intermédiaire entre le sommeil et la veille. Quelques malades sont enveloppés d'un esprit immatériel que leurs yeux ne peuvent apercevoir, mais qui tombe sur un autre sens. Il n'est pas rare qu'il se répande une clarté douce

[1] Les oracles étaient quelquefois homœopathes ; ils guérissaient les semblables par les semblables. Ainsi, suivant Ælien (lib. IX), un homme s'était empoisonné en avalant des œufs de serpent ; que lui ordonna l'oracle ? De se faire mordre à la main par une murène. Un autre, toujours suivant Ælien (*id*, *ibid*), se guérit d'un crachement de sang en buvant du sang de bœuf. — L'hydrothérapie se trouvait aussi parmi les prescriptions des oracles. « Ils ordonnent,

et resplendissante qui oblige de tenir les yeux à demi fermés. Ce sont là positivement les songes divins envoyés dans l'état mitoyen entre la veille et le sommeil. »

Demandez à tout somnambule de vous décrire son état, il n'y réussira pas mieux que ne le fait ici le mystique du IIIe siècle.

Nous venons de trouver, dans les écrivains anciens, plusieurs des phénomènes les plus importants du somnambulisme : l'extase, l'insensibilité physique ; interrogeons-les sur quelques autres : la vue à travers les corps opaques et à distance, la catalepsie, l'oubli après le sommeil de ce qu'on a dit et fait ; ils ne répondront pas d'une manière moins satisfaisante. Macrobe[1] aura la parole sur la pre-

dit Marc-Aurèle (*Pensées*, ch. II), à ceux-ci de monter à cheval, à ceux-là de se faire verser de l'eau sur toutes les parties du corps. » Cela rentrait dans les prescriptions d'hygiène qui sont le fonds de la médecine antique, et que nous n'avons pas retrouvées. « Ces sortes de questions, dit M. Le Roux, sont moins avancées chez nous que chez les anciens, généralement dépourvus de grands médecins. »

[1] *Saturnales*, liv. I, ch. III.—En 1730, vivait à Lisbonne une Française chez laquelle on constata la faculté de voir dans le corps humain, « comme on voit une bougie allumée dans une lanterne de verre. »

mière question. il nous racontera comment un jour, Trajan voulant mettre à l'épreuve l'oracle d'Héliopolis, lui envoya une demande cachetée, avec ordre d'en prendre connaissance, sans briser le cachet. « Qu'on lui envoie une tablette blanche, » dit l'oracle, après avoir vu à travers l'enveloppe. Trajan comprit; il n'avait envoyé à l'oracle qu'une page blanche ; l'oracle lui rendait la pareille.

Un fait que raconte Hérodote [1], au sujet de la pythie de Delphes consultée par Crésus, ne prouve pas moins, d'une manière évidente, qu'elle possédait le don de la vue à longue distance. Ces phénomènes de vision comptent parmi les plus remarquables du somnambulisme moderne.

Je les ai vu accomplir avec le plus grand succès par madame Mongruel, somnambule

(*Souvenirs d'un homme du monde*, 1789, in-12, t. I, p. 219-221.)—Au IXe siècle, Alpis de Cudot, pieuse fille du diocèse de Sens, eut une extase pendant laquelle le monde lui apparut tel qu'il est, avec la forme que la science lui a reconnue depuis, et qu'on était bien loin de lui soupçonner d'après les notions géographiques de ce temps-là. (*Hist. littér. de France*, t. IX.)

[1] Liv. I, ch. XLVI, XLIX.

d'une lucidité merveilleuse, et celle qui, pour ce phénomène aussi bien que pour tous les autres, notamment la science des maladies et des remèdes, mérite le mieux d'enchaîner la croyance et de fixer la conviction [1].

Si nous passons ensuite à la *catalepsie* dont nous avons d'ailleurs déjà trouvé un exemple dans le passage de saint Augustin relatif au prêtre Restitus, Celse nous dira qu'Asclépiade lorsqu'il endormait, au moyen de *frictions*, ceux qui étaient atteints de frénésie, arrivait quelquefois à les plonger dans une léthargie véritable [2].

[1] On doit à Mme Mongruel une intéressante brochure sur le magnétisme ancien et le magnétisme moderne comparés, *Les Voix de l'avenir dans le passé et dans le présent*, Paris, Dentu, 1858, in-8o.— Je n'ai pas trouvé dans l'antiquité d'exemples du déplacement des sens chez les sujets endormis, mais c'est un fait acquis à la science moderne, non-seulement pour le somnambulisme, mais encore pour quelques cas de maladies nouvelles. Ce que la médecine n'a pu nier dans ces maladies exceptionnelles, pourquoi refuserait-elle de le reconnaître pour le somnambulisme, état d'exception dans la nature? (V. *Journal des Débats*, 27 sept. 1833.)

[2] Les *frictions* étaient souvent recommandées dans la médecine antique. (*Cœl. Aurelian.*, lib. III, cap. VIII; Alpini, *Cap. de secretis auxiliis.*) Les mains de

Quant à l'oubli après le réveil, c'est un Père de l'Église, c'est saint Justin qui va en constater le phénomène. Il le retrouve chez les sibylles, et ce seul fait suffirait à prouver le singulier rapport qui existe entre nos dormeurs magnétisés et ces somnambules inspirées des temps antiques : « Les sibylles, écrit donc saint Justin, disaient avec justesse et vérité beaucoup de grandes choses, et, lorsque l'instinct qui les dominait venait à s'éteindre, elles perdaient la mémoire de ce qu'elles avaient annoncé [1]. »

bronze appendues dans le temple sont une preuve de l'action bienfaisante qu'on reconnaissait à la main humaine, *manus medica*, comme dit Virgile, (*Æneid.*, lib. XII, v. 402). Montfaucon a parlé de ces mains de bronze. (*Antiq. expliquée,* t. II, p. 328.) — Le *massage*, qui est une pratique toute orientale, a plus d'un rapport avec cet usage de frictions, tant recommandé par la médecine antique. Dans l'Inde, à la Chine, d'où il est passé en Russie, dans les maisons de bains, c'est un art toujours employé, et toujours salutaire. Les Romains l'avaient connu ; la femme dont Martial a parlé dans la 82e *épigr.* de son liv. III n'est autre qu'une *masseuse* :

Percurit agili corpus arte *tractatrix*
Manumque doctam spargit omnibus membris.

[1] Cet oubli complet après les crises fut constaté par le docteur Bouvier en 1820, chez une cataleptis-

Avec tous ces renseignements glanés dans les livres antiques, nous avons à peu près reconstruit un somnambule complet, extatique, insensible, guérissant, prédisant. Ce n'est pas assez, il nous faut prouver que les anciens connaissaient aussi les raffinements de la pratique magnétique, l'eau magnétisée, par exemple, à laquelle nous nous tiendrons comme preuve de l'état avancé et d'expérimentation complète que la science retrouvée par Mesmer avait atteint à leur époque.

Quand un magnétiseur veut agir d'une façon salutaire sur la partie du corps qui est malade,

que naturelle que, malgré toutes les répugnance de la médecine à recourir à ce moyen, l'on soignait par le magnétisme animal. « Dans le sommeil en quelque sorte artificiel que l'on provoquait chez elle, lisons-nous à ce sujet dans la *Thérapeutique* d'Alibert (t. II, p. 503), on la questionna souvent sur le nombre et l'époque de ses attaques à venir ; sur la durée de sa maladie et les remèdes qui pourraient lui convenir. L'événement sembla plusieurs fois prouver la justesse de ses réponses ; elles furent surtout positives pour le premier point. Ses parents ont même usé de ce moyen pour prendre à son insu les précautions convenables au jour et à l'heure qu'elle avait annoncés comme devant amener une attaque. *Il ne lui restait en effet aucun souvenir d'avoir parlé pendant son sommeil.* »

il recourt souvent à l'*insufflation*, ou bien à l'*eau magnétisée*. Ce sont encore deux pratiques anciennes [1]. Aujourd'hui, s'il veut magnétiser de l'eau, il n'opère que sur un verre tout au plus rempli. Les anciens magnétisaient des fontaines entières et en faisaient ainsi des piscines miraculeuses, dans lesquelles on n'avait qu'à s'immerger pour être guéri. Près de Pergame était une de ces sources mises sous l'invocation d'Esculape. C'est à celle-là que se rendit, au IIe siècle, le rhéteur Aristide. Il a même consacré à la décrire un des six discours sacrés qu'il composa pour remercier le dieu de l'avoir guéri. Il appelle cette fontaine le *puits d'Esculape*, et il dit : « On a vu un muet recouvrer la parole après y avoir bu ; de même ceux qui en ont approché leurs lèvres acquièrent le don de prophétie. Il a suffi à d'autres de puiser de cette eau pour conserver la santé [2]. »

Des pratiques si solidement établies et si bien passées dans les mœurs et dans les habitudes journalières, qu'à Rome le Sosie de

[1] V., pour les guérisons par *insufflation*, Alpini, lib. IV, cap. XV.

[2] Aristides, *Oratio in puteum Esculapii*.

l'*Amphitryon*, y faisant allusion [1], était sûr d'être compris de tout le monde ; des prestiges qui avaient eu d'autant plus de faveur que la religion les avait consacrés et la superstition propagés, ne devaient jamais se perdre complétement. En effet, ils survécurent au paganisme. Dès mains des prêtres ils passèrent en celles des savants, qui, comme les premiers possesseurs, les gardèrent en avares [2].

De mystères religieux qu'ils étaient, ils devinrent des secrets scientifiques. Ils durent toutefois à ce dernier titre de se perfectionner, de grandir, de trouver leur formule dans un grand nombre d'écrits longtemps incompris, et dont le plus célèbre et le plus explicite peut-être est le traité des *Opera chimica*, de

[1] Acte I, vers 157.

[2] Leur politique fut tout à fait la même. Comme Eusèbe Salverte (*Des Sc. occult.*, p. 145), l'a remarqué d'après un passage de Rog. Bacon : ils surchargèrent d'accessoires futiles ou mensongers l'expression des faits réels, « afin de cacher les découvertes des sages à une multitude indigne de les connaître. *Quæ*, dit R. Bacon, *Philosophi adinvenerant in operibus artis et naturæ, ut secreta occultarent ab indignis.* » (*De Secret. Oper. art. et nat.*, cap. 1.)—Au XIVe siècle on fit une eau spiritueuse par la distillation de l'alcool sur le romarin ; pour lui donner crédit, on répéta partout

Paracelse. Là fut le vrai mot du grand art, et Mesmer « n'eut vraiment qu'à l'y prendre, » comme on le remarqua dans le rapport des commissaires royaux sur le magnétisme animal, en 1784.

Dans un discours prononcé au *congrès historique* de 1838 [1], quelques-unes des phases traversées par le magnétisme animal pour arriver jusqu'à nous se trouvent assez curieusement décrites, avec le détail succinct des hommes qui en furent les apôtres, et l'analyse d'un livre qui en fut comme le premier Évangile : « En 1665, y lisons-nous, Valentin Greatrakes faisait des cures merveilleuses par le toucher, et les témoignages que nous ont laissés George Rust, Faireclow, Artélius, ne nous permettent guère de douter que ce

qu'elle était due à une révélation envoyée du ciel à Elisabeth, épouse du roi de Hongrie : c'est tout bonnement l'eau de la reine de Hongrie (Boquillon, *Dict. biogr.*, t. I, p. 208). Au XVIe siècle, la recette de *l'eau hémostatique* fut découverte ou retrouvée ; afin de la mettre à la mode, on répandit le bruit que la reine Catherine Cornaro l'avait rapportée de Chypre à Venise, en 1500. On l'appelle aujourd'hui tout simplement l'eau de Léchelle, et pour porter le nom d'un pharmacien elle n'en est pas, je crois, plus mauvaise.

[1] *Compte rendu des séances*, p. 195-196.

Greatrakes ne guérît véritablement par l'*imposition des mains*. En 1772, apparut un homme connu sous le nom de *toucheur*, et qui s'appelait Antoine Jacob; il prétendait guérir par de simples attouchements et par la force de sa volonté. A la même époque, Gassner, en Allemagne, pays d'où, quelques années plus tard, devait sortir Mesmer, se crût doué de la même vertu.

« Longtemps avant eux, quelques autres hommes s'étaient dits possesseurs de cette précieuse faculté. En 1517, Pierre Pomponace, dont les idées philosophiques sont hardies pour le temps où il écrivait, avait publié une dissertation ayant pour titre : *De Naturalibus effectuum admirandorum Causis, seu de Incantationibus liber*[1]. Il regarda comme chose généralement reconnue qu'il y a des hommes doués de la faculté de guérir certaines maladies par une émanation que la force de leur imagination dirige sur le malade. Il dit aussi que la confiance du malade contribue à l'efficacité du remède ; que les enfants sont

1. Bâle, 1517, in-8°, p. 440. Ce livre fut mis à l'*index*, parce qu'il tendait à prouver que ce qu'on appelle *enchantement* est dû à des causes naturelles, et que les démons n'y sont pour rien.

plus susceptibles d'en éprouver les effets [1], parce que leurs organes plus faibles opposent moins de résistance et que leur action se fait sentir d'autant plus que celui qui l'emploie est placé plus près du sujet sur lequel il veut agir et qu'il est mieux disposé. »

Ce n'était pas seulement le *magnétisme animal* qui avait été pratiqué comme opération curative. Le *magnétisme minéral*, véritable base du premier, avait aussi été mis en usage par les médecins bien longtemps avant Mesmer, bien longtemps avant le P. Hell, à qui l'emprunta l'empirique de Mersbourg [2]. Cette médication, dont l'efficacité n'est pas niée des plus habiles pour certaines maladies nerveuses, a comme tant d'autres une origine antique. Lisant les seize livres du *Tetrabiblos* d'Ætius, médecin de la fin du ve siècle, nous n'avons pas été médiocrement surpris d'y trouver l'application extérieure de l'ai-

[1] Porphyre l'avait aussi remarqué, pour en faire une sorte de reproche à ceux qui employaient ces pratiques. Jamblique lui avait répondu : « Plus leur raison est faible, plus la présence de Dieu est manifeste. » J. Simon, *l'École d'Alexandrie*, II, p. 238, 239.

[2] *Dictionn. des sciences médicales*, t. XXIX, p. 466. —*Rev. britann.*, juin 1838, p. 300.

mant, prescrite déjà pour la goutte et les maladies convulsives. Voici la phrase textuelle : *Tradunt magnetem detentum manu, chiragrorum ac podagrorum dolores ipsorum sedare; æquè convulsis opitulatur*[1].

La réputation de l'aimant et de ses vertus particulières ne fit que s'étendre depuis l'antiquité. Elle prit au moyen âge des proportions fabuleuses. A l'aide de l'aimant on pouvait tout faire, tout savoir. Un mari, par exemple, voulait-il s'édifier sur les plus secrètes pensées de sa femme, il n'avait qu'à placer une pierre d'aimant sous son oreiller, et d'elle-même la ménagère révélait ses mystérieuses préoccupations! Cette croyance est un des ressorts du roman *Renard le Novel*, par Jacquemars Gielée de Lille[2]. Pour maintenir l'union entre époux et femme, pour entretenir l'amitié entre deux amis, rien ne valait une pierre d'aimant, que chacun d'eux devait porter sur soi. Le bon accord résultait des

[1] Ætius, *Op.*, édit. Aldine, Venise, 1534, in-fol. lib. II, cap. xxv.

[2] Falconnet, *Dissert. hist. et crit. sur ce que les anciens ont cru de l'aimant.* (Mém. de l'Acad. des Inscript., t. VI, p. 377-408.) — Glanvil, *De Propriet. rerum*, lib. XVI, cap. 63.

émanations sympathiques des deux pierres; c'est du moins ce que nous dit, dans son *Thesaurus pauperum*, Petrus Hispanus, médecin, plus tard devenu pape, et ce que prétendit avant lui Marbodœus dans son livre écrit au XIe siècle : *De Gemmarum, lapidum pretiosarum formis, naturis, atque viribus.*

On ne s'en tint pas à cette vertu toute *sympathique* de l'aimant, dont la fameuse poudre du chevalier Digby, tant vantée par Mme de Sévigné en 1685, dut supplanter la vieille renommée; on prétendit lui trouver des propriétés plus actives. C'est alors qu'on revint au système de médication mentionné par Ætius. Paracelse s'ingénia de faire aimanter des couteaux, des lames d'épée, avec lesquels on dut guérir le mal de dents. Ces pratiques moquées d'abord furent plus tard imitées partout : en Suède, par Stromer; en Angleterre, par Acken; en France, par Lenoble, qui, vers 1754, à l'aide des aimants artificiels qu'il parvint à perfectionner, appliqua cette médication à un grand nombre de maladies[1]; en Allemagne, par Klœrich, qui prétendait ne pas trouver d'odontalgies, de

[1] *Dictionn. des sciences médic.*, t. XXIX, p. 466.

rhumatismes, de paralysies rebelles à l'effet de ses aimants [1].

Tout cela se trouvant ainsi découvert, ou plutôt renouvelé des anciens; et, d'un autre côté, l'électricité commençant à jouer déjà son rôle médical [2], vous voyez qu'au XVIIIe siècle, on touchait de bien près à certaine invention fameuse de notre temps : celle des *chaînes galvanisées*. Il ne fallait plus que trouver le galvanisme, pour qu'il tînt lieu de l'aimant, qui peut-être, après-tout, ne valait pas moins.

1 L'aimant était surtout employé pour la guérison des *spasmes*, des maux de tête, etc. Selon Kircher, il suffisait de porter un morceau de fer aimanté à son cou pour calmer les spasmes ou les douleurs nerveuses; et si une femme en travail en tenait dans ses mains, l'accouchement devenait plus facile et plus prompt. (*Magnes, sive de Arte magnetica*, 1643, in-4°, p. 679.) Selon Porta, la simple apposition d'un aimant sur la tête enlevait la migraine (*Magia naturalis*, 1591, in-8°, p. 332). Wecker dit que ce genre de médication avait été emprunté par Holler aux livres des anciens. (*De Secretis*, Basle, 1613, in-8°, p. 107.)

2 En 1752, dans la troisième partie de son *Hist. de l'électricité*, l'abbé Mangin traita de sa vertu thérapeutique. En 1772, un physicien de Genève, dont parle Voltaire, dans une lettre à madame du Deffant (5 juin 1772), faisait, pour guérir la goutte sereine par l'électricité, des expériences semblables à celles d'aujourd'hui, mais moins heureuses. En 1783, le phy-

La découverte en fut donc faite, et plus tôt qu'on ne le croit généralement. Il ne devrait même pas, à mon sens, avoir le nom qu'il porte ; mais le monde est favorable aux Améric Vespuce, et Galvani ne fut guère autre chose en cette circonstance.

Pour ses expériences sur la grenouille, restées si fameuses, après avoir été si fortuites, il avait eu des prédécesseurs. Le hasard, qui le servit si bien, avait déjà permis à Cotugno d'étudier le même phénomène d'électricité animale sur une souris, qu'il disséquait, et dont le nerf diaphragmatique touché par la pointe de son scalpel dégagea tout à coup assez d'électricité pour lui donner dans

sicien Comus, qui, pour cette pratique sérieuse, reprenait son vrai nom de Ledru, se faisait fort de guérir par l'électricité toutes les maladies nerveuses, et obtenait à cet effet l'approbation de sept docteurs de la Faculté (*Mémoires secrets*, t. XXVIII, p. 22). Le médecin Guillotin tentait dans le même temps des expériences du même genre (*Catal. d'autogr.* du baron de Lalande, p. 57) ; et en 1785, l'Allemand van Swinden, à qui n'avait pas échappé l'espèce d'identité qui existe entre les effets produits par le fluide électrique et ceux qui ont leur source dans le nouvel agent retrouvé par Mesmer, publiait un *Recueil de mémoires sur l'analogie de l'électricité et du magnétisme*. Paris, 3 vol. in-8°.

la main une secousse qui l'engourdit [1]. Ce n'est pas tout. Avant Cotugno, et trente-sept ans avant la naissance de Galvani, c'est-à-dire en 1700, Du Verney, de l'Académie des sciences, avait produit sciemment de semblables phénomènes.

Si l'on était tenté de croire suspecte de partialité et d'erreur cette allégation, qui enlève à deux savants d'Italie une priorité longtemps incontestée, surtout pour le plus célèbre d'entre eux, je vous dirais que nous l'avons trouvée consignée dans un journal dévoué, mais dans la seule limite du juste et du vrai, à toutes les gloires italiennes : c'est le *Giornale di science por la Sicilia* [2].

[1] Salverte, *Des Sciences occultes*, édit. Littré, p. 447; Rabbe, *Biog. portat. des contempor.*, t. I, p. 116.

[2] N° 41. Le mémoire où se trouve consigné ce fait, si honorable pour Du Verney, est du baron de Zach. — Du Verney, comme on sait, fut le plus célèbre de nos anatomistes du commencement du XVIIIe siècle. Beaucoup de ses expériences sont relatées dans ses *Œuvres*, 1761, 2 vol. in-4°, mais plusieurs étaient restées inconnues, entre autres, celle dont je viens de parler, et une plus curieuse encore peut-être dont je dois la connaissance à une obligeante communication de M. Math. de Lescure. Il ne s'agit de rien moins que de l'emploi de la *vaccine* en 1705. Du Ver-

ney, comme on le savait déjà par les *Mémoires de madame de Staal* (édit. L. Collin, t. I, p. 98), faisait partie de la petite cour de la duchesse du Maine. Lui et sa science étaient au service de la princesse, qui en eut grand besoin, en 1705, contre la petite vérole. Il avait, à ce qu'il semblerait, parlé maintes fois du remède préventif que la *vulve vaccine*, pouvait opposer au terrible mal; aussi quand, en 1705, la contagion se mit à sévir autour de madame du Maine, n'eut-on qu'une pensée, recourir à Du Verney et à son préservatif pour garantir les enfants menacés. Voici le fragment d'une lettre inédite, dont l'original est à la Bibliothèque de Rouen, et qui, selon moi, ne laisse aucun doute sur le genre de service qu'en ce danger l'on attendait de la science de Du Verney. Elle est adressée au président de Mesmes, son ami : « O grand artifex, lui dit-on, puisqu'il n'y a point de *vulve vaccine* preste pour le présent, et qu'il y a espérance d'en avoir samedi prochain, on consent que ledit jour samedy prochain, vous vous chargiez de la personne de M. du Vernay (*sic*) de celle des deux gémeaux et de la susdite *matrice*. » Dans une autre lettre on félicite le président « de ce que mesdemoiselles ses filles sont hors d'affaire, » sans doute grâce à la bienheureuse vulve; pour ne pas sortir du sujet, on lui donne des détails sur la petite vérole de S. A. S., dont on craignait la contagion et « qui va mieux ». S'il ne s'agit pas ici de la *vaccine*, j'avoue ne pas savoir ce que tout cela veut dire. En tout état de choses, et à mes risques et périls, je place ce fait au premier rang, dans l'histoire que j'ai faite de cette découverte et du plagiat de Jenner. (*V.* t. I, p. 274-277.)

XCVIII

Dans la science donc, Du Verney marche le premier pour la découverte du galvanisme, mais dans la pratique, et je dis la plus vulgaire, il n'en est pas de même : un jeu d'enfant a pris le devant sur son expérience!

Nous nous sommes tous amusés, étant au collége, à prendre deux pièces de monnaie de métal différent, et, plaçant notre langue entre les deux, à trouver une sorte de jouissance dans la saveur amère et pénétrante qui s'en dégageait. Nous faisions là, sans nous en douter, une expérience de galvanisme!

Vingt générations de bambins l'avaient sans doute essayé avant nous, avant Galvani, avant Du Verney; mais personne n'avait pris la peine de chercher s'il ne se cachait pas sous cet amusement quelque chose dont la science pût faire son profit.

Quand je dis personne, je me trompe. Avant 1767, l'Allemand Sultzer s'était préoccupé du phénomène révélé par le jeu d'enfant; et il avait pressenti ce qui s'y trouve : le principe rudimentaire de ce qu'avait tenté Du Verney :

La place qu'il a donnée à son observation est assez singulière; c'est dans une note de sa *Théorie nouvelle des plaisirs* qu'il l'a consignée. La voici :

« Si l'on joint deux pièces, l'une de plomb et l'autre d'argent, de sorte que les deux bords fassent un même plan, et qu'on les approche sur la langue, on en sentira quelque goût, assez approchant du goût du vitriol de fer, au lieu que chaque pièce à part ne donne aucune trace de ce goût... Il faut donc conclure que la jonction de ces métaux opère dans l'un ou l'autre, ou dans tous les deux, une vibration dans leurs particules, et que cette vibration, qui doit nécessairement affecter les nerfs de la langue, y produit le goût mentionné [1]. »

Cette force que Sultzer entrevoit, et qu'il

[1] *Théorie nouvelle des plaisirs*, traduct. de Kaestner, 1768, in-12, p. 155-156, note.

appelle naïvement *vibration des particules*, c'est le galvanisme [1], c'est le grand moteur produit par le seul contact des corps hétérogènes. La découverte à laquelle une observation puérile en apparence vient de le conduire va nous amener à celle que le hasard doit indiquer à Cotugno, puis à Galvani, et qui sera elle-même un acheminement vers les expériences plus décisives de Volta, pour la création de la pile métallique [2]. Ainsi va la science, pas à pas, ne brusquant rien, attendant pour l'éclosion d'une découverte ce que nous nommons le hasard, et ce qu'il faudrait peut-être appeler le doigt de Dieu; mais surtout se fiant toujours, pour arriver juste, à la lente collaboration du temps. M. Dumas le disait encore dernièrement, dans son rapport au ministre sur le *concours ouvert pour une nouvelle application de la pile de Volta* : « Les découvertes ne s'improvisent pas [3]. »

[1] Aimé Martin, dans un article du *Journal des Débats*, janv. 1824, avait remarqué avant nous que Sultzer, par cette simple note, « avait mis les savants sur la voie d'une science nouvelle, le galvanisme. »

[2] « En 1790, disent MM. Becquerel, *Résumé de l'histoire de l'électricité*, parut la découverte de Galvani qui a conduit à celle de la pile. »

[3] *Rapport à l'Empereur*, le 26 décembre 1857. —

Pour celle qui nous occupe, Volta fut dans les meilleures conditions que puisse exiger la science; il ne doit pas craindre de se voir traiter de plagiaire, comme il le fut au sujet de l'*électrophore* et du *condensateur électrique.* En 1773, il avait construit l'un, et dix ans après il avait donné l'autre. Cela le plaçait haut dans la science, car on ne lui voyait de devancier que Vilkes, dont les expériences avaient, mais vaguement, pu donner l'idée de l'électrophore. Tout à coup, en 1787, l'abbé Haüy, compulsant les *Mémoires de l'Académie de Saint-Pétersbourg* pour 1751, tomba sur un

« Combien de siècles, dit aussi Allent, dans son *Histoire du corps impérial du génie,* combien d'hommes supérieurs, de circonstances favorables, d'expériences, de discussions et de persévérance, exigent les entreprises grandes, neuves et de longue haleine, pour être approuvées, commencées, perfectionnées, achevées. Ce partage de gloire, ajoute-t-il, ce projet d'abord imparfait, cette perfection, ouvrage du temps et de plusieurs, ont, je le sais, moins d'éclat et de magie qu'une création soudaine, sortie tout entière et parfaite de la tête d'un seul homme. Mais cette marche lente et boiteuse de l'esprit humain est celle qu'on est toujours obligé d'offrir, quand on écrit l'histoire et non la fable des grandes entreprises. »

traité latin portant ce titre : *Tentamen theoriæ electricitatis et magnetismi*, et signé du nom d'un modeste savant de Rostock, M. Œpinus. Le titre le séduit, il lit et trouve la théorie véritable des deux appareils de Volta. Il traduit au plus vite le traité latin et en publie un résumé qui fait jeter les hauts cris à tout le monde savant. Volta se défendit fort du plagiat. C'était, disait-il, un hasard, une rencontre. Comment aurait-il connu ce M. Œpinus? Priestley, dans son *Histoire de l'électricité*, l'avait nommé à peine, et sans presque rien dire de ses travaux [1]. Sont-ce là de bonnes raisons? Je suis tenté d'en douter, quand je me souviens de ce qu'était Volta : un assez vilain homme [2]; mais je me décide toutefois à les croire excellentes, quand je songe aux précieuses découvertes dont la science lui est vraiment redevable [3].

Elle a bien marché depuis Volta, et ce qu'il faut constater avant tout, c'est que plus elle avance, plus elle tend à se rapprocher, par quelques points, de ces phénomènes surna-

[1] Becquerel, *Résumé de l'histoire de l'électricité.*

[2] V. *Décade philosoph.*, 30 mars 1796, p. 47-48, note.

[3] Sur le bruit qu'on fit de ce plagiat de Volta, V. Pujoulx, *Paris à la fin du* XVIIIe *siècle*, p. 374.

turels qu'elle confondait tous autrefois dans une même incrédulité hostile. On pourrait dire de ces faits d'essence divine ce que Bacon a dit de Dieu, en rapportant à la science ce qu'il rapporte à la philosophie : « Le demi-savant est incrédule, le vrai savant croit. »

XCIX

Autrefois, l'influence physique, le *magnétisme* de la pensée, était complétement niée ; quand au sujet des expériences de Gray sur les mouvements du pendule, tenu avec la main au-dessus d'un gâteau de résine, Wehler démontrait que les effets observés n'étaient pas dus à l'électricité, « mais au désir de faire produire le mouvement[1], » on se moquait de lui. Maintenant on revient à son système, qui n'est guère autre d'ailleurs que celui dont M. Chevreul a donné la théorie, dans son explication des effets du pendule explorateur, déjà mentionnée plus haut. On y a retrouvé, comme principe « l'intervention de nos propres organes musculaires, dans des actes que nous exécutons à notre insu... [2]. » Cela étant admis, le magnétisme n'est pas loin.

[1] Becquerel, *Résumé de l'histoire de l'électricité.*

[2] *Ibid.*

On niait l'action du fluide nerveux; Ch. Matteucci fit des expériences concluantes sur les phénomènes électro-physiologiques des animaux [1]; et, comme le disait dernièrement un savant de Bruxelles [2], voilà que l'Académie « est sur le point de reconnaître le fluide nerveux, d'après ces expériences qui l'entraînent malgré elle vers la pente du magnétisme animal. »

Elle a fait plus : elle a déclaré par l'organe de M. Becquerel « que la vie est le résultat d'une action de pile voltaïque fonctionnant continuellement à l'aide de leurs pôles négatif et positif correspondant entre eux, et qui cessent d'émettre de l'électricité aussitôt que l'action des piles n'a plus lieu. » C'est encore un pas de la science matérielle vers la science spirituelle, pas immense qui ne leur permet pas de rester désunies : leur point de contact est trouvé [3].

[1] Ch. Matteucci, *Traité des phénomènes électro-physiologiques des animaux, suivi, d'études anatomiques sur le système nerveux et sur l'organe électrique de la torpille*. Paris, 1844, in-8°.

[2] Jobard, *Les Nouv. Invent. aux exposit. univers.*, 4e livraison, p. 342.

[3] *Lettre* de M. X, dans les *Magnétiseurs jugés par eux-mêmes*, de M. Mabru, p. 214.

« Longtemps les propriétés thérapeutiques de l'électricité furent rejetées parmi les rêves de l'empirisme; au mois de décembre dernier, M. Dumas exalta, dans son Rapport à l'Empereur, les résultats que M. Duchesne, de Boulogne, obtient par ce mode de médication, et il demanda pour lui une médaille d'encouragement : « Les malades traités par M. Duchesne sont nombreux, dit-il, les cas de guérison incontestables. »

Après avoir constaté, jusqu'au plus insignifiant, les phénomènes du somnambulisme naturel, on refusait de reconnaître de même ceux du somnambulisme artificiel, qui sont identiques. Tout ce qui s'y rapporte était proscrit en masse. Le docteur Carpenter étudia, compara les uns et les autres, et arriva sans peine à cette conclusion qu'on n'avait encore pu arracher ni à l'Académie des Sciences, ni à celle des Sciences morales et politiques[1]: « Le somnambulisme artificiel est un

[1] Dans son rapport fait en 1855, à l'*Académie des Sciences morales* sur le *Concours relatif à la question du sommeil*, M. Lélut n'a fait qu'une toute petite concession au *somnambulisme artificiel* : « Il ne saurait, dit-il, être question d'y tout admettre, mais on ne doit pas non plus tout rejeter. » (Ch. Vergé, *Extrait*

fait, » puis il déclare vrais tous les phénomènes qu'on lui attribue[1]. La consécration de cet aveu si décisif, venant d'une telle autorité dans la sciences, pouvait tarder longtemps chez nous, eu égard au démenti qui s'y trouvait pour une foule de personnes : elle ne se fit pourtant pas attendre. Elle partit d'un point d'où certes on ne l'attendait guère, point d'ailleurs fort élevé dans la science, et d'où ne descendent jamais que des décisions certaines. Dans sa traduction du *Manuel de physiologie* de J. Müller, M. Ed. Littré mit en note[2] l'article du savant anglais avec cette simple mention qui en dit bien plus qu'elle

du compte rendu de l'Académie des Sciences morales et polit., p. 43.)

[1] *Cyclopœdia of anatomy and physiology*, art *sleep*. M. Carpenter ne fait de réserves que pour les phénomènes de *lucidité*. Si pourtant ils ont été constatés chez un somnambule naturel; et ils l'ont été en effet à Lausanne en 1788, chez le jeune Devaud; pourquoi même, à défaut d'autres preuves, refuser de les croire possibles dans un état que vous êtes loin de déclarer inférieur au somnambulisme naturel ? On peut consulter, sur les faits relatifs au jeune Devaud, le *Rapport fait à la Société des sciences physiques de Lausanne*, le 6 fév. 1788, in-12, et l'*Esprit des journaux*, mai 1789, p. 88, 90.

[2] T. II, p. 568.

ne semble, si l'on n'oublie pas ce qu'est M. Littré et si l'on songe que le livre auquel il impose cette note favorable au magnétisme est d'un auteur hostile. « J'emprunte, dit-il, à M. le Dr Carpenter des détails sur le *somnambulisme*, lesquels sont nécessaires à l'histoire complète du sommeil [1]. »

Avant de mourir, Arago s'est expliqué sur le magnétisme, et cette parole n'a pas été un anathème : « Je ne saurais, dit-il dans son *Éloge de Bailly*, approuver le mystère dont s'enveloppent les savants sérieux qui vont assister aujourd'hui à des séances de somnambulisme. Le doute est une preuve de modestie, et il a rarement nui aux progrès des sciences. On n'en pourrait pas dire autant de l'incrédulité. Celui qui, en dehors des mathématiques pures, prononce le mot *impossible*, manque de prudence. La réserve est surtout un devoir, quand il s'agit de l'organisation animale. Nos sens, malgré plus de vingt-quatre siècles d'études, d'observations, de recherches, sont loin d'être un sujet épuisé...

« Le somnambulisme, ajoute-t-il plus loin, ne doit pas être rejeté *à priori*, surtout par ceux

[1] M. V. Meunier a signalé déjà ce que cette déclaration a d'important. (*Presse*, 7 juil. 1852.)

qui se sont tenus au courant des derniers progrès des sciences physiques [1]. »

On ne saurait mieux dire, et je ne trouve d'aussi sage que ces paroles d'A. Paré [2] : « Et, ne faut s'opiniastrer contre la vérité, quand on void les effects et qu'on ne sçait la cause : et confessons la foiblesse de nostre esprit, sans nous arrester aux principes et raisons des choses naturelles qui nous manquent, quand nous voulons examiner les actions des démons et enchanteurs. »

[1] Ceux qui ont suivi la marche des sciences philosophiques ne doivent pas le rejeter davantage, et beaucoup en effet lui sont acquis, persuadés, comme l'a dit M. Jacques, en sa *Théorie psychologique ou magnétisme animal*, « que si un peu de jour peut luire sur ces mystères, c'est de la psychologie qu'il viendra. » (*Revue nouvelle*, t. XIV, p. 336.) M. Cousin lui-même ne prêchait-il pas pour le magnétisme, lorsqu'il a dit (*Revue des deux Mondes*, 15 mai 1852, p. 625, note) : « C'est l'intuition qui par sa vertu propre et spontanée, découvre secrètement et sans le secours de la réflexion toutes les vérités essentielles..... La voix qui parle aux prophètes et aux poëtes ; c'est le principe de cette foi inébranlable et sûre d'elle-même qui étonne le raisonnement, réduit à la traiter de folie, parce qu'il ne peut s'en rendre compte par ses procédés ordinaires. »

[2] Lib. XIX, ch. XXVII.

C

Ce dernier chapitre ne sera qu'une sorte de *post-face.*

Je mets à la fin ce que d'autres mettent au commencement; chacun son système, et le lecteur, je l'espère, acceptera le mien. Mieux vaut dire, selon moi : voilà ce que j'ai fait; que : voici ce que je vais faire. Dans ce dernier cas, en effet, il faut, lorsqu'on a fini un livre, et qu'on tient à s'assurer si l'auteur a tenu toutes ses promesses, le rouvrir pour lire de nouveau la préface; or, c'est déjà beaucoup de l'avoir lue une fois.

A ceux qui me feront un reproche de la singularité de mon titre, j'opposerai l'autorité de Pasch et d'Almeloveen, qui, tous deux, en ont donné un pareil à leurs livres, écrits en latin sur un sujet semblable. Je n'ai fait que traduire ce que j'ai lu sur leur frontispice, et *Vieux-Neuf* vaut en français tout autant, ce me semble, que *Nova-Antiqua* en latin.

A faits nouveaux, autorités nouvelles; à faits inattendus, preuves de même. On ne s'étonnera donc pas si je n'ai reculé devant aucune lecture, et si le livre le plus inconnu m'a souvent semblé le meilleur à consulter et à citer. « Il n'y a si pauvre autheur qui ne puisse quelquefois servir, au moins pour le témoignage de son temps; » voilà ce que disait Claude Fauchet au XVIe siècle [1]; et ce dont j'ai cru bon de me faire une loi. J'ai tâché de tout lire, afin de ne laisser nulle part rien de ce qui pouvait importer à mon sujet; ce que j'ai trouvé, d'une importance même secondaire, je n'ai jamais manqué de l'indiquer; enfin, je suis allé, je le sais, jusqu'à l'abus de la citation et de la note; c'est que je ne pouvais trop prouver dans un livre de ce genre, où le lecteur devra toujours trouver que je ne prouve point assez.

J'ai fait, on l'a vu, plus d'une chicane aux inventeurs anglais, mais en le constatant, on a pu s'assurer aussi que ce ne fut jamais avec la partialité d'un patriotisme aveugle et mes-

[1] *Recueil de la langue et poésie françoises*, p. 209.

quin. Pour des découvertes qui importent à l'intérêt universel, j'aurais eu mauvaise grâce à guerroyer au nom d'une nation, fût-ce même la mienne, puisqu'il est vrai qu'en raison de la grandeur de son œuvre, tel inventeur se trouve de fait le citoyen du monde. Mais, quand toutefois l'origine est évidente, pourquoi ne la signalerait-on pas? Parce que le Nil coule sur la terre d'Égypte pour la rendre fertile et l'enrichir, est-ce à dire qu'il n'était pas besoin d'aller à la recherche de ses sources dans les montagnes de l'Éthiopie; et, de même, parce que telle invention fertilise, de son large flot, l'industrie anglaise, faut-il ne pas rechercher le lieu d'où elle est partie? Ne fût-ce d'ailleurs que pour reprocher à une patrie marâtre l'oubli qu'elle a fait des œuvres enfantées chez elle, il est bon de nommer la France, chaque fois qu'ayant vu naître une découverte, elle n'a pas su la retenir?

Tel a toujours été, en ces sortes de choses, le caractère des deux peuples : l'un, ardent à la production, jusqu'au jour où elle est faite, puis, dès le lendemain, insoucieux pour elle et négligent jusqu'au dédain; l'autre, apathique à produire, mais ardent à adopter; toujours la main tendue pour saisir ce qui tombe; toujours embusqué pour arrêter ce qui s'égare. On peut être sans crainte; lorsqu'une invention n'a pu se faire une famille en France, elle trouvera toujours en Angleterre quelqu'un pour la reconnaître et la légitimer. Mais dès lors aussi l'Anglais la déclare sienne; bien qu'il ne soit que père adoptif, il ne veut pas que la recherche d'une autre paternité soit admise. Du jour où elle a passé le détroit, l'invention est bel et bien anglaise, et c'est pour cela qu'il l'aime; le Français, de son côté, ne lui fera fête que lorsqu'elle lui sera revenue d'Angleterre. Cela est cause que l'Anglais, bon père de famille des découvertes, a toujours passé pour être l'inventeur par excellence; tandis que le Français, au contraire, en raison de ce laisser-aller, de cette nonchalance de paternité, a toujours été taxé d'impuissance. L'Anglais en ne cessant jamais d'emprunter a toujours eu l'air de prêter aux autres; et, par contre, le Français en ne cessant jamais de prêter a toujours paru jouer le rôle d'emprunteur. « Les Angloys, disait Bonivard au XVe siècle [1], n'estiment aucune nation que la leur, ni chose bonne si

[1] *Advis et devis des lengues*. Biblioth. de l'École des chartes, 2e série, t. V, p. 305.

elle n'est provenue de leur pays, et les François estiment tellement les autres nations que la leur, et n'inventent jamais rien, mais s'aident des choses par les autres inventées. » En apparence, les choses se passent encore ainsi, et il faut bien regarder pour voir qu'il en est tout autrement. Les Français expient de cette manière le malheureux esprit d'opposition qui est dans leur nature ; leur manie de défiance, née d'un long despotisme ; ce sentiment, enfin, de jalousie instinctive, qui les rend si impatients d'égalité, et qui, se tournant contre leurs propres génies, fait qu'on leur voit renier ce qui devrait faire la gloire nationale. On a chez nous la haine du voisin, l'envie du confrère ; et tout cède devant ces petites mesquineries d'inimitiés et de jalousies individuelles. C'est en France que naissent les grandes choses, et c'est partout ailleurs qu'elles prospèrent : « Il est vrai, écrivait Voltaire à madame d'Épinay, le 17 août 1769, il est vrai qu'on commence toujours par s'opposer à Paris à tout ce que l'Europe approuve. » Il en dirait autant aujourd'hui. Il n'y a qu'en France que l'on n'aime pas les idées françaises.

Mais passons ; si je continuais ainsi, je referais le livre dans la post-face, et je ne dois que l'expliquer:

On me chicanera peut-être sur le peu de développement que j'ai donné aux déductions philosophiques et peut-être aussi sur l'originalité du sujet. Touchant le premier point, je répondrai que j'avais à grouper trop de détails pour qu'on pût espérer que je tirerais de chacun une conclusion décisive. La philosophie de cette matière multiple était trop difficile à condenser, je n'en ai voulu voir que l'érudition; je laisse le reste à faire à d'autres. Quant à l'originalité, en nommant Pasch, Almeloveen, Dutens, qui m'ont précédé pour des ouvrages à peu près semblables, je prouve que je suis tout des premiers à dire que l'idée ne m'appartient pas. Moi qui cherche des précédents à chaque chose, j'eusse été mal venu de ne pas avouer que j'en avais aussi pour ce livre. J'ai fait comme les inventeurs modernes, j'ai étendu, j'ai développé, j'ai mis au point de notre époque ce que Pasch, en 1700, avait forcément arrêté aux choses de son temps, ce que Dutens n'avait pas mené au delà de 1788.

Si leurs ouvrages eurent une raison d'être, chacun à son heure, je ne pense pas que le mien soit moins opportun. Puisque le siècle dont ils dressaient le bilan scientifique et industriel, avec la régularité d'un teneur de livres, en posant le plagiat au passif et à l'actif l'invention soi-disant nouvelle, leur avait paru mériter la mise au jour d'un ouvrage de cette nature, croyez-vous que le nôtre ne puisse pas en supporter un semblable ? Il a sans doute créé plus qu'aucun autre, mais à la condition d'avoir aussi le plus emprunté. L'invention humaine ne fut jamais mieux qu'en notre temps une sorte d'exploitation en commandite ; elle ne marche que sous la raison sociale du présent et du passé. Celui-ci donne l'idée, celui-là fait les fonds ; l'un jette le germe, l'autre dit : l'idée est mûre, et commence l'entreprise, tantôt en la tirant du sillon même, tantôt en la prenant sous les ruines d'un premier projet prématurément tenté. L'idée, en effet, ne nous arrive le plus souvent, des siècles passés, que déjà contrôlée par l'expérience, et consacrée par l'infortune de son créateur. On ne fait qu'escompter plus tard l'oubli dans lequel il est tombé ; le public laisse faire. Peu soucieux des droits du premier, et comme s'il ne lui suffisait pas d'une seule injustice, il est sans pitié pour son malheur, comme sans mémoire pour son génie.

M. Biot a très-énergiquement flétri cette indifférence qu'affecte, pour les services du passé, le public gâté par les jouissances dont ils ont été la source[1] : « La foule irréfléchie, ignorante des causes, n'a plus vu des sciences que leurs résultats, et, comme le sauvage, elle aurait volontiers trouvé bon que l'on coupât l'arbre pour avoir le fruit. Allez donc lui parler d'études antérieures, des théories physiques, chimiques, qui, longtemps élaborées dans le silence du cabinet, ont donné naissance à ces prodiges ! Vantez-lui aussi les mathématiques, ces racines génératrices de toutes les sciences positives ! Elle ne s'arrêtera pas à vous écouter. A quoi bon des théoriciens ? Lagrange, Laplace ont-ils créé des usines ou des industries ? Voilà ce qu'il faut ! Elle ne veut que jouir. Pour elle, le résultat est tout, elle ignore les antécédents et les dédaigne. »

L'ignorance, voilà le vrai mot, bien plus encore qu'oubli et ingratitude.

« Le XVIIIe et le XIXe siècle, dit Ch. Nodier[2],

[1] *Mélanges scientifiques et littéraires*, t. I, p. 469.

[2] *Revue de Paris*, t. XX, p. 26.

se sont crus découvreurs ; par une raison toute simple, c'est qu'ils étaient ignorants, et qu'à l'exception du charlatan qui proclamait effrontément son plagiat comme une nouveauté, dont la perception s'était dérobée avant lui à tous les efforts du genre humain, personne ne s'était avisé de son temps de feuilleter l'auteur obscur dont il s'appropriait la découverte. »

L'une des principales causes de cette ignorance nous semble être la Révolution, qui, en nous faisant rompre brusquement avec le passé, ne nous a pas même laissé la conscience de ce qu'il nous avait légué. C'est une tempête qui, brisant ancre et cordages, a violemment lancé le navire loin de la côte. Nos pères sont morts pendant la tourmente, et nous sommes nés en pleine mer sur ce vaisseau ballotté, démâté, sans rien connaître de la terre d'où il était parti ; sans rien savoir de celle où il abordera peut-être. Mille choses étaient là sous notre main ; nous avons cru les avoir faites, parce qu'elles étaient à nous ; nous avons cru les avoir créées, parce que, suivant les besoins nouveaux de cette situation nouvelle, nous les avons perfectionnées.

Il semble que la loi scientifique formulée

par Linnée, quand il a dit, de la nature qui marche lentement et sans secousse : *Natura non facit saltus,* nous soit aussi peu connue que ce précepte des Écritures sur la nécessité de la tradition en toutes choses : *Nihil innovetur nisi quod traditum est.*

De l'oubli du passé naît le dédain de l'avenir ; aussi semblons-nous vivre comme perdus en nous-mêmes, dans l'apathie et dans la vanité de l'égoïsme, comme persuadés que nous ne devons rien à personne, et que nous n'avons plus rien à attendre.

C'est dans la littérature et dans les arts que le dédain des antiques traditions est poussé le plus loin, et se manifeste chaque jour par tous les désordres de la plus lamentable décadence. On étudie bien encore un peu le passé, mais dans un but d'érudition et non d'expérience, pour s'amuser de ses curiosités et non pour se pénétrer de ses doctrines. Où il ne faudrait chercher que des leçons, on se crée des distractions d'érudit. M. Joubert avait bien raison, lorsqu'en causant un jour avec M. de Châteaubriand de cet abaissement des saines études qui, dédaignées du plus grand nombre, ne semblent plus être qu'affaire d'archéologie et matière à pédantisme, il lui disait : « En littérature rien ne rend les esprits si imprudents et si hardis que l'ignorance des temps passés et le mépris des anciens livres; » et M. de Châteaubriand répondait : « Le siècle nous emporte avec nos meilleures maximes : il s'ennuie et veut du neuf [1]. » Or, ce neuf dans les choses de l'art et de l'esprit, quel a-t-il été? Qu'avons nous vu de notre temps? M. Cousin vous le disait l'autre jour [2] : la conspiration de la licence et du mauvais goût; une littérature dépravée, complaisante à la faiblesse et au vice; l'art réduit au rôle de serviteur de la fantaisie et des sens. C'était inévitable; le beau et le vrai ne s'en vont que pour faire place à leurs contraires : « Les siècles où l'on a nié le plus de vérités sont ceux où l'on a rêvé le plus de fables. » Cet ancien proverbe d'un peuple décrépit [3] n'attend plus malheureusement son application chez nous.

Ma prétention n'est pas de dire : Voyez en avant; mais, regardez en arrière; et, qui sait? c'est peut-être un conseil qui équivaut à l'autre. De quel droit le donnai-je encore? Je ne

[1] De Marcellus, *Châteaubriand et son temps*, p. 129.
[2] *Madame de Sablé*, 2e édition, p. XIII.
[3] Les Chinois.

suis ni un philosophe ni un savant; je n'ai du philosophe que des aspirations de philosophie, du savant que des curiosités de savoir. Quand je travaille, je me fais public; je me donne, si je ne les sens en moi, ses instincts, ses ardeurs d'apprendre, et ainsi je me mets mieux à même de les satisfaire. J'arrive plus tôt à lui peut-être que je n'arrive à la science, mais s'il ne fallait que le désir, je serais aussi près de l'un que de l'autre. Mon but, c'est d'être un trait d'union, un point de contact; c'est de donner un peu à tous ce que la science ne semble vouloir réserver qu'à quelques-uns; c'est de démocratiser, pour ainsi dire, ce qu'elle aristocratise; c'est, en un mot, de faire descendre sur des plans inférieurs ce qu'elle accumule sur des sommets un peu trop inaccessibles.

Le temps des prêtres d'Égypte est passé; chacun sent qu'il a des yeux et demande à voir. Or, le présent est plein de doutes, l'avenir rempli d'ombres; que faire pour consoler le regard? Ouvrir le passé. C'est ce que je tente. Derrière le voile, dont je soulève un coin, on n'a rien vu d'ailleurs qui ne porte avec soi le plus fécond enseignement : les entreprises trop hâtées s'écroulant sur elles-mêmes ; les désirs insensés n'entraînant que ruines ; enfin, comme lois de toute création : l'opportunité pour naître, la maturité pour vivre.

Je ne suis pas aussi formellement exclusif que le comte de Caylus, qui, dans sa lettre du 28 août 1758, au P. Paciaudi, faisait cet aveu d'archéologue enthousiaste : « Nos modernes ont beau dire, ils veulent, par un excès de vanité, tirer toute la couverture à eux, plus je vais et plus je vois que les anciens ont tout connu ; » mais, d'un autre côté, si je ne trouve pas dans l'antiquité, un certain nombre de nos modernes découvertes, je n'irai point non plus l'accuser pour cela d'impuissance.

« Le besoin, dit M. Ernest Renan[1], est la cause occasionnelle de l'exercice de toute faculté. L'homme et la nature créèrent tandis qu'il y eut un vide dans le plan des choses, ils oublièrent de créer sitôt qu'une nécessité intérieure ne les y força plus. » Or, cherchons un peu, et nous trouverons que c'est à cette absence de besoin inspirateur qu'il faut attribuer l'ignorance, peut-être même le dédain des anciens

[1] *Origine du langage*, 2e édit., p. 244.

pour certaines inventions. Ils les avaient sous la main; mais la nécessité ne leur ayant pas montré ce qu'elles pouvaient avoir d'utile, ils ne prirent pas la peine de les saisir, ou bien ils n'en firent que des jouets.

Je vous ai dit qu'ayant pu se donner l'imprimerie, ils passèrent auprès sans daigner la voir. Qu'en eussent-ils fait, dans la sphère d'une civilisation restreinte où la majorité ne comptait que des esclaves, où l'intelligence était une aristocratie? Dans ce monde où la paix ne se trouvait nulle part, où chaque peuple était l'ennemi sans trêve du peuple son voisin, à quoi donc aurait aussi servi le télégraphe électrique, dont les fils sont pour ainsi dire le premier lien des nations entre elles? Aurait-on pu, sur cette terre sans cesse déchirée, établir l'immense réseau où semble circuler, dans un courant commun, la vie des peuples et l'espérance de la confraternité et de la paix universelle? Les chemins de fer n'étaient pas aux temps antiques d'une nécessité plus grande; ils dévorent l'espace; or, dans le monde ancien, si on le compare au monde actuel, l'espace existait à peine. La Méditerranée était la seule mer qui fût complétement connue, et continuellement parcourue;

était-ce donc pour naviguer seulement sur ce grand lac romain qu'il était besoin de créer les bateaux à vapeur? Les inventions se font à la taille du monde, comme les habits à la taille de l'homme. Il a grandi; aussi voyez quelles proportions géantes ont prises les découvertes. Elles ne suivent plus les peuples isolés dans leurs besoins spéciaux; elles naissent mesurées sur les nécessités générales qui les ont enfantées.

Les anciens, je vous l'ai dit, n'ont fait avec la vapeur que des jouets de savant, et avec la poudre que des feux d'artifice. Ils ne pouvaient comprendre ce que ces deux forces portaient en elles; l'eussent-ils compris même, ils n'en eussent pas fait usage. A quoi bon? L'une et l'autre n'étaient-elles pas destinées à être le puissant ressort de la civilisation moderne, et à transformer le monde. Celle-ci, qui n'a pas encore atteint les limites de la terreur, finira, de perfectionnement en perfectionnement, d'épouvante en épouvante, finira, dis-je, par tuer la guerre à force de la servir. La paix du monde, qui doit naître sanglante et qui sortira, non pas d'un congrès, mais de la bouche du canon le plus exterminateur, trouvera toutes prêtes, pour lui obéir, la vapeur et l'électricité, ces deux puissances créées pour être ses sujettes et pour porter ses ordres d'un pôle jusqu'à l'autre.

Si quelques appréciations de détail m'étaient permises, en ces pages qui ne doivent être qu'une sorte de résumé, j'ajouterais qu'il était dans la destinée des anciens de ne pas connaître, non plus, une partie des choses tant vantées qui sont la gloire de la science ou de l'industrie du XIXe siècle. Ils vivaient le jour, ces hommes primitifs, et la nuit venue ils s'en allaient dormir; alors, qu'auraient-ils fait du gaz? La nature était l'objet de leur culte, et ils la voulaient dans toute sa pureté. Ce qu'ils demandaient, c'était la beauté idéale et divinisée par l'art. Supposez donc qu'un enchanteur fût venu leur apporter la photographie; croyez-vous qu'ils lui eussent fait bon accueil? Ils eussent chassé de leur ville ce magicien de la laideur humaine, après avoir brisé en mille pièces l'engin maudit qui ne fait grâce à l'homme ni d'une verrue ni d'une ride. Non, ce n'est point au temps des fables charmantes, que cette invention-là devait faire ses prodiges, mais à notre époque qui, désenchantée du beau et du vrai, ne s'y rattache que par le réalisme, qui en est la caricature.

Il faut avouer qu'en dehors des gigantesques découvertes dont je parlais tout à l'heure, il en est beaucoup de notre temps qui ne sont que mesquines. L'homme d'aujourd'hui, si grand dans les inventions qui importent à l'intérêt du monde entier, est au contraire petit et frivole dans ses conceptions, lorsqu'il n'a plus qu'à se satisfaire lui-même. C'est que si la société a grandi, comme dernièrement le disait fort bien M. Paulin Limayrac, l'individu s'est rapetissé. Plus que jamais amoindri, il se perd dans la masse. Ses inventions que j'appellerai personnelles ne sont même, le plus souvent, que d'une utilité très-relative. Prenons deux exemples des plus vulgaires : les allumettes chimiques, qui sont une niaiserie dangereuse ; et la galvanoplastie, une niaiserie de vanité. Les fumeurs ont fait le succès des unes. L'autre a dû sa fortune à ce besoin de faux luxe né, en notre temps, d'une égalité sans frein servie par un agiotage sans mesure, qui suffirait à justifier cette dure parole : « Le siècle joue la parodie de la civilisation[1]. »

M. de Châteaubriand a dit : « Les Français

[1] De la Gervaisais, *De l'Opinion*, 1835, in-12, p. 34.

vont instinctivement au pouvoir ; ils n'aiment point la liberté, l'égalité seule est leur idole[1]. » Or, ils peuvent aujourd'hui l'adorer à leur aise, et, comme je viens de le dire, c'est un autre abus, dont la corruption des mœurs a toujours été la conséquence[2], c'est l'agiotage qui paye les frais du culte. L'industrie, à son tour, complaisante à tous ces désordres, s'est plutôt épuisée en expédients de richesse fardée, de magnificence au rabais, de luxe mis à la portée de tout le monde, qu'elle ne s'est évertuée à créer des choses sérieusement utiles. Ce que nous appelons le confortable n'est guère que le produit bâtard du superflu et de la pacotille. Nous n'avons cherché le bon marché que pour les choses avec lesquelles il n'est pas compatible ; et nous avons ainsi aidé à l'éloigner davantage de celles où il serait plus que jamais nécessaire.

[1] *Mémoires d'outre-tombe*, t. VII, p. 115.

[2] La démoralisation ne s'étendit de la noblesse à la bourgeoisie qu'à l'époque de la Régence, c'est-à-dire au moment de la grande faveur de Law et de sa banque ; en 1776, dernière période de la corruption sous l'ancien régime, nous trouvons une cause semblable : l'agiotage de la caisse d'escompte. (D'Allonville, *Mémoires*, t. I, p. 88-89.)

« Il n'est pas prouvé, disait Coleridge [1], que les machines, en multipliant les produits, diminuent le prix des objets. Sans doute, les objets fabriqués peuvent se vendre moins cher; mais les premières nécessités de la vie conservant la même valeur et le même taux, il faudrait distinguer les produits naturels des produits artificiels. Quand même nos souliers et nos bas nous coûteraient moins qu'autrefois, le bœuf et le mouton se vendraient tout aussi cher. Ce sont les hautes classes de la société qui consomment la part incontestablement la plus forte des objets fabriqués. S'il y a diminution de prix, ce sont donc ces classes qui en profitent, bien plus que les classes inférieures. Tous les objets absolument nécessaires à la vie sont proportionnellement aussi chers qu'autrefois : qu'avons-nous donc gagné ? »

Oui, qu'avons-nous gagné? Je m'en vais vous le dire, en me bornant à formuler ici, comme une vérité tristement acquise, ce qu'il y a cinquante ans, l'académicien Lemontey ne faisait que prophétiser [2] : l'é-

[1] *Revue britannique,* avril 1835, p. 315-316.

[2] Cité par M. Ph. Chasles, *Études sur les hommes et les mœurs du* XIXe *siècle,* p. 345-347.

goïsme mercantile est venu envahir le droit des gens et la morale privée; un homme est évalué par ce qu'il possède; les beaux arts sont reçus par vanité, non par goût; les science sconservent un reste de crédit, non pour la grandeur des découvertes ou pour la sublimité des résultats, mais pour leur application immédiate à quelque métier. Le commerçant devient, non pas l'objet, mais l'arbitre des honneurs; contre-sens politique, qui, au lieu de rendre le commerce glorieux, rend la gloire commerciale. Depuis que la finance est devenue une science, l'économie publique et particulière s'occupe beaucoup plus de l'argent que de la vie des hommes. On cherche partout des machines pour abréger le travail, aucune pour conserver la vie de l'ouvrier. « Prenons garde! » ajoutait le vieux prophète. Oui, dirons-nous comme lui pour conclure, prenons garde d'introduire des théories dures et arides, qui substituent partout l'esprit d'intérêt à l'esprit de fraternité, et de consacrer un égoïsme universel pire que la nécessité dans l'état sauvage!

FIN DU TOME SECOND ET DERNIER.

TABLE DES MATIÈRES

A

B

C

D

E

F

G

H

I

J

L

M

N

O

P

R

S

T

V

FIN DE LA TABLE.

PARIS. IMPRIMÉ CHEZ BONAVENTURE ET DUCESSOIS.
55, quai des Augustins.

www.ingramcontent.com/pod-product-compliance
Lightning Source LLC
LaVergne TN
LVHW010529100826
845148LV00001B/129

* 9 7 8 2 0 1 2 5 7 2 0 9 6 *